云南省重点学科与特色学科群建设成果之一
旅游产业发展云南省哲社研究基地建设成果之一

土著知识旅游研究

明庆忠 熊剑峰 陈 颖 高大帅/著

科学出版社
北京

图书在版编目(CIP)数据

土著知识旅游研究/明庆忠等著. —北京：科学出版社，2012.6
ISBN 978-7-03-034800-5

Ⅰ.①土… Ⅱ.①明… Ⅲ.①民俗学-旅游-研究-中国 Ⅳ.①F590.7

中国版本图书馆 CIP 数据核字（2012）第 126279 号

责任编辑：石 卉 闫敬淞/责任校对：宋玲玲
责任印制：李 彤/封面设计：无极书装

科学出版社 出版
北京东黄城根北街 16 号
邮政编码：100717
http://www.sciencep.com
北京凌奇印刷有限责任公司 印刷
科学出版社发行 各地新华书店经销
*
2012 年 8 月第 一 版 开本：B5（720×1000）
2022 年 1 月第三次印刷 印张：18
字数：345 000
定价：90.00 元
（如有印装质量问题，我社负责调换）

前 言

　　土著知识是"土生土长"的知识，是土著族群与特定环境长期互动的产物，是人类生存经验的总结与智慧的结晶，同时也是世界多元化文明的重要组成部分。旅游资源是一切对旅游者具有吸引力的自然和社会要素，而土著知识是一种极具个性与市场吸引力的旅游资源。随着旅游业态的多元化和旅游市场需求个性化的不断加强，土著知识将以其强烈的个性与特质，以一种全新的、独具魅力的旅游资源身份面向市场，吸引游客。土著知识作为一种独特的资源，不仅在特定的地域、对特定的族群具有重要的生产与生活价值，而且其天生带有的与普适性知识的差异性、文化属性、遗产属性、科学价值、文化价值、审美价值、艺术价值等特质正与全球最大的产业——旅游业不期耦合。对土著知识的旅游化利用将具有重要的战略意义与价值，既可以保护土著知识，实现土著知识的传承，又可为国内民族地区旅游业的发展注入新的活力，为日益遭受同质化危机的文化旅游提供深化内涵的切入点，为渐趋火热的遗产旅游与生态旅游提供强有力的支持。土著知识旅游是我国边缘民族社区发展旅游的最佳形式。边缘并不仅仅意味着地理位置的偏远，还具有政治边缘、经济边缘和文化边缘的意思。随着现代化进程的不断加速与渗透，土著民族社区也在现代化进程中不断强化与凸现，土著族群自然也在旅游发展的浪潮中具备了后发的优势。另外，人性化的主客交往，将为土著族群带来强烈的示范效应。在土著知识旅游者的影响下，当地社区在经济、社会、文化等方面将有较大的提升与改变。可以肯定，一方面，土著知识旅游者将在土著知识价值传承、宣扬的过程中发挥积极的作用，并将促成土著社区的"文化自觉"；另一方面，土著知识旅游者将助推土著社区经济的发展，帮助落后的土著族群摆脱物质与观念的贫困局面。

　　本书从对土著知识的介绍开始，提出土著知识旅游的概念，认为土著知识旅游是一种新兴的旅游活动，是以土著知识作为旅游资源而开展的、充满个性的旅游活动过程，具有知识性、文化性、民族性、体验性等特色，主要向游客提供具有鲜明特质的地方性生产与生活的经验总结与智慧结晶，并将多元化的产品体系展现给游客，包括可观、可赏、可体验、可参与等；分析论证土著知识作为旅游资源的可行性、意义，并进行了符号学解读；从供给角度指出了土著知识旅游资源的内涵，认为其是依附于一定的地域环境或是特定的土著族群并客观地存在于一定的社会空间中，能够吸引游客使之前往某一特定地域或某一特定族群感受与体验的特殊非物质文化遗产旅游资源，并对其特点、分类调查与价值评估方法以及产品转换模式和类型作出了分析；从需求角度指出土著知识旅游者类似于探险者或是漂泊者，属于思考型游客的范围，他们具备了较好的经济基础，拥有充足的闲暇时间，并具备较高的文化素质，对异文化带有极大的兴趣。同时，还对阻碍土著知识旅游的因素作出了分析；关于土著知识旅游的开发，除了需要遵循一般旅游活动原则外，还应针对土著知识本身的特色摸索土著旅游开发的系列问题，包括整体性、可持续性、独特性、市场性、保护性和统筹性等；生态博物馆＋民族生态旅游、参与式社区旅游和专题廊道等将是土著知识旅游开发的有效模式；土著知识旅游可持续发展需要注重社区参与、编制科学合理的规划并需有效地进行机制保障等；最后就土著知识旅游的真实性作出了多维度的分析。

熊剑峰

2011 年 7 月 16 日

目 录

前 言	i
第一章 绪论	**1**
一、选用"土著"概念的几点理由	4
二、是"民族",还是"族群"	17
三、研究缘起与研究框架	21
第二章 土著知识概论	**43**
一、国外土著知识研究的历程及现状	45
二、国内土著知识研究的历程及现状	50
三、"土著知识"概念的提出与深化	51
四、土著知识的结构层次	53
五、土著知识的特点	61
六、土著知识的价值	65
七、土著知识的形成与存在形式	71
八、对几个与土著知识相关的概念的理解	74
九、土著知识与人类主要遗产的关系	77
第三章 土著知识旅游基础性研究	**81**
一、土著知识旅游的开端	83
二、土著知识旅游的概念和特点	85
三、土著知识旅游的可行性	94
四、土著知识旅游的价值与意义	96

五、土著知识旅游的符号学解读　　101
　　六、土著知识旅游与社区参与　　106
　　七、与土著知识旅游相关的几个概念辨析　　112

第四章　土著知识旅游供给　　117
　　一、土著知识旅游资源的概念、特征与分类　　119
　　二、对与土著知识旅游资源几个相关概念的理解　　141
　　三、土著知识旅游资源的调查与价值评估　　142
　　四、土著知识旅游产品　　145

第五章　土著知识旅游需求　　161
　　一、谁是土著知识旅游者　　163
　　二、土著知识旅游市场的含义及调查方法　　166
　　三、土著知识旅游市场的动机、细分与定位　　169
　　四、对土著知识旅游阻碍因素的分析　　172

第六章　土著知识旅游开发分析　　177
　　一、土著知识旅游开发的目标　　179
　　二、土著知识旅游开发条件分析　　182
　　三、土著知识旅游区（点）的开发研究　　188
　　四、土著知识旅游景区（点）的营销　　206
　　五、土著知识旅游可持续发展　　209

第七章　基于真实性理论的土著知识旅游多维分析　　215
　　一、真实性的起源及其在旅游研究文献中的演变路径　　217
　　二、土著知识旅游的多维真实性分析　　219

参考文献　　223

附录　　239

后记　　278

第一章 绪论

第一章 绪 论

旅游已经成为一种最为普遍的社会现象和文化现象。自旅游产生之日起,无论是国际旅游者还是国内旅游者,其数量都成倍增长。从20世纪90年代初期开始,旅游业就被公认为世界上最大的产业以及规模最大的临时性迁移方式。从需求角度来讲,对绝大多数游客而言,以获得亲历性体验经历等为目的的旅游活动已经成为一种生活方式。此前,受时间、收入等硬性因素制约,旅游频率较低,旅游甚至被认为是奢侈生活。随着时空转变,硬性因素不断弱化,旅游性质亦呈现多样化,个人参与旅游的频率与欲望正快速增长。为此,各旅游目的地,无论是原已有之,还是新建开发,都必须以市场为导向,尝试满足旅游者越来越不同、越来越个性化、自由化和自主化的兴趣与需求,不断地开发新产品,或是不断地对旅游体验或旅游产品进行新包装。随着旅游市场的日趋成熟,许多旅游目的地已经逐渐意识到其历史资源,尤其是历史文化资源所富含的经济价值和使用价值。文化作为旅游核心与灵魂的论断也得到越来越多的肯定。虽然,在现实中存在出游动机的多样性,旅游者并不希望或是习惯自己被划分为某一类型,但是出于目的地营销、旅游者管理等多重目的,旅游业却总是热衷于把旅游者在各旅游目的地所经历的体验划分为不同的类型。本书主要讨论其中的一种崭新的旅游类型,即土著知识旅游。土著知识旅游,属于一种典型的新业态旅游产品,它将具有特定空间指向、时间指向及主体指向的,具有文化属性、遗产属性的、土生土长的"草根性"知识作为旅游资源,开创了一种新的旅游产品。与传统的自然旅游相比,土著知识旅游拥有丰满的文化内涵;与笼统的文化旅游相比,其目的更加明确、清晰。土著知识旅游并不仅仅是一种简单旅游产品的新开发,它的作用与意义远远超出其旅游产品本身,从根本上改变了旅游产品的价值构成,深化并明确了文化旅游,使其步入了主题化发展。土著知识自身具有使用价值以及作为文化属性和遗产属性的历史价值、科学价值、文化价值等,但其效益更多地局限于特定的空间范围与族群内部,并没有实现效益的最大化与最优化。土著知识旅游将改变土著知识传统的价值构成——不仅可以为其所属主体带来生产与生活的效益,而且可以通过旅游开发充分挖掘其潜在的经济价值,实现其经济效益。通过旅游开发让更多人认识、体验到土著知识的文化价值、历史价值和科学价值等,形成对土著知识保护的合力;通过旅游开发形成社区的"文化自觉",增强其文化自豪感。但在肯定土著知识旅游特质的同时,不应该把不同类型的旅游视为是互相排斥的,因为它们之间的确存在着众多的相似之处,土著知识旅游与文化旅游、遗产旅游、民俗旅游,甚至乡村旅游、怀旧旅游之间似乎存在一种相似的重叠。这是首先需要说明的问题。正因为土著知识旅游与其他众多旅游类型的关联性和融合性,其资源价值的认定、产品的形态与特征、客源市场的结构与消费特点以及开发、管理、营销手段与经营模式等才都带有自身的特殊性,需要我们去认真研究与梳理,去揭示土著知识旅游开发、管理、营销、经营等的特殊规律。文化旅游、生态旅游方兴未艾,遗产旅游异军突起,创意旅游初具规模,特种旅游开始酝酿,旅游需求日趋多样化,如此背景下具有多重资源属性的土著知识自然不能在旅游开发大潮的舞台上"缺席",理应受到应有的关注。这也正是我们研究的初衷。本书的目的并非在于论述土著知识所蕴涵的所有价值或是已经被认知的价值,而是从旅游利用的视角,将土著知识置于全球最大的产业中进行研究与讨论,着重论述的是土著知识旅游,旨在探讨土著知识旅游的内涵、资源(供给)、需求(市场)、开发、管理、真实性以及相关的社区参与、符号学意义等。

一、选用"土著"概念的几点理由

之所以选择"土著"(indigenous)这一概念,是因为它是最为恰当与生动的。在将土著知识作为一种旅游资源进行分析时,要比使用"传统知识"或是"地方性知识"更为有效,而且"土著"与"传统"或是"地方"这几个术语间有着某种明显的区别。对汉语表述而言,"土著"是一个舶来的现代用语,对应于西方语境中的"indigenous"、"native"和"aboriginal",在不同的语境和文本中也会被译为"原住民"、"土人"抑或是"原著民"等。虽然有很多人认为"indigenous"、"native"和"aboriginal"负载的精神内容过于复杂,但是自1980年以来,"indigenous"一词被日益广泛地应用于欠发达国家的本土人群,其殖民和种族色彩早已淡化,已经含有"土生土长"的意思。在英文词汇中,"indigenous"的词根为"indigen",其主要含义是指"本土"、"本地"、"固有"等,并与"外来"、"移植"、"引进"等相区别。可见,使用"indigenous"一词的意图在于以生长地和原居地为标准对"土生土长"和迁徙进行区别。在西方语境中,这种区分的突出作用在于强调了殖民者与被殖民者的关联与差异,"indigenous"是以殖民者为本位,把殖民地看做外地的、异域的或远方的。因此,"indigenous"也就有了不同的相对概念:对大航海时代的殖民扩张者而言,世界上所有被他们征服的人群都是"indigenous"。因此,"indigenous"一词带有殖民色彩,并与"落后"、"野蛮"等贬义词相关联;而在真正的"indigenous"的看来,他们才是自己故土的世居者和主人。从技术的角度来看,选用"土著"在一定意义上是为了与西方基于"试验"、"归纳"等形成的现代科学相区别。从文化的角度来看,"土著"本身也隐含着"落后"、"原始"、"非开化"等意思。但到了后殖民时代,在"土著运动"、"民权运动"、"多元主义"、"文明转向"及"政治身份"等潮流与思想的冲击下,原有的殖民本位观点发生了急剧的变化,"indigenous"一词的殖民色彩和种族意识不断退却,获得了新的转向,更多地指代具有居先性或居久性的身份与地位并且其价值亦得到了世人的认可。日本学者常本照树和铃木敬夫[1]指出,"土著居民乃是指在历史上,国家尚未开始统治以前就在其现在所统治的地域居住,拥有与作为国家支持母体的多数民族不同的文化与意识形态,之后虽受到多数民族的统治,但没有丧失具有连续性的独特文化以及自主性的社会集团"。"原始"的东西不仅被认定为"土著"(native)和"原著"(indigenous)性的人与事,更重要的是,其中已经浸透了强烈的"话语"性质。然而在反思的原则下,今天的"土著"或是"原著"就在新的历史背景下被赋予了崭新的意义[2]。

(一)"土著"的语义学解释

在英语世界里,表示或带有"土著"含义的词汇主要有"native"、"aboriginal"、"autochthonous"和"indigenous"。其中,"indigenous"在人类学和法学领域使用得最为普遍。当描述动植物时,"indigenous"的基本意思是"belonging naturally to a palce",即指"本地的、本土的、当地的、土生土长的",主要表明其产地,是相对于外来或是引进的物种而言的;当用于描述人及其文化或语言时,"indigenous"的基本意思是"of the people regarded as the original inhabitants of an area",即指"某地域上的原著居民",相应地,其文化、语言及知识可称为"indigenous culture"(土著文化)、"indigenous language"(土著语言)和"indigenous knowledge"(土著知识)。

虽然"native"、"indigenous"和"aboriginal"词义相近,其核心内涵都指"原著居民",在中文的语境中都可以译成"土著"、"土著人"或是"土著民族"。但是在具体使用中,三者却有极大的不同:"indigenous"更多时候是复数,指的是这类群体;"native"更多时候是单数,指的是属于这类群体的人,并因其含义为"local inhabitant as distinguished from immigrants, visitors, etc., when the race to which he belongs is regarded as less civilized",而带有蔑视属于这类群体的成员的意味;"aboriginal"的含义为"people is inhabiting a land from a very early period, before the arrival of colonist",其强调的是相对于殖民者而言的"原住民"。在英语世界中因欧洲民族的殖民活动形成的移民国家多利用该词指其领土上最早的原住居民或原始居民[3];"antochthonous"是一个较为冷僻的词汇,一般仅限于在印第安人和法语中使用,在英语世界里极少使用。可见,"native"和"aboriginal"带有很大的主观描述意味和色彩,而"indigenous"一词不仅在语言学上不属于蔑称或是蔑视语,而且更为客观,含义也更加广泛,因而能够包括更多在不同背景及情况下所形成的这类共同体。

(二) 谁是"土著民族"

1. "土著民族"的不同称谓

"土著民族"这种自成一类的、特殊的人类共同体,其称谓因种种原因而呈现多样化。在国际社会实践的不同阶段,因世界各国的这类共同体的产生和形成的背景、所处的社会形态以及各国语言对这类共同体的用词习惯等的不同,对"土著民族"的称谓和用语表现出极大的不同。在人们日常用语和习惯用语中,"土著民族"被简单地称为"土著",抑或是"土著人";在不同的学科体系中,"土著民族"也有不同的称谓,如在文化人类学、社会学、民族语言学、民族理论等学科领域中,"土著民族"被称为"土著人"、"土著居民"、"土著民"或是"土著民族";在世界不同的国家和地区,"土著民族"也有各种不同的称谓,如美国称之为"美国土著人"(native American)和"印第安土著"(Indian),加拿大称之为"土著人"(aboriginal)或是"第一民族"(the first people/nation),澳大利亚则称之为"土著居民"(aboriginal),印度称之为"表列部落"(scheduled tribes),非洲地区称之为"部落民"(tribal groups/peoples),菲律宾称之为"山地部落民"(hill tribe),俄罗斯称之为"土著小民族"(indigenous numerically small people);国际人权法律文件和联合国有关解决土著民族问题机制的报告文件和会议文件也先后在不同的语境中使用过诸如"土著居民"(indigenous populations)、"土著社群"(indigenous communities)、"土著部落"(indigenous nations)、"土著民族/人民"(indigenous peoples)、"土著和部落民族"(indigenous and tribal peoples)等不同词汇或表达方式。还有一些学者,根据各个国家及地区社会和经济发展程度,针对世界土著民族社会和经济极不发达的共性,将全球范围内的土著民族统称为"第四世界"(the Fourth World)。尽管关于"土著民族"的称谓呈现多样化,但其所指向的人类共同体毫无疑问是相同的。

2. "土著民族"的概念

随着联合国《土著民族权利宣言》的通过,"土著民族"从一个在国际法和国际政治中没有太大意义的平凡称谓变成一个承载相当大的权利的概念。因而,定义"土著民族"从一开始就被认为是一项极端复杂、困难和微妙的任务。与"土著民族"在国际社会实践中的热度相比,对"土著民族"的含义从来就没有达成过任何普遍的一致,甚至对确立其含义的程序也未达成一致[4],"土著民族"已经成为在含义上最具动态和争议的概念之一。

对于"土著民族",曾经存在着该概念只能与西方殖民主义相联系的理解,即把其理解为狭义的"土著民族"。但是随着人类对"土著民族"认知的不断深入与相关经验的逐渐积累,"土著民族"的概念已经开始从殖民主义向文化性转型与演变,由狭义开始向广义演进。

1952年,比利时政府提出,应该根据《国际联盟盟约》第22条中"土著"的概念解释"土著民族",并认为土著民族除了指从16世纪后因欧洲殖民主义扩张而建立起来的移民国中的土著民族、西方列强现存的海外附属领土上的土著民族、联合国托管领土制度下的非自治领土上的土著民族以外,还应包括世界其他地区和独立国家境内的所有在近代与西方殖民主义的入侵没有必然联系,但其文化没有受现代性文化浸染,其人口少于国家主体民族的土著民族。

土著居民问题工作组第一任特别报告员科博(Cobo)于1986年向防止歧视及保护少数民族小组委员会提交了题为"对土著民族歧视问题研究"的第一份系统报告,即"科博报告"。他认为"土著民族"是那些与被侵占和被殖民前就在其领土上发展起来的社会有历史连续性的,自认为有别于在这些领土或部分领土上占优势的社会其他部分,构成现行社会非主体部分,决意按照自己的文化模式、社会组织和法律制度,保存、发展并向后代传承其祖传领土、民族独特性(ethnic identity),并以此为基础而作为民族继续生存于世的土著社群、土著民族和土著部落。该定义现已被公认为是对"土著民族"概念最早的较为完整的定义,被认为是关于"土著民族"概念的经典定义。

作为最早关注土著人权国际法保护的国际组织,国际劳工组织的《第169号公约》以规定公约适用范围的形式对其所保护的两类既有联系又有区别的民族——部落民族和土著民族分别给予了如下定义:"①独立国家的部落民族(peoples),其社会、文化和经济条件使他们有别于其他国家内社会的其他部分人,并且其在国家中的地位是全部或部分地由他们的习惯或传统,或为专门的法律或规定加以确定的;②独立国家的民族,他们因作为在其所属国家或该国所属某一地区被征服或被殖民化时,或在其目前的国界被确定时,即已居住在那里的人口之后裔而被视为土著,并且无论其法律地位如何,他们仍部分或全部保留了本民族的社会、经济、文化和政治机构。"[5]

世界银行的工作定义。1991年《世界银行业务指南4.20》(简称《世界银行OD4.20》)以及后来取代该指南的2007年《世界银行行动政策4.10》(简称《世界银行OP4.10》)规定:用语"土著民族"、"土著少数民族"(indigenous ethnic minorities)、"部落民族"(tribal groups)和"表列部落"用于描述在社会和文化特征上不同于使其在发展过程中处于不利情况的主流社会的那些脆弱的社会群体。该指南进一步指出,由于土著民族所处的各种不同的和变化的环境,没有任何一个定义能够囊括其多样性,但不置可否的是土著民族普遍处于最贫困的部分。

亚洲发展银行的工作定义[6]。1998 年 8 月发布的《亚洲发展银行关于土著民族政策》的第二部分对如何界定土著民族作了如下规定。对"土著民族"难以形成一个明确的定义,亚太地区国与国之间的各个土著民族社会在其文化、历史和目前的境况中反映出极大的多样性,土著民族与主体或主流族群的社会之间的关系也各有不同;(第 7 段)根据土著民族表现的特点界定土著民族应是一个基本出发点,包括如下内容:首先,其祖先一般是在现代国家或领土设立以前以及现代疆界确定以前就存在于特定地域内的族群居民;其次,保持与主流或主体社会和文化截然不同的文化和社会特征以及社会、经济、文化和政治制度。在某些情况下,在最近的数百年间,部落族群或文化上的少数群体迁徙至其并非最早土生土长的地域,但已确立其存在和持续保持一种明确而又不同的社会和文化特征以及相关社会制度。在此情况下,第二个识别的特征更加重要;(第 8 段)属于土著民族的另外特征还包括:自我认同或被其他群体认定为独特土著文化群体的部分,表现出保存该文化特征的意愿;不同于主流社会的语言特征;社会、文化、经济和政治传统及制度不同于主体社会;经济制度更多取向于传统生产制度;对传统生境和祖传领地以及这些生境和领地有独特的联系和依附;在许多情况下,土著民族居住于各自的社区或以文化和族群聚居,这种社区和聚居经常位于地理上远离城市中心的地区并经常在主体或主流社会的政治、社会、文化和经济制度的边缘活动。但同时,在城市地区边缘存在有土著民族并不少见,包括那些已经迁徙但始终保持不同于主流社会的土著民族。特定国家的土著民族社会可以反映出各种不同制度被主流社会的主体文化同化(acculturation)或融合。

除了上述官方的定义以外,还出现了一些非官方的土著民族定义。世界民族理事会(World Council of Indigenous Peoples,WCIP)[4]认为,"土著民族"用语指那些居住在其人口由不同民族或种族群体组成的国家内的人们共同体,他们是最早生活在该地区的居民的后代,作为族群,他们并不控制其居住国的国家政府。斯塔文哈根(Stavenhagen)[7]认为,"土著民族"可以被定义为"某一领土上的原住居民(original inhabitants),他们由于某种历史情势(一般为被另一民族征服和/或被殖民)丧失主权而屈从于更广泛的社会和他们对之没有任何控制权力的国家";安纳亚(Anaya)[8]在其著述《国际法上的土著民族》中认为,"土著民族"是"在移民进入前便世居于当地的土著人之后代,而现在为后来者所统治。土著民族具有文化的独特性,但被移民社会所吞噬。相对于其他在当今社会中更具有影响力的人们而言,土著民族根植于他们所世居的土地上,或根植于他们极想回去、但已被迫迁离的祖居地。而且,他们因为认同于各自的群体,而与其祖先的社群、民族、部落(nation)产生联系"。

比较上述关于"土著民族"的官方或非官方的界定,科博和斯塔文哈根的定义由于要求"被侵占和被殖民，并具有居先性"而使定义变得相对狭窄，因而他们关于"土著民族"的定义能否是一个世界普遍性的概念容易引起争议。因为，土著民族存在多样性，虽然土著民族肯定与人类历史上包括西方殖民主义在内的殖民活动有联系，但并不意味着土著民族只能或必须与西方殖民主义相联系，两者之间并不存在绝对的对应关系；况且，曾经受过殖民统治的主要是美洲土著民族。另外，迁徙作为人类社会发展的历史常态，"世居性、居先性"的要素也难以明确；国际劳工组织的《第169号公约》关于"土著民族"的定义对历史要素的要求显得更加的宽泛，并将"部落民族"包括在内，从而确立了该公约在世界所有范围内的可适用性；世界银行和亚洲发展银行关于"土著民族"的定义完全摆脱了基于"世居性"和"殖民主义"的标准要求，认为"土著民族"是文化、经济、社会或是政治机构等方面的风俗习惯截然不同于使他们易处于不利地位的主体社会和文化的群体。由此可见，"土著民族"的概念已经开始从与殖民主义的历史相联系，逐渐向与文化的独特性、社会地位和境况的现实相联系转变。"土著"已经不再承载殖民主义时代的欧洲民族，不再承载所有推进其所谓优势文化的现代民族对"非我族类"及其文化的贬低和歧视。在广义上，"土著民族"除了包括与殖民因素有密切联系的土著民族以外，还包括那些与人类学或民族学话语中的人种因素、民族因素和文化因素有密切联系的土著民族，其文化特征（生活方式、生计方式、宗教信仰、语言、社会结构、价值观等）的独异性和传统性比较纯粹，尤其是经济文化对特定区域的生态地理环境过度依赖的小民族、部落民族、游牧民族、渔猎采集民族、刀耕火种的半农耕民族、传统农业和传统畜牧业民族等食物采集型或传统食物生产型民族，他们是至今没被以工业主义模式为主导的现代化彻底浸染的原生态文化族群[9]。

3. "土著民族"的界定标准与分布

"土著民族"是一个统称的概念，仅用一个用语难以反映这个概念。因此，在其他地方还使用了另外一些有关"土著民族"概念的用语，包括"文化上的少数群体"（cultural minorities）、"少数民族"（ethnic minorities）、"土著文化社群"（indigenous cultural communities）、"部落民"（tribals）、"表列部落"、"土人"（natives）和"土著人"（indigenous）等[6]。虽然关于"土著民族"的称谓在世界范围内呈现出多样化，但他们所指的对象都具有共性的特点，即对"土著民族"的界定具有系列的标准。经过30多年的国际实践和探讨，对"土著民族"的界定标准已经基本形成，而且，实践已经证明，"土著民族"在现实生活中是可以识别的。

"土著"作为"欧洲中心文明论"的产物，带有强烈的贬低、歧视含义，但随着关于"土著"认知的不断深入,人们已经越来越意识到"土著""不一定与殖民主义相联系"[10]。《土著民族权利宣言》虽然没有明确界定谁是"土著",但宣言条款中已经包含了关于"土著"界定的标准。土著民族的基本民族特征包括:有独特的政治、经济和社会结构及其文化、精神传统、历史和思想体系(序言第7段);文化呈现多样性;决意信守、发展传统及其文化传统和习俗(第11~13条);生活和生计方式与其历来拥有或其他方式占有和使用的土地或领土及其自然资源有密不可分的关系,并与这些土地或领土及其自然资源之间有独特精神联系(第25~27条);有独特的利用和保护生态环境的土著传统知识和技术(第24、31条)。

随着"土著民族"的不断识别,学界开始出现了关于"土著民族"分布情况的研究报告。长期从事世界土著民族研究的人类学家伯格(Burger)在其1990年出版的《世界第一民族地图集》中认为,世界土著民族的数量超过2.5亿人,约占世界人口的4%,他们居住在近70个不同的国家,构成近5000个不同的人们族体(people)[11]。莱姆(Lâm)认为,世界上的土著民族大致分布在北美洲、南美洲、北欧地区、新西兰、澳大利亚、菲律宾、缅甸、泰国、中国、印度等国家和地区(表1-1)。国际土著事务工作组作为非政府国际组织,所提供的世界各地区土著民族的最新数据一般被认为最具权威性。该组织曾公布全世界至少有3亿~3.5亿人被认为是土著民族,其中约70%居住在亚洲和太平洋地区,他们大部分生活在偏远地区。2001年,该组织曾公布了世界部分地区的土著民族人数和部分土著族群人数的不完全统计(表1-2)。

表1-1 世界土著民族人数分布表 (单位:百万人)

国家和地区	数量	国家和地区	数量
北美洲	2.5	菲律宾	6.5
中美洲和南美洲	25~30	缅甸	11
北欧地区	0.06	泰国	5
新西兰	2.5	印度	51
澳大利亚	2.5	中国	67
		总计(大约数)	178.06

注:印度和中国因承认狭义的土著民族概念而不同意莱姆的观点。

表1-2 世界部分土著民族人数和部分土著族群人数一览表[12] (单位:百万人)

地区名称	土著民族人数	部分土著族群名称	人数
北美	1.50	加拿大因纽特人	0.15
墨西哥和中美洲	13.00	南美洲低地土著	1.00
俄罗斯	1.00	南美洲高地土著	17.50
东亚	67.00	北欧萨米人	0.08

续表

地区名称	土著民族人数	部分土著族群名称	人数
西亚	51.00	西非游牧民族	8.00
东南亚	30.00	中非俾格米人	0.25
太平洋	1.50	东非游牧民族	6.00
		南非桑人和巴萨瓦人	0.10
		澳大利亚土著	0.29
		新西兰毛利人	0.35
合计	165.00	合计	33.72

（三）中文语境中的"土著"

"土著"的含义在国际上存在种种争论，在国内，这些争论因语言翻译技术层面的问题变得更加复杂。例如，"indigenous"一词在国内就有"土著"、"原住"、"原始"等的译法，我国内地学者多采用"土著"的译法，而我国台湾的学者则多选用"原住"的译法。回溯历史，在中文语境中，"土著"一词，最早见于汉代的文献资料中，其基本意思是"世代居住于一地"。《史记·西南夷列传·总序》[13]对"土著"一词有着语境最为完整、信息最为丰富的文字记载："自滇以北君长以什数，邛都最大，有耕田，有邑聚。其外西自同师以东，北至叶榆，名为嶲、昆明，皆编发，随畜迁徙，毋常居，毋君长，地方可数千里。自嶲以东北，君长以什数，徙、筰都最大；自筰以东北，君长以什数。其俗或土著，或迁徙。"这段文字分别介绍了三类族群：第一类为习俗"有耕田，有邑聚"的邛都；第二类为"皆编发，随畜迁徙"的嶲、昆明；第三类为"或土著，或迁徙"的族群。从整体的词义与文字逻辑来看，第三类"或土著，或迁徙"分别与第一类与第二类中的"有耕田，有邑聚"与"皆编发，随畜迁徙"对应。可见，"土著"的原始含义并不是表示"世居的人"，而是指衬"其俗"与"迁徙"对立，其原始含义指的是定居且农耕的生存状态与生活方式。

清代，"土著"一词开始指代世世代代生活于边疆民族地区的少数民族。例如，嘉庆元年（1796年），朝廷为整治川西羌族聚居区汶川县内地生源冒籍应试造成的混乱，特别制定了《非土著人民不得应试章程》，用于维护羌族参与应试的权利。在此，"土著人民"即指当地的羌族。国民政府时期，"土著"实际上就是指世居当地的少数民族。例如，1947年，国民政府为促进国内少数民族的发展，开展了关于"边地土著人口调查"的活动，并拟定了《省县各边地土著民族人口调查表》，以供施政参见。在此，"边地土著人口"即是世居于当地的少数民族。

辞书对"土著"的含义有不尽相同的解释：①《现代汉语词典》（商务出版社，1992年）将其定义为"世代居住本地的人"。②《辞源》（商务印书馆，

2004年）对其有两种解释：其一为"世代定居于一地"；其二为"后也称世代居住在本地的人为土著"。③《辞海》（上海古籍出版社，1999年）对其也有两解：一为"古代游牧民族定居某地后，不再迁徙的称为'土著'"；二为"后指世居本地的人"。

（四）"土著"一词在中文不同语境中的使用现状

在中文语境中使用"土著"一词往往要显得谨慎。"土著"在中文语境中，无论是官方的发言报告，还是相应的学术研究，并不容易见到，这就是最好的证明。然而，随着认知的深化，"土著"或是"土著民族"频繁出现在政府相应的报告或是民族学、人类学的研究论作中。在1995年，中国政府驻联合国代表顾问在联合国人权委员会审议关于土著民族问题时的发言中已经明确表示：中国没有土著人，也不存在土著人问题，同其他亚洲国家的情况一样，中国各民族均世世代代居住在中国的领土上，中国曾经遭受过殖民者和外国侵略者的入侵和占领，但经过各族人民艰苦卓绝的斗争，中国人民赶走了殖民者和侵略者[14]。从中国政府代表的发言中可以看出，中国政府实际上是支持狭义的"土著"概念，即"土著"与殖民主义密切相关，中国没有美洲、大洋洲、非洲和亚洲部分地区土著民族面临的历史遗留问题和现实问题。我国政府在国际层面上不承认中国存在土著，同样也是为了应对西方国家的"人权外交"政治策略。但中国政府也采用了另一个与土著的含义相近，并且更符合中国实际的名词"世居少数民族"。2004年，外交部助理沈国放在"中澳经济发展与少数民族和土著人权利保护研讨会"开幕式上的致辞中说："土著人是少数民族中的一个特殊群体。"[15]其发言表明，中国官方开始将土著人和少数民族概念联系在一起，并将土著人视为少数民族，是一种特殊的少数民族，两者都具有共性，即文化上的独特性。2006年6月27日，中国代表团副代表董志华在《土著民族权利宣言》起草工作第十一届会议报告上指出：土著人是人类社会中的一个特殊群体，几百年来，土著人民在自己的土地上繁衍生息，为人类社会的多元发展创造了宝贵和独特的财富[16]。

在中国台湾地区，关于"indigenous"的翻译也不尽相同，有的学者将"indigenous"一词译成"土著"，并用于指代世居在台湾岛的少数民族，如卫惠林的《台湾土著族群研究的趋向及其问题》和《台湾土著社会的部落组织与权威制度》等，田珏编撰的《台湾史纲要》一文也选用了"土著"一词，并指出"郑氏政权时期，台湾汉人当有20多万，土著民仍为10多万人"[17]。但也有学者把"indigenous"一词译成"原住民"，如陈第的《东番记》和陈叔瑄的《番俗之考》，两文均用"原住民"称呼世居台湾的少数民族。

随着社会的进步，人们开始逐渐摒弃对"土著"一词使用的顾虑。在国内学术界，"土著"一词也频繁出现，尤其显现在民族植物学、民族学、文化人类学的论作中。例如，郭家骥[18]在《云南民族关系研究》一文中指出，世居云南的少数民族，诸如傈僳族、德昂族、白族等16个少数民族即是云南的土著民族；何群则用"土著"一词来指代"小民族"；刘璇[19]的《背包旅游——理论与实践》一文中也出现了"土著"一词，用于指代原生态的民族文化；在戴陆园等编撰的《土著知识及生物多样性保护》一书中，"土著"一词随处可见，主要用于描述"土生土长"的知识；杨志明的《云南少数民族传统文化研究》（2009）一书多次出现"土著"一词，指的是具有"居先性"或"居久性"的云南少数民族。类似的还有和少英主编的《云南特有族群社会文化调查》（2006）、《云南各族古代史略》（1977）、王文光和龙晓燕编著的《云南民族的历史与文化概要》（2009），以及凯·米尔顿著、袁同凯和周建新译的《环境决定论与文化理论——对环境话语中的人类学角色的思考》（2007）等书中"土著"的概念。孟国祥在《西双版纳雨林中的克木人》一书中也指出，克木人是西双版纳最早的"土著"。

（五）"土著"比"传统"或"地方"更生动

从三大辞书的解释看，"土著"中的"土"即指"地方性"和"乡土性"。"土著"一词从现代意义上看，很多时候是对具有居先性或居久性族群的称呼，从时间的维度上看，自然具备了传统性。因此可以说，"土著"已经包含了"地方"和"传统"的内涵。而且，随着符号消费时代的来临，"土著"所携带的符号意义比起"地方"和"传统"更能吸引旅游者的眼球（此部分将在土著知识的基础性研究部分重点论述，在此仅简要提及）。因此，选用"土著"一词也就无可厚非。

1. "地方"的定义

在西方世界，亚里士多德是较早提出"地方"概念的学者之一，他认为"地方"包含了四种特质：地方是由在某种意义上互有差异的人组成的；这些人共享着某种公认的美德、活动、意识或由此产生的复合体；他们致力于某种互动，该互动和彼此所共享的观念有所关联；最重要的是，本地民众借助友谊和正义感，将彼此不同程度地凝聚在一起。George通过对94个不同的"地方"概念的研究，总结认为"地方"包括了三个内容，即地理区域、社会互动与共同关系[20]。在随后的一段时间里，"地方"成为了心理学、地理学和社会学研究的焦点，并形成了各个学科不同的界定（表1-3）。

表 1-3　不同学科对地方的定义[21]

研究领域	定义
社会学观点	强调地方的社会性、组织性、活动性及发展性； 具有共同关系、社会互动及服务体系的人群； 强调社会互动及组织行动，实现地方发展的社会功能；具有因社会需要建立的体系，并具备对社会的认同意识； 因社会共识的凝聚实现社会参与、社会救助与社会联结
地理学观点	强调地方的地理性、结构性及空间性等有形特征； 地区建设与地区发展的基本单位，小至村落大至市县； 依行政功能被视为地域层级的一环； 必须具有经济、政治、教育、卫生、娱乐等功能
心理学观点	强调地方居民心理层面的互动性及情感联结； 个体具有较接近的心理感受； 彼此之间得到关怀与温情、充实感与安全感； 可认知的群属关系

关于"地方"的概念，彭兆荣[22]也作过详细的研究，并指出在西方的表述中，"地方"是一个具有多种认知和表述的概念。首先，"地方"是一个地理学概念，是一个"毫无意义的地址（site）"；其次，"地方"强调其所属的空间和范围，并经常与"领域"（territory）联系在一起，以说明某个特定领域的归属性。它既可以强调相对自然属性的空间（space），也可以延伸出特权化空间和位置（position）；再次，突出某一地方的特色和特质，比如"地景"（landscape）；最后，"地方"用来指代场所（locale）和位置。同时，针对中文语境中的"地方"概念，彭兆荣认为，有许多完全不同的指示和意义，在使用上有不同的意思和变化，主要有：①与"天圆"相属和相对的意义，即"天圆地方"的古老宇宙观和认知模式；②指示地域和范围；③古代社会的某些时候用于特指对地缘的管理；④指示某一具体的地理范围；⑤指代一套特有的话语体系[22]。

2. "传统"的定义

"传统"存在指代不清的趋向。一般对"传统"的了解更多的是基于其"时间意义上的传统"，但"传统"还有更深的文化学意义：即一种主体内在的思维辨析模式。宋红松[23]指出，"传统"仅指创制知识的智力活动的背景、方法和智力活动过程的性质使其具有传统的性质，包括群体的和文化的背景。卫欢[24]也认为，"传统"原本就是一个笼统含混的概念，在文化学意义上常被理解为同现在相对，而又对现在文化起作用的文化上的过去，所以，在给文化加上了传统的限定词以后，"传统"便成为了文化学上的一种结构性内容，或者说是文化的一个参照点。马治国[25]认为，"传统"的基本含义是"世代相传的事物"，即"任何从过去延传至今或相传至今的东西"，具体而言，"传统包括物质实体，包括人们对各种事物的信仰，关于人和事物的形象，包括管理和制度等"。彭兆知，云南15个特有民族，即白族、哈尼族、傣族、傈僳族、拉祜族、佤族、纳西族、景颇族、布朗族、普米族、阿昌族、怒族、基诺族、德昂族、独龙族，他们的先民"西南夷"早在秦汉时期就已经生活繁衍在云南，直到明代300万汉族人迁入云南以后，汉族才成为主体民族或大民族，云南的土著民族才成为名副其实的"少数民族"[27]。因此，云南的15个特有民族可称得上是"居先性或居久性"意义上的"土著"；云南15个特有民族以及其他的10个民族都具有各自独特的文化，其生产和生活与自身的特定生态环境具有密切的联系，且大多并未遭受现代化的冲击，符合民族学、文化学意义上的"土著"概念，即拥有自身独特的文化、生产和生活与自身的生境具有密切的联系并符合生态族群的要求。

云南民族文化特色突出，多样性极其丰富，体现在土著知识上就显得更加的异彩纷呈。由于民族众多，再加上多样化的地理环境，云南少数族群的土著知识的类型因地域和族群的不同而更具个性。不同地区的不同族群在长期适应不同的自然环境的过程中，形成了各具特色的土著知识。例如，生活在滇西北的藏族、怒族和彝族等长期从事畜牧业，并形成了一系列关于草场和牲畜管理的土著知识，村民可以据此在不同的季节利用不同的饲料，并积累了一套随季节和地点变化而各有差异的畜牧业知识；红河彝族哈尼族自治州元阳县的哈尼族根据当地气候的差异和不同海拔高度梯田的肥力状况，插秧时高海拔的梯田株距较近，低海拔的梯田株距则较大，并在不同的海拔高度选择不同的水稻品种。由于自然环境与族群分布的立体差异，生活在同一地区不同海拔的族群具有不同的土著知识。例如，在红河沿岸的元阳县哀牢山区，居住在热带河谷的傣族和壮族主要从事稻作农耕，掌握着稻作生产的知识；哈尼族和彝族居住在半山地区，主要开辟梯田，长于梯田建造的技术；瑶族和拉祜族等居住在高山地区，主要从事的是旱地耕作，积累的是旱地耕作的知识。

二、是"民族"，还是"族群"

还有一个需要说明的问题，即"族群"（ethnic）一词的选用。自20世纪"民族"（nation）概念和"族群"概念传入中国开始，关于两者的概念与关系就成为国内学界争论的焦点，并形成了一系列具有较强意义的研究成果。在很多时候，"民族"和"族群"频繁出现在相关的研究中，诸如文化学、民族学等，甚至还可以相互取代。但是，仔细看来，"民族"和"族群"是两个既相互联系、又互相区别的概念。在英语中，"nation"、"nationality"、"ethnic"、"ethnic group"、"race"、"people"、"population"等多个词语都可以译成"民族"，这些表示"民族"的不同英语词汇作为各种语境或话语中的用语或是概念是不尽相同的。其中"ethnic"也有着"族群"的含义，更多时候是译成"族群"。由于本书研究的需要与实际，主要选用的是"族群"一词，对此，我们需要作简单的说明。

（一）表示有国家组织的"民族"

"nation"一词来源于拉丁语，表示出生。在英语世界里，"nation"一词的含义是"large community of people, sharing a common history, language, and living in a particular territory under one government"，即生活在一个政府管辖之下的领土上的具有共同历史、语言的大型人群的共同体[3]。列宁[28]认为，"民族"是社会发展到资产阶级时代的必然产物和必然形式。斯大林[29]认为，"民族"是人们在历史上形成的一个有共同的语言、共同的地域、共同的经济生活以及表现在共同文化上的具有共同心理素质的稳定的人类共同体。虽然国外对"民族"一词具有不同的定义，但他们都认为，"民族"的意义与敏感的政治和法律因素有密切的联系，尤其在涉及自决权等基本问题时更是如此。

国内学界关于"民族"的争辩从该词汇传入中国的那一刻已经开始。例如，20世纪50年代中期史学界和民族学界关于"汉民族"形成问题的讨论、60年代早期关于"民族"译法的争论、70年代民族学界前辈牙含章和杨堃关于"民族"辨义的争鸣、80年代中期关于我国和苏联民族研究实践的讨论以及90年代关于民族的解构和多元化反思方向的发展等。最初，国内学界关于"民族"的译法承袭自苏联，即把"nation"或是"nationality"译成中文语境中的"民族"，把"minority nationality"译成"少数民族"。我国民族学界认为，在中国，"民族"这个词一般泛指无论处于何种社会发展阶段的共同体，包括原始时代直到社会主义社会的人们共同体[30]。然而，由于语义的变化，现在的"nationality"在西方多用于表示"国籍"，国内学者也发现，如果继续把"nation"或是"nationality"译成"民族"，不免会导致政治术语的歧义而使该词汇具有了提出独立国家的合理性和可能性，即"国家独立"和"民族分立"。由于"民族"是个舶来词，国内学者做了大量关于"民族"一词中英对译的学术研究，试图找出一个中英文能够对应或是对译的词，结果都陷入了无法理清的怪圈之中，因此，有学者干脆提出在对外翻译中直接使用"minzu"来表示"民族"[31,32]。纳日碧力戈[33]认为，"民族"是指在特定历史的人文和地理条件下形成，以共同的血缘意识和先祖意识从而在此基础上构拟的神话或者历史为核心，以共同的语言、风俗或者其他精神——物质象征要素为系统特征，以政治操作为手段，以家族本位为想象空间和以家族关系为象征结构的人们共同体。

总之，在中文语境中"民族"是个内涵十分丰富且包含着多重含义的概念。首先，广义的民族概念，含义相当于"人类共同体"，接近于英文中的"people"；其次，与国家概念紧密相关，充满了政治意味；再次，即是作为国族部分的民族；最后，指的是小民族或不发达民族[34]。

（二）表示民族文化特征的"族群"

在英语世界里，"ethnic"的意思是"of a national, racial or tribal group that has a common cultural tradition"，即是具有共同文化传统的、民族的、种族的、部落的，或是"trpical of a particular cultural group"，即代表某文化群体特征的[35]。可见，"ethnic"是从人类共同体的文化特性上予以定义的，其表示的是具有共同文化传统的群体，强调的是人们共同体具有的共同的文化特征。而且，在人类学和民族学的语境中，"ethnic"不带有任何政治性的色彩，是一个语义中立的词汇。文化人类学家更是用"ethnic"一词来表示以文化特征划定的民族单位，用来描述或是指称多民族国家（nation）或地区中从文化上界定的某一特定的人类群体。关于国外"族群"的概念，郝时远[36~38]教授曾作过如下归纳：

《麦克米兰人类学词典》对"族群"的定义为，"是指一群人或是自成一部分，或是从其他群体分离而成，他们与其他共存的，或交往的群体具有不同的特征，这些区分的特征可以是语言的、种族的和文化的；族群这一概念包含着这些群体交互关系和认同的社会过程"。

马克斯·韦伯（Max Weber）认为，如果那些人类的群体对他们的共同的世系抱有一种主观的信念，或者是因为体质类型、文化的相似，或者是对殖民和移民的历史有共同的记忆，而这种信念对非亲属社区的延续是至关重要的，那么这种群体就可以被称为"族群"。

英国学者安东尼·史密斯（Anthony D. Smith）则认为，族群是一个具有名称的，有着共同祖先和传说、共有的记忆和文化因素的人群；一种与历史的领土或家园有关的联系；一个团结的度量。

挪威人类学家弗雷德里克·巴斯（Fredrik Bath）在其名作《族群与边界》一文的序言中曾写到，族群一般可以理解为生物上具有极强的自我延续性；分享基本的文化价值，以实现文化形式上的统一；形成交流和互动的领域；具有自我认同和他人认同的成员资格，以形成一种与其他具有同一秩序的、类型不同的类型。

美国哈佛大学的N. 格拉泽和D.P. 莫尼汉将"族群"定义为一个较大的文化和社会体系中具有自身文化特质的一种群体；其最显著的特质就是这一群体具有的宗教的、语言的、习俗的特征以及其成员或祖先所共有的体质的、民族的、地理的起源。

英文中的"ethnic"一词来源于希腊语"ethnos",英文中的"ethnic group"一词则来源于希腊语"ethnikos",表示"习惯"、"特点"等意思[39]。而"ethnic"在英语中则表示具有"语言"、"种族"、"文化"和"宗教"特点的人们共同体。受中国台湾学者的影响,自20世纪80~90年代开始,内地的学者也开始渐渐引用"族群"这个词,现在,学界已经普遍认同把"ethnic group"译成"族群"。例如,厦门大学的石奕龙教授[40]认为,"ethnic"除了指"民族"以外,也可指"种族的、部落的、民族或国家以及某一特定文化群","ethnic group"的含义可大可小,大指华人群体、族别,小可指民系,它有时可以译成"民族",有时又不能,所以该译成"族群"。同时,纳日碧力戈[41]认为,中国人类学界使用的"族群"(ethnic、ethnic group、ethnicity)是外来概念,不可与中国古代或现在的"民族"等同。在2007年12月1~2日召开的"族群、民族:概念的互补还是颠覆"研讨会上,中国社会科学院民族所的朱伦教授指出,从理论上来讲"nation"、"nationality"是近现代政治的产物,与"ethnos"、"ethnic group"是两回事;从研究对象看,"nation"、"nationality"是民族主义政治学研究的对象,而"ethnos"、"ethnic group"则是民族学研究的对象。可见,在中文语境中,与"ethnic"对应的词汇即是"族群","族群"是与"ethnic"比较恰当的对译。关于"族群"的概念,国内学者也从不同的视角和需要予以了界定。中央民族大学的潘蛟[42]教授认为:"族群是指那种自认为或被认为具有共同的起源从而也具有共同文化特征的人群范畴,族群这个概念既可以指某一'民族内部的支系',也可以指一个跨越民族国家边界的人群范畴,具有所谓的'情境性'和'裂变性'。"中山大学的孙九霞[43]教授认为,"族群"是在较大的社会文化体系中,由于客观上具有共同的渊源和文化,因此主观上自我认同并被其他群体所区分的一群人。其中共同的渊源是指世系、血统、体质的相似;共同的文化是指相似的语言、宗教、习俗等。他主张在较广的范围内使用族群的定义,既可以等同于民族一词,也可指民族的下位集团"民系",还可以在超出民族的外延上使用。徐杰舜[44]认为,所谓族群,是对那些社会文化要素认同而自觉为我的一种社会实体。这个概念包括三层含义:一是对某些社会文化要素的认同;二是要对他"自觉为我";三是一个社会实体。纳日碧力戈[33,45]认为,族群兼具"种族"、"语言"、"文化"含义,本质上是家族结构的象征性扩展,它继承了家族象征体系的核心部分,以默认或者隐喻的方式在族群乃至国家的层面上演练原本属于家族范围的象征仪式,并且通过构成各种有象征意义的设施加以巩固。

(三)"民族"与"族群"的差异

总体看来,"民族"和"族群"具有很强的相关性,都指一种稳定的人们共同体，断然割裂两者的关系是不妥当的。然而，不可忽视的是，两者之间同样也存在着较大的差异，尤其体现在两者的内涵上："民族"强调政治性，"族群"侧重文化性。张海洋教授[46]认为，"族群"的概念适用于民族的文化定义，"民族"的概念适用于族群的政治含义。参与1998年由中国社会科学院民族研究所、中国世界民族学会等单位共同主办的"民族"概念暨相关理论问题专题研讨会的专家指出，"族群"（ethnic group）一词具有很大的伸缩性，涵盖了"民族"、"族群"、"族体"、"民系"等，既是文化群体，也是社会群体。石奕龙[40]教授指出，"民族"和"族群"一个是政治学意义的，一个是纯粹学术上运用的概念。纳日碧力戈[33]在《现代背景下的族群构建》一书中曾提出，"族群"是情感-文化共同体；"民族"是情感-政治共同体。马戎[47]教授也指出，"民族"往往与"民族-国家"紧密结合，与近代出现的"民族主义"和"民族自决"政治运动相联系，具有较强的政治色彩；"族群"则指多族群国家内部具有不同历史和文化传统的群体，可视为"亚文化群体"中的一类。徐杰舜[44]通过分析"民族"与"族群"概念的差异，认为"族群"更多地强调其文化性，其根本在于文化上的自我认同，对此几乎所有的学者都没有分歧；"民族"强调的是政治性，民族从形成到发展都与国家有着密不可分的关系。

总之，"族群"概念凭借其内涵相对确定、淡化的政治色彩和相对宽广的适应性等特点，已经在学界得到了热烈欢迎，并被广泛地运用于人类学、民族学等的学术研究中[48]。"土著"作为少数民族中的特殊群体，拥有独特的异文化，如果不顾及其特殊性，或是不顾及特定的语境，而选用带有强烈政治色彩的"民族"一词会显得生硬。尤其在文章中，如将"民族"一词表达人类学抑或是民族学意义上的文化特征，会有词不达意之嫌。况且，本书是纯粹的学术研究。因此，在"民族"与"族群"之间选用"族群"显得理所当然，也更符合实际。

三、研究缘起与研究框架

（一）研究缘起

1. "文明转向"的时代背景

在人类文明的历史进程中，被雅斯贝斯（Jaspers）称为"轴心文明"的精英圈层得到了主流思想界更多的关注与认可。他们试图从中找寻具有普遍价值的终极关怀。这种无视人类社会与文化多元性，一味追求价值和路径一致性的"西方主义论"一度在世界范围内占据主导地位，并对世界文明的进程产生了深远的影响。然而，随着"西方主义论"在全球范围内的不断拓展与渗透，"文明冲突"也日趋显现，尤以生态环境恶化和生物多样性破坏最为明显和严重。原因就在于，在他们看来，欧洲以外的世界尚处在正在演化的"婴儿"阶段，这些人类"婴儿"们的知识、思想、自我情感不能被置于欧洲认识论的同一平台之上加以审视[49]。以"西方主义论"为主导，随意简化人类文化多元格局及原住民价值观的唐突之举正是造成现代性危机的根源。面对单向价值维度引领造就的发展困境，如何克服既有范式的局限与桎梏，走出精英圈层思想的阴影，如何解决"西方主义论"引咎的现代性危机成为人类不得不深思的严峻问题。

　　立足于当下，人类的反思不由得开始"向后看"，希冀能从多元化的文化中汲取养分以治愈"西方主义论"单向度的文明创伤，"西方主义论"遭到不断质疑。人类为了打破"轴心文明"引致的僵局，围绕"原住民知识"的时代意义开展了不同地区与族群之间的"文明对话"讨论。所谓原住民，是懂得尊重自然、敬畏自然、保护地球并能够与万物共处的自然人群，而"原住民知识"就是一种智慧，体现的是人类的生命常识[50]。自此，游离于主流思想体系与知识体系之外、有违"科学至上"认知，具有"草根性"、"非启蒙性"的"原住民知识"开始逐渐走入人们的视野，人们越发感觉到这种长期以来被主流思想界忽视的、具有地方经验的知识体系不仅对"本土"具有积极的意义，而且作为人类多元文明的重要组成部分，对解决当下的问题与困境同样具有借鉴意义。这场在反思"我族"中心缺陷，向土著知识寻找救治现代性的重要转向被人类学家形象地称为"原住民转向"。这种文明转型意义重大深远，标志着人类知识和价值领域的一场变革。既挑战了"科学至上"的宇宙观，使自然和万物重受尊重，也挑战了"轴心文明"的划分体系，使众多被排斥在外的"前轴心"传统和"非轴心"族群再度彰显，从而为扩大人类知识的整体资源创造出新的基础，使之有助于应对日益加剧的全球现代性危机；这意味着以往被忽视的原住民不仅在政治上得到尊重，而且开始作为一种人类珍贵知识的载体和传承者加入到全球多元的对话之中[51]。

　　迫于"西方主义论"造就的"文明冲突"在理论和实际方面的压力，人类越来越重视并参与到不同文明间的对话之中。早在20世纪80年代中期，著名学者杜维明先生就在"儒学第三期"的开拓中先觉性地意识到要解决由"西方主义论"造就的现代性危机，必须尊重人类社会与文化的多元性格局，并积极呼吁要在全球范围内开展"文明对话"——对话的主角不应该仅仅包括既有的"精英圈层"与主导思想，同时也应该强调原住民及其文化。因为，原住民在与自然环境长期互动中形成的"原住民知识体系"中蕴藏了反思现代性弊端的源头活水。一些西方可持续发展学家认为常规科学知识具有相对的作用，而地方性的原住民知识对可持续的发展具有重要的作用。现象学领军人物胡塞尔（Husserl）甚至认为科学理性与经验研究方法不能获得非时间性的绝对可靠的知识。正如 Agrawal[52]所言："乡土知识是独立的，具有显著的地域特色，存在于其持有的人的生活之中，因此，尝试归纳出其本质、隔离、归档、转化将是一件很困难的事情。西方科学被认为是一种不反映当地人要求的、从人们生活中剥离出来的知识，而乡土知识则必须反映当地人的要求，并存在于人民的生活中。"努力发掘并整合原住民非启蒙范式的知识，是有效地解决现代性危机的一剂良药。地方性的知识只是在最近才得到重视，这部分是由于外人注意到了这种知识在保护生物多样性、维系生态系统平衡方面的作用和价值[53]。越来越多的案例证明，土著知识在维持自然生态系统完整性和可持续发展方面是不可替代的。唯有在尊重当地人民文化、尊重他们对土地的所有权的条件下，我们才能真正保护世界生物多样性[54]。拥有土著知识、技能和经验，可以为人们提供发达地区和城市化地区所缺少的灵活性，可以告诉人们如何在其环境中学会生存[55]。

在土著知识的认知与发展历程中，环保非政府组织（Enviromental Non-Governmental Organizations，ENGO）发挥了先锋作用。环保非政府组织通过《生物多样性公约》（*Convention of Biological Diversity*，CBD）等活动，将土著知识发展以及整个环保事业纳入到国际协商中。他们始终承认土著知识在生物多样性的保护过程中所发挥的作用，并积极奔走在各国政府间，希冀促成政府部门对土著知识的关注与认同。在 1957～1993 年，联合国等国际组织相继发表各类公约和草案，土著及其传统开始得到尊重与保护。如今，与生物多样性相关的土著知识已经进入国际日程，当地和土著的传统生态知识在《生物多样性公约》第 21 款中得到首肯，他们在管理其自然资源方面的角色已取得国际上的承认[56]。联合国等国际组织也开始在他们的正式文件中慎重宣告了土著知识的权利与价值。

"依照国家立法，尊重、保存和维护原住民（indigenous people）和地方社区体现传统生活方式而与生物多样性的保护和持续利用相关的知识……"

资料来源：参见联合国，《生物多样性公约》，1992

"尊重原住民知识（indigenous knowledge）、文化与传统做法可促进环境之永续、合理利用的发展与适当的管理。"

资料来源：参见联合国，《原住民权利宣言草案》，1993

"原住民是人类重要而富有意义的组成部分。他们的遗产、生活方式及其对地球的关爱和宇宙论知识，对所有地球生命都是无价之宝。"

资料来源：徐新建．2009-08-30．文明对话中的民族生存问题．http：//www.wbiyelunwen.com/edu_lunwen/20090830-3249_2.html

对"轴心文明"反思的结果是被遗忘或是忽视已久的"原住民知识"重新得到认可和重视,逐渐从尘封的历史记忆中显现出来,参与到了直接的文明对话中,并在解救现代文明危机的历史机遇中扮演着极其重要的角色。这种在敬畏自然、维系环境承载基础上的低能循环经济被人们尊称为"生态文明"。它摒弃了以往中心与非中心、西方与非西方、文明与野蛮等蒙昧偏见,在人类文明的困境中实现自我反思,是人类知识论意义上的重大进步,为解决迫在眉睫的环境危机和发展困境提供了足够的回旋余地与路径支持。"土著知识"通过全球环境危机的讨论而进入国际舞台,这是认识这类知识的关键[57]。社会科学的知识和理论在一定程度上都是本土的,或曰首先是本土的,但本土知识可以具有全球的意义[58]。文明转向的时代背景,不但使土著文化得以作为受尊重的成员与其他"轴心传统"平等并置,而且有助于打破数百年来在"进化论"影响下对人类世界所作的文明与野蛮之分,继而在"复数文明"的基础上重新看待人类价值的多元性。

2. 中国建设旅游强国的战略背景

2009年12月1日,国务院下发了《关于加快发展旅游业的意见》的41号文件(以下简称《文件》),作为改革开放30年以来关于发展旅游最高层面的指导文件,提出了新时期中国旅游发展的战略。《文件》凝聚了对旅游业的充分认识,确立了旅游业的战略性支柱产业地位,并明确了其发展定位,提出了发展思路和配套的政策体系。从我国旅游业发展的宏伟蓝图来看,"十一五"期间中国旅游业预期达到的目标是:2010年,国际旅游收入达到530亿美元,国内旅游收入达到8500亿元,旅游总收入达到12 700亿元,旅游直接就业人数达到1000万人。到2015年和2030年,远景目标更加宏伟,旅游业成为真正意义上的国民经济中的战略性产业。要实现上述目标,达成由旅游大国向旅游强国跨越式发展的夙愿,我们必须充分发挥自身旅游资源的潜力,实现旅游资源的全面开发,尤其是要实现隐性资源的显性化,并将物质文化旅游资源与非物质文化旅游资源整合。土著知识作为特定族群的深层次文化基因和整个中华文明的重要组成部分,强烈地体现着族群的文化特色和中华文明的魅力,有理由也有可能为旅游强国战略的实现提供一定的支持。

3. 旅游效应不断凸显的社会背景

随着旅游的发展,对旅游效应的研究逐渐成为显学。学界不再拘泥于传统绝对的二元对立观念,而是站在一种更为客观的视角重新审视旅游所带来的影响,包括正面影响和负面影响。人类学家、社会学家及环境学家在这一领域扮演着越来越重要的角色。诸如 Valene Smith、Jafar Jafari、Peter Murphy、Dennision Nash、Eric Cohen、Nelson Graburn 等都在这一领域作出了巨大贡献。Valene Smith 的《东道主与游客：旅游人类学》（*Host and Guests：The Anthropology of Tourism*）（1977）、Jafar Jafari 的《旅游系统：旅游研究的理论方法》（*The Tourist System：A Theoeratical Approach to the Study of Tourism*）（1985）、Peter Murphy 的《旅游：社区方法》（*Toruism：A Anthropology of Tourism*）（1985）以及 Dennision Nash 的《旅游人类学》（*The Anthropology of Tourism*）（1996）成为该领域的代表作，为后来的研究提供了有力的理论与方法指导。纵观旅游效应的研究内容，主要集中于经济效应、文化效应和环境效应三大方面。

1）旅游经济效应研究

第二次世界大战后，旅游被普遍认为是恢复和发展经济的手段。直至 20 世纪 60 年代，学术界主要强调的是发展旅游对经济不发达国家和地区及发达国家的边远地区所带来的显著经济效益。学界一致肯定了旅游开发所带来的经济效益，包括促进经济增长、扩大消费需求、促进增长方式转变和结构调整、促进财政税收增长、增加外汇收入和改善投资环境等方面[59]。周歆红[60]认为，尽管旅游业在全球发展中呈现的问题很多，但仍然被认为在发展经济和消除贫困方面大有潜力可挖。杨慧[61]通过对云南丽江民族旅游的研究发现，"在 2002 年 1～8 月，丽江纳西族自治县接待海内外游客 206.48 万人次，同比增长 2.39%，其中，海外游客达到 90 978 人次，同比增长 28.68%。旅游综合收入 149 561 万元，同比增长 16.23%；外汇收入 2679.1 万美元，同比增长 30%。上半年，全县共征收旅游业税收 2000 多万元，旅游业带动社会消费零售总额增长 11.4%，以旅游业为龙头的第三产业对 GDP 增长的贡献率大幅增长，有力地支撑了当地少数民族经济的持续发展"。连玉銮[62]通过对白马社区的研究证实旅游发展对社区的经济效益明显，旅游业已经成为白马乡的主要支柱产业，1999～2002 年，旅游收入在农户家庭收入中的比例逐年增长，到 2003 年，旅游收入已经占到白马农户家庭收入的 70%。杨桂华[63]对香格里拉霞给村的研究也表明，旅游开发使用的地社区摆脱了贫困，旅游具有脱贫的价值。此外，还有大量的学者都认可旅游发展的经济效益，崔延虎[64]、杨莉[65]、蔡雄[66]、刘向明和杨智敏[67]都认为旅游开发是积极发展民族经济、实现国家扶贫战略的一种有效途径。大量的土著知识残存于边缘的民族社区，是特定族群传统文化的深层次基因，具有鲜明的地方特色与族群标识且都面临着传承与延续的危机。根据人类学家格雷本（Graburn）的论断："越是濒临灭绝和消亡的东西，越吸引当今的都市旅游者。"可见，土著知识具有强大的吸引力，将其作为旅游资源开发必将给所属主体及其社区带来良好的经济效益。

2）旅游文化效应研究

对旅游文化效应的研究起步较晚，但发展较快。在 20 世纪 70 年代，学界一直关注旅游带来的负面影响，旅游对旅游地文化的影响也就集中于其负面效应。直到80年代，学界开始站在客观和公平角度，系统地看待旅游影响时，旅游的文化效应才逐渐引起学界关注。例如，众所周知的纳西族东巴文化，在20世纪50年代，随着社会和政治制度的急剧变迁，已经濒临全面崩溃。但90年代以来，随着国内外学术界对纳西东巴文化的关注促成了纳西文化的复苏，尤其是旅游的开发，被人们认为神秘深奥的纳西东巴文化日益发展成为一种吸引国内外游客、推动纳西族地区旅游大潮的主要文化因素[61]。旅游业的文化效应主要体现在六个方面：保护遗产，弘扬传统文化；整合成就发展，彰显时代精神，传播现代时尚文化；提升文明程度，培育文化生活；促进文化交流，推进文化合作；孵化文化产业，构建经营平台；强化文化价值导向，创造世界文化新遗产[59]。龙梅[68]认为，民族旅游增强了目的地居民的民族自豪感和自信心，挽救濒临灭绝的民族文化，同时促进了民族文化的传播。张晓萍[69]在总结人类学对旅游开发的争论时认为，开发文化旅游资源有利于该地区旅游业的发展，且不说旅游业所带来的经济效应，文化开发也将给该地区带来"文化复兴"，并能够增强民族自尊心，增强地区文化知名度，从而吸引更多的旅游者。杨俭波[70]认为旅游地经营所带来的旅游地社会文化运行环境状况的更新有目共睹，包括旅游业带给旅游地社会文化环境的复苏和重整；旅游地传统文艺的复兴和当地居民文化自豪感的加强和巩固；旅游地封闭社会文化氛围的打破和异域文化的良性示范效应等，改变着旅游地的社会文化风貌和居民们的社会心态、文化观念，加速了旅游地社会文明进步的现代化步伐。杨昇等[71]认为，民族旅游作为一种特殊的旅游形式，既能弘扬民族文化，也给民族地区带来了巨大的经济效益和社会效益。作为主体，"土著"自身的边缘性，包括地理位置、政治、经济、社会等的边缘性，并囿于群体规模，土著知识在现代化浪潮的冲击与渗透及社区内部社会的变迁中始终处于濒临灭绝的险境。与此同时，大量的案例已经证实旅游开发是社区大量传统文化得以复兴的重要途径与手段。据此，我们相信，将土著知识置于全球最大的产业中，通过对其自身价值的挖掘，旅游化生存会是土著知识得以传承和延续的有效手段，将有效地促成土著知识经济价值的实现和自身的持续发展。

3）旅游环境效应研究

随着大众旅游的出现，旅游地环境不可避免地要受到旅游活动的影响，并引致了一系列的环境问题，由此引起学界对旅游环境影响的研究。关于旅游所带来的环境效益更多并不是直接的，而是通过对目的地居民价值观等的影响潜移默化地影响其行为，最终实现其环境效益。旅游作为资源节约型、环境友好型产业，环境保育和促进功能不断释放，有利于资源环境保护与经济、社会协调发展，主要表现在：通过发展旅游，可以实现对资源的永续利用，替代部分资源消耗大、污染重的传统产业，减轻污染排放和减少生态破坏；旅游开发可以提高地方政府和群众对资源价值的认知和保护意识，保住青山绿水就会有"金山银山"的认识正通过旅游发展实践越来越多地成为很多地区的共识；旅游业对生态脆弱贫困山区的生态环境保护起到了极其重要的作用，旅游成为经济发展的重要支柱，减少了对生态环境的保护；发展旅游业成为转换生态环境建设效益的重要途径，为区域环境保护和建设提供必要的资金，从森林工业到森林旅游的成功转型就是明显例证；旅游还逐步成为传播生态环境保护知识、展示生态环境建设成就的重要窗口[59]。相对于其他类型的旅游活动，土著知识由于自身包含了大量关于生态环境保护与维系的生态学知识，社区的整体环境即是进行土著知识旅游的背景与素材，直接向游客展示的是社区关于环境保护的知识及技能，作为土著知识旅游的载体依托，社区环境是土著知识展演的"画布"。因此，土著知识旅游不仅强化了社区对环境的保护，同时也教授了游客具有地方特色生态环境保护的知识与技能，两者形成合力，共同促成了土著知识旅游环境效益的实现。

4. 旅游需求与业态发展多元化的现实背景

随着旅游业的不断发展，旅游者旅游经验的不断积累与丰富，旅游市场急剧变化，特点鲜明。从旅游需求来看，随着人们获取旅游信息途径与渠道的增加、人们生活水平的提升、文化水平的提高，旅游需求呈现出多元化、个性化、自主化等趋势；从旅游形式来看，团队旅游向散客旅游、自助旅游发展；从旅游性质来说，单一的观光旅游向商务旅游、度假旅游、特种旅游发展；从旅游产品来看，观光产品向探险产品、体验产品、求新求异产品发展[72]。整个旅游产品格局将呈现多头并进、"百花齐放，百家争鸣"的繁荣局面，文化旅游、生态旅游等持续走高，新兴的遗产旅游、创意旅游、特种旅游等将极大地丰富旅游产品供给，并对传统的旅游市场划分形成有力的冲击。

1）遗产旅游、非物质文化遗产旅游热的兴起及其保护

随着旅游市场需求多元化格局的不断推进，遗产旅游异军突起，遗产旅游体验需求不断增长。根据世界旅游组织的界定，遗产旅游是指"深度接触其他国家或地区自然景观、人类遗产、艺术、哲学以及习俗等方面的旅游"，并认为，将近40%的国际旅游涉及遗产与文化[73]。与生态旅游以及其他类型的特色旅游一样，遗产旅游成为全球旅游业中发展最快的旅游类型之一[74]。尤其在西方发达国家，遗产旅游需求更加旺盛。Makens研究发现，参观和游览遗产景点成为美国最重要的旅游活动之一[75]；Hall和Zeppel的调查也发现，参观遗产景点的游客人数在20世纪80年代期间以每年25%～30%的速度增长[76,77]。关于遗产旅游需求旺盛的原因，Zeppel和Holl作出了解释，他们认为人们对遗产和

艺术日益加深的认识、更多的闲暇、更多的财富、更大程度的机动性以及更高的教育程度是遗产旅游需求增长强劲的主要推动力[78]。在国内，梁学成[79]认为，近年来随着我国旅游产业化的快速发展，文化遗产资源向旅游产品的开发转化已成为一种重要的趋势，并认为多元化的开发更有助于展示文化遗产旅游的特色和活力，也更有助于实现资源的民享与利民价值。孙九霞[80]认为，旅游能够成为文化遗产保护的有效选择。程遂营[81]指出，随着国民休闲格局的形成，非物质文化遗产的旅游开发将极大地满足国民对休闲产品的需求。土著知识具有遗产属性，在遗产旅游需求如此强劲的背景下，土著知识自然具备了旅游资源的属性。

作为新的术语，非物质文化遗产在今天得到了最为广泛的认可，但事实上，对非物质文化遗产的研究经历了漫长的过程。"非物质文化遗产"概念的产生是基于保护的需要。学术界普遍认为"非物质文化遗产"一词可以追溯到日本于1950年颁布的《文化财产保护》中提到的"无形文化财产"概念，并且在内涵、外延上，与"非物质文化遗产"概念基本相同，两个词语可以互相替换[82]。《文化财产保护》首次以法律形式规定了无形文化遗产的范畴及保护制度，并将"无形文化财"定义为戏剧、音乐、传统工艺及其他非物质文化的文化遗产中历史价值或艺术价值较高者[83]。正是在继承日本"无形文化财产"理念的基础上，"非物质文化遗产"概念于20世纪80年代在联合国教科文组织内部出现，对其的保护行动也逐渐开始。例如，1972年，联合国教科文组织在巴黎第17届大会上通过了《保护世界文化与自然遗产公约》（Convention concerning the Protection of the World Culture and Natural Heritage）（简称《世界遗产公约》），提出了"世界遗产"的概念，明确指出其保护对象为自然遗产与文化遗产，对整个世界范围内文化与自然遗产的保护起到了积极的推动作用。但其文化遗产保护的对象仅仅只限于有形的文化遗产并主要集中于建筑、古迹和遗址三类，既不够确切也不够全面；1982年，联合国教科文组织特设了"非物质文化遗产"部门（Non-physical Heritage）并在其后的墨西哥会议文件中首次提出了"非物质文化遗产"的概念，标志着"非物质文化遗产"开始引起人们注意并逐渐进入人们的视野；1997年11月，联合国教科文组织第29届全体会议通过了《宣布人类口头和非物质文化代表作申报书编写指南》（Proclamation of Masterpieces of the Oral and Intangible Heritage of Humanity），并对"人类口头和非物质遗产"进行了界定；2000年6月，联合国教科文组织在总部巴黎首次召开了口头和非物质文化遗产代表作评委会议，正式设立"代表作名录"，并为会员国制定了《申报条列指南》；2001年，联合国教科文组织通过了《世界文化多样性宣言》，强调了世界各国各民族包括"非物质文化遗产"在内的全部遗产对于维护人类文化多样性的重要意义，呼吁加强对非物质文化遗产的保护；

第一章 绪 论

最为重要的是，在2003年10月17日，联合国教科文组织在巴黎的第32届大会上通过了迄今为止对"非物质文化遗产"保护最重要的文件——《保护非物质文化遗产公约》（Convention for the Safeguanding of the Intangible Culture Heritage）（以下简称《公约》），详细规定了"非物质文化遗产"的概念、"非物质文化遗产"所包含的范围。其对"非物质文化遗产"的定义为"非物质文化遗产是指被各小区、群体，有时是个人，视为其文化遗产组成部分的各种社会实践、观念表达、表现形式、知识、技能以及相关的工具、实物、手工艺品和文化场所"[84]。《公约》具体指出"非物质文化遗产"包括五个方面：即口头传统与表现形式，包括作为非物质文化遗产媒介的语言、表演艺术、社会实践、仪式、节庆活动以及有关自然界和宇宙的知识和实践、传统手工艺等。

"非物质文化遗产"概念被引入中文语境并没有多长时间，直到21世纪以前，"非物质文化遗产"在中文语境中仍然是个利用频率较低，并没有引起多大注意的词语。但随着2001年我国开始积极参与联合国教科文组织申报第一批人类口头和非物质文化遗产代表项目，京剧被评为世界级非物质文化遗产之后，"非物质文化遗产"的概念开始比较频繁地进入人们的视野。国务院于2005年通过了《中华人民共和国国家级非物质文化遗产代表作申报评定暂行办法》，并指出，"非物质文化遗产"是"各民族世代相承的、与群众生活密切相关的各种传统文化表现形式（如民俗活动、表演艺术、传统知识和技能以及与之相关的器具、实物、手工制品等）和文化空间"。非物质文化遗产之所以受到越来越多的关注，缘于其一系列独特的价值。作为地域文化系统的重要组成部分，非物质文化与人类其他历史遗迹、遗址以及人文景观一样都是人类伟大文明的智慧结晶，是世界各民族传统文化的珍贵记忆。作为民族深层次的文化基因，非物质文化遗产更能彰显地域文化的特质。越来越多的现象表明，物质文化遗产并不能保证延续一个民族的历史文明，传统文明的延续必须由物质文化遗产与非物质文化遗产共同承续。只有整合物质文化遗产与非物质文化遗产，重新唤醒活态的非物质文化遗产，才能真正懂得人类文化整体的内涵与意义。因此，对非物质文化遗产的保护也显得越来越重要，越来越有意义。联合国教科文组织的《保护非物质文化遗产公约》强调了非物质文化遗产具有如下一些重要的价值：①非物质文化遗产是世界文化多样性的生动体现；②非物质文化遗产是人类创造力的表征，对于非物质文化遗产的保护，体现了对人类创造力的尊重；③非物质文化遗产是人类社会可持续发展的重要保证；④非物质文化遗产是密切人与人之间关系以及他们之间进行交流和互相了解的重要渠道。

非物质文化遗产的独特价值与属性决定了其可作为旅游资源进行开发。旅游化生存被认为是非物质文化遗产保护的新途径，发挥着积极的作用。对非物质文化遗产旅游开发的相关资料及文献则主要集中在2005年之后[85]。有些在宏观层面上提出以旅游开发促进非物质文化遗产保护问题。例如，刘魁立[86]认为，从旅游者的角度来讲，非物质文化遗产可以满足人们认知世界、认识历史、认识特色文化的需求。刘茜[87]指出，应用科学发展观认识非物质文化遗产保护与旅游开发，并认为应根据非物质文化遗产现状来决定是否对其进行旅游开发。徐赣丽[88]认为，鉴于非物质文化遗产的特殊性，单纯的记录、保存并不能实现非物质文化遗产的有效保护，因此应采用开发式的保护手段，引进旅游市场机制，使非物质文化遗产在现实中找到新的生存土壤与空间。崔凤军和罗春培[89]指出，非物质文化遗产具有旅游品牌效应，旅游是抢救、保护非物质文化遗产的主要手段与渠道。邓小艳[90]结合符号消费理论，认为非物质文化遗产的旅游开发应以"符号意义"为核心，把整个开发过程看成一个系统的符号化运作过程，立足核心内涵，挖掘和构建符号意义，选择合适载体展示符号意义，合理引导和启发旅游者参与符号消费。贾鸿雁[91]对非物质文化遗产旅游开发的模式进行了研究，认为主要有原生地静态开发模式、原生地活态开发模式、原生地综合开发模式、异地集锦式开发模式等，并认为健全法律机制、行政机制、规划机制、经济机制、教育科研机制构成的保障机制是实现非物质文化遗产保护性旅游开发的关键之举。杜丹阳[92]认为主题公园是使文化遗产无形变成有形的最佳方式。罗茜[93]提出了非物质文化遗产保护性开发的民族生态旅游村模式。马木兰和汪宇明[85]探讨了非物质文化遗产旅游产品化的转型模式，包括博物馆、主题公园和实景舞台剧三种，并分别进行了评价。除此以外，蔡文[94]、肖曾艳[95]、张瑛和高云[96]讨论了旅游开发对非物质文化遗产保护与传承的影响与作用。陈天培[97]、尹小珂和宋兰萍[98]等认为非物质文化遗产可以满足旅游者需求，对非物质文化遗产的旅游开发可以提高旅游业的竞争力和吸引力。有些则立足于具体的区域与事项，对具体区域的非物质文化遗产旅游进行分析与研究。黄继元[99]在指出云南省非物质文化遗产旅游开发存在问题的基础上，提出了相应的开发策略，包括完善监督与管理体制、加强理论研究和科学规划、重视人才这一核心载体的保护与提高等；刘丽华和何军[100]以辽宁非物质文化遗产为例，认为非物质文化遗产已经成为旅游业赖以发展的基石，并对辽宁非物质文化遗产旅游提出了思路，包括强化体验、突出休闲、主题公园修建、修学旅游产品开发及节事活动开发等。胡少华和曹诗图[101]以宜昌为例，认为旅游具有促进非物质文化遗产保护的作用，并就宜昌非物质文化遗产旅游提出了具体的对策，包括全面普查、摸清家底、转变观念、文旅互动、统筹规划、合理利用、创新开发、培育精品、依法行政、强化管理等，以实现文化保护与旅游开发的双赢，促进宜昌非物质文化遗产的可持续发展。于静静和蒋守芬[102]以胶东地区为例，指出与休闲旅游市场结合是胶东地区非物质文化遗产保护和开发的出路。宋瑞[103]以武强年画非物质文化遗产为例，强调在旅游标识系统、旅游服务设施、旅游信息系统中融入年画元素，建立诸如"年画世界"、"年画一条街"、"年画村"等实体项目。汪宇明和马木兰[104]在《夷水丽川》实景舞台剧实证研究的基础上，以小见大地探讨了大型实景舞台剧是非物质文化遗产转型为旅游产品的成功途径。此外，林庆和李旭[105]、李海平[106]等也都基于不同的地域与非物质文化遗产提出了相应的旅游开发建议及对策。

2009年9月，文化部与国家旅游局联合出台了《关于促进文化与旅游结合发展的指导意见》，其中提出的十项促进文化与旅游结合发展的主要措施，不少内容都涉及非物质文化遗产的旅游利用问题。根据联合国教科文组织通过的《保护非物质文化遗产公约》中的定义，"非物质文化遗产"是指被各群体、团体，有时为个人所视为其文化遗产的各种实践、表演、表现形式、知识体系和技能及其有关的工具、实物、工艺品和文化场所。非物质文化，是人类通过口传心授，世代相传的、无形的、活态流变的文化遗产，是一个民族古老的生命记忆和活态的文化基因。无论是物质文化遗产还是非物质文化遗产，都是特定文化系统的表现符号，是旅游者认知和理解旅游地文化特点非常有效的媒介，理所当然成为吸引旅游者的重要因素。近年来，随着我国旅游产业的快速发展，非物质文化遗产资源向旅游产品转化已经成为一种重要的趋势[107]。非物质文化遗产是地方民间文化的精髓，可以满足旅游者追求异质文化的心理需求，是一种重要的旅游资源。石美玉和孙梦阳[108]通过对北京非物质文化遗产旅游的研究得出：传统手工技艺、传统戏剧、民族活动、民间美术、民间音乐和民间舞蹈是最受欢迎的，这也是以后非物质文化遗产旅游利用中重点考虑和开发的对象；消费者非常关注非物质文化遗产旅游产品的历史价值、审美价值、教育价值以及文化价值，其中历史价值是现代消费者最重要的利益诉求。从非物质本身来看，各种地方性知识、技术等都承载着一个民族或一个地区的文化基因，是一个民族或地区长期生产与生活经验的总结，体现着一个民族或一个地区的创造水平。通过非物质文化遗产的欣赏、体验和理解，可以领略一个民族或地区的文化精髓。当非物质文化中的其他要素，如民间文学、工艺美术等纷纷被推向旅游市场，作为非物质文化精髓的土著知识应当受到我们的关注。因为，作为"活态的文化"，土著知识的开发更有助于展示文化遗产旅游的特色和活力，也更有助于实现资源的利民价值。非物质文化遗产，包括土著知识，具有历史性的基本特征，凝结、传递着一个民族或地区的记忆、情感、经验和智慧，在全球经济一体化和文化趋同的今天，如何有效地保护和传承非物质文化遗产及土著知识成为整个人类面临的重要课题。《中华人民共和国文物保护法》第四条对文物保护提出了明确的方针，即"保护为主、抢救第一、合理利用、加强管理"。但随着现代化的不断渗透与深入，对文物尤其是非物质文化遗产的保护遭遇到了种种始料不及的困境。对此，在中国文物研究界享有盛名的罗哲文先生提出,"文物具有不可移动性,只有通过'旅游'才可以达到让'物'说话的目的,反过来用'旅游'来体现文物的价值"。确实,当下有很多国家或地区把开发和利用"非遗"的经济价值作为推动"非遗"保护和传承的手段,"旅游化生存"成为"非遗"保护和传承的一种重要模式。虽然也有对文化,包括"非遗"等"旅游化生存"的种种质疑,但更多的案例也在佐证了"旅游不需要破坏传统的含义,恰恰相反,文化保护或重新振兴可以从现代旅游所给予的激励中实现"。由此,得出"旅游化生存"是"非遗",包括土著知识保护、传承最有效的模式之一。它不仅可以使一些失去生存土壤和环境、即将消逝的土著知识得以保护和传承,还能够激发土著知识的新发展——创新性提升,使土著知识这棵根植于农耕社会土壤的"老树"在现代文明的环境中发出"新芽"。例如,王德刚和田芸[109]通过调查发现,山东潍坊杨家埠木板年画刻板印制和风筝扎染工艺自明初至今已有600多年的历史。然而,到了20世纪80年代,在现代物质文明的冲击下,作为杨家埠人生存之本的技艺却伴随着现代化的进程逐渐衰落了。年轻人不愿意再研习这种浸透了祖先智慧和灵魂的传统工艺,一些老人虽然满身绝技却找不到可以传承的对象。20世纪80年代,在山东省旅游局的扶持下,杨家埠开始了以旅游复兴传统文化的探索,开展以"年画作坊"、"民俗家庭"为接待主体的"入户式"民俗旅游,使沉寂多年的传统工艺得到了重生,每年为全村带来2000万元以上的经济收入。

2) 生态旅游热潮的持续

生态旅游研究发轫于西方国家。1983 年,H. 谢贝洛斯·拉斯喀瑞(H. Ceballos Lascurain)首次提出了"生态旅游"这一学术概念。1985年,英文词汇"ecotourism"首次出现在罗玛丽(Romeril)的文章中;1987年,世界自然基金(WWF)对厄瓜多尔等5个国家的生态旅游进行了专门研究,在此基础上,伊丽莎白·布(Elizabeth Boo)于 1990 年出版的《生态旅游:潜力与陷阱》一书,使生态旅游得以广泛传播[110,111]。如今,生态旅游以每年15%~25%的速度增长,发展最快,代表了 21 世纪世界旅游业的发展方向[112]。据世界旅游组织估计,目前生态旅游已占世界旅游业总收入的15%~20%,且作为一种宣传主题和产品品牌,日益深入人心[113]。一般来说,生态旅游者的旅游目的地是"自然区域"或"某些特定的文化区域";而从事这种旅游活动的目的是"了解当地环境的文化与自然历史知识"。生态旅游的核心是知识展示。有的学者极力地强调生态旅游是一种进行生态学教育的知识性之旅。他们认为,几千年来人类的文明史就是建立在掠夺自然资源和破坏生态平衡的基础上的,人与自然的对立已经严重地损害了人类本身赖以生存的地球生态环境。这种人与自然关系的新认识正在激发人们了解生态和保护生态的需要。在此情况下,就有可能、也有必要通过生态旅游这种形式对人们进行生态学的教育,使他们更好地了解和致力于环境保护这一人类面临的重大课题。谢贝洛斯·拉斯喀瑞[114]认为,生态旅游即是去往相对原始的(undisturbed)地区或未被污染(uncontaminated)的自然区域的旅行活动,其目的是研究、欣赏和品味自然风光、野生动植物及当地文化遗迹(manifestations)。伊丽莎白·布[115]认为,生态旅游是指去往相对原始的(undisturbed)自然区域,以欣赏、研究自然风光和野生动植物为目标,并能为保护区筹集资金,为当地居民创造就业机会,为旅游者提供环境教育,从而有利于自然保护的旅游活动。Wight[116]则认为生态旅游是具有保护自然环境和维系当地居民双重责任的旅游活动。在国内,王良建[117]认为,生态旅游作为一种较高层次的旅游活动,除了欣赏、观察大自然以外,还应当增加对人类赖以生存的生态环境的了解,从而达到热爱大自然、保护大自然的效果,还要陶冶情操、扩充知识,增强全人类对生态环境的保护意识。张广瑞[118]在总结生态旅游经典定义的基础上提出,生态旅游是一种旅游形式,是一种"有目的的旅游活动",一般来说,生态旅游者的旅游目的地是"自然区域"或"某些特定的文化区域";而从事这种旅游活动的目的是"了解当地环境的文化与自然历史知识"、"欣赏和研究自然景观、野生生物及相关文化特征"等;从事该项旅游活动的原则是"不改变生态系统的完整"、"保护自然资源使当地居民在经济上收益"。卢云亭和王建军[119]对生态旅游的定义是:以生态学观点和可持续发展思想为指针,以自然生态环境和相关文化区域为场所,为体验、了解、认识、欣赏、研究自然和文化而开展的一种对环境负有真正保护责任的旅游活动,是专项自然旅游的一种形式。此外,王兴斌[120]、吴必虎[121]、张建萍[122]、杨桂华等[123]都对生态旅游作过界定。首先,土著知识作为地域性族群在历史进程中的智慧结晶和经验总结,在维护区域生态环境平衡中发挥着积极的作用。因此,可将土著知识作为生态旅游生态学教育的基本内容,向生态旅游者传授土著民族独具特色的生态保护知识,以达到生态旅游教育旅游者的目的。其次,作为一种非物质文化遗产,土著知识中包含了大量的地域文化元素,是地域文化系统的重要组成部分,极为鲜明地反映着地域文化的个性与特色。作为古老的生命记忆,土著知识保留了地域文化中最为古老的文化因子,是地域原真文化的基因。最后,土著知识残存于一系列边缘社区,具有相对原始的特色且作为活态的文化资产由族群成员掌握,进行土著知识旅游必将与社区居民发生直接互动,由此将给社区居民带来经济效益。土著知识的上述特质,极大地迎合了生态旅游本身及生态旅游者的需求,为土著知识旅游的开展奠定了坚实的基础。

3)文化旅游内涵深化的需求

文化旅游是"新"旅游现象中最为古老的[124],被认为是最具发展潜力的旅游新业态之一。过去30年内,文化旅游的增长和发展是国际旅游产业最突出的现象之一,并且是未来旅游发展的重要趋势[125]。根据旅游客源地和目的地的不同，今天约有35％～75％的国际游者被视为文化旅游者[126]。特别是在全球化背景下，作为社会和经济复兴的一种手段和工具，文化旅游被认为能够给旅游者及目的地社区提供更多、更独特的东西，文化旅游发展战略已经成为不同城市和区域提升竞争力、塑造独特形象的重要策略。世界旅游组织（WTO）[127]把文化旅游定义为"本质上处于文化的动机而产生的人的运动，如游学，艺术表演和文化巡游，旅行去参加节庆或其他活动，访问历史遗迹，旅行去研究自然、民俗或艺术以及宗教朝圣"。Silberberg[128]认为，文化旅游是"由东道主社会以外的人所进行的访问活动，这种访问是完全地或部分地出于人们对该社会、地区、人群或机构在历史、艺术、科学或生活方式、遗产等方面的提供物的兴趣而从事的"。在国内，郭一新[129]认为，文化旅游"指在寻求和参与全新或更深文化体验基础上的一种特别兴趣的旅游，与一般的旅游活动区别甚微，因为说到底旅游是一种文化现象，任何一次旅游经历，都是一次对新文化的体验"。于岚[130]认为文化旅游概念不宜泛化，应该像瓦伦·史密斯那样，把文化旅游作为六种旅游形式之一，即指参观那些"如诗如画"的或具有地方色彩的目的地，参观那些即将消失的"古老"的东西，如建筑、手工纺织品、牛羊、马车、从事农耕活动的工具，到乡村小饭店吃饭，观看民俗表演等。张国洪[131]则认为"文化旅游的过程就是旅游者对旅游资源文化内涵进行体验的过程，这也是文化旅游的主要功能，它给人一种超然的文化感受，这种文化感受以饱含文化内涵的旅游景点为载体，体现了审美情趣激发功能、教育启示功能和民族、宗教情感寄托功能"。此外，刘宏燕[132]、吴光玲[133]、蒙吉军和崔凤军[134]、郭丽华[135]等学者都对文化旅游提出了自己的认识。然而，无论是国际旅游组织的定义，还是国内学者的界定，文化旅游始终都是一个模糊的对象，并没有确切地指出文化旅游的具体指向，而是利用文化构成要素的罗列与组合表明文化旅游，如节庆、宗教、习俗等。这与文化本身概念的不明确有极大的关系。文化被认为是难以定义的多维度现象。人们已经接受这样一种观点，即认为对文化进行定义是困难的，甚至是不可能的。文化成了一个无所不包的现象。虽然"文化"一词频频出现在文化学家、社会学家、人类学家、心理学家等的著作中，但人们更多地认为"文化"是一种"理论"，是一个非常广泛的现象范畴的"抽象"或"名称"。正如Hofstede[136]所言，"文化就像是一只黑盒子，我们知道它就在那里，但却不知道里面装着什么"。源于文化概念的难以确定，实践证明，文化旅游市场开始出现重复生产和古根海姆化（McGuggenheimization）等现象，同质化的文化旅游吸引物不断导致旅游者的消费急倦。越来越多的城市和区域不断采用"拿来主义"，成功的文化导向旅游开发模式被迅速模仿和复制。文化重复生产现象日益明显，旅游空间日趋同质化，特别是依托物质实体的文化旅游发展战略在地方面临着较多的争议与质疑。在此背景下，城市和区域面临着如何深化自身文化内涵，重塑自身旅游形象的使命。土著知识作为一种隐性的文化旅游资源，根植于地域特殊的自然环境，与地域的自然环境有着密切的关系。作为地域文化系统重要组成部分的土著知识将为旅游地文化内涵的深化提供切入点。土著知识自身的信仰体系、认知体系和技术体系涵盖了文化旅游的诸多要素，能够在整体层面上实现文化旅游资源的整合，实现旅游资源的深度开发，迎合旅游市场的深度体验需求。

4）创意旅游热潮凸显

"创意旅游（creative tourism）"这一概念最早是由新西兰学者格雷·理查德（Grey Richards）与克里斯宾·雷蒙德（Crispin Raymond）于2000年首次提出的，随后，这一概念引起了国际上的广泛兴趣，并得到了联合国教科文组织创意城市网络（UNESCO Creative Network）的进一步推动[137]。创意旅游并非随性而生，其出现有着极深的现实背景，文化旅游的停滞不前与同质化是促成创意旅游孕育的温床[138]。面对文化旅游产品的重复性生产，文化旅游发展的"创意转向"日趋明显[139]。创意旅游对文化旅游的极大改善与提升不仅在国际上得到较大认可，甚至引起了联合国教科文组织、世界旅游组织和欧盟旅行委员会等国际组织的关注[140]。创意旅游已经成为全球旅游发展的趋向。2006年，联合国教科文组织创业城市网络在一份报告中对创意旅游进行了界定：创意旅游是一种可以为旅游者提供具有原真性的、可直接参与体验的旅游活动，主要表现形式为学习当地的艺术、传统以及具有当地特色的象征性文化，并与当地居民进行交流，在生活中体验文化[137]。理查德（Richards）等[139]认为，创意旅游是指"旅游者在游览过程中通过积极参与目的地国家或社区的文化或技巧学习，激发自身创意潜能，进一步体验旅游目的地的文化氛围的旅游形式"。游客的创意旅游行为"是积极而不是被动的，是学习式而不是观光式，既是自我发展也是经济发展[140]，潜在地依赖于地方技能、技术、传统及其独特性"[139]，是旅游者在与旅游地的创意性互动中实现知识或技能的输入，开发自我创意潜能，形成个性化旅游体验及旅游经历的过程。在全球范围内，已经出现了一系列符合创意旅游特征的产品：新西兰尼尔森（Nelson）的"新西兰创意之旅"（Creative Tourism New Zealand），为游客提供多方面的创意体验及学习，内容包括骨雕、纺织、木雕、马里奥语以及新西兰烹饪方法的学习等；还有加拿大安大略省的"郊野之美"（Arts in the Wild），涉及的内容主要有绘画、雕塑、雕刻以及摄影，旨在激发灵感，感受自然；法国的香水之旅、巴塞罗那的"美食与烹饪"等。土著知识自身所具备的知识性、技能性等特质及要素将为旅游者创意潜能的激发提供创意空间。旅游者将结合自己的认识，依托土著知识，通过互动式的参与体验创意旅游。土著知识旅游顺应旅游发展趋向，符合旅游产业发展实际，必将大有作为。

5) 旅游需求多元化与知识型旅游者的产生

探索求知是人类一种重要的旅游动机。人类在自身的存在和发展过程中，为了改造世界，就需要探索和认识外界事物，这是在社会发展过程中形成的人类特性之一。每一个人都不同程度地对了解自身以外的事物感兴趣，未被认识的自然现象和社会现象吸引着人们去探索，去研究，越是奇特的事物和现象，人们就越要揭示它的奥秘。其一，在现代条件下，旅游成为人们突破狭小天地、探奇求知、开阔眼界的重要方式之一。人们再也不会简单地把旅游和度假看做是一种消磨时光的娱乐形式了，而是把它看做锻炼身体、丰富精神生活和增长见识的途径[141]。其二，现代条件下的旅游者更热衷于体验旅游，希望能够真切体验到旅游目的地的文化，不仅知其然，还要知其所以然。喜欢参与性、互动性强的旅游产品，希望通过旅游消费获得独特的文化与娱乐体验。张红卫[142]在1999年利用我国国民生活课题组的抽样调查资料对我国旅游者的旅游动机进行了定量分析，得出社会因子、放松因子、知识因子和技能因子四类动机因子。张红梅和陆林[143]结合旅游动机理论对近十年国内外旅游动机研究进行了综合研究，发现在推力作用中，增长知识的动机占有重要地位。可见，土著知识旅游资源所具备的知识性，土著知识旅游自身的体验特质将在未来的旅游市场竞争中占据优势。作为"活态的文化"，土著知识旅游便成了有效地传承和保护非物质文化遗产的重要途径。伴随着旅游者对文化多样性、原真性等兴趣的增加，文化旅游已经成为当今全球旅游业中一个重要的持续增长部分，能够体验目的地非物质文化遗产的土著知识旅游必将成为一项时尚的旅游活动。

在知识经济时代，旅游活动的主体——旅游者将由"传统型"旅游者转变为"知识型"旅游者，即旅游者将从传统的功利性较强的旅游世俗愉悦追求，向以重视知识和文化学习、体验与创新的旅游审美愉悦追求转变[144]。知识型旅游者的产生为土著知识旅游开拓了旅游市场。

6) 特种旅游等主题化旅游开始起步

随着旅游发展，旅游市场将朝"精细化"方向发展。"精"即提供最具个性的旅游产品与服务；"细"即旅游市场逐渐被细分为不同的单元与集体。其最为醒目的标识即为旅游市场具有明确的消费指向与确切的消费对象，旅游产品逐渐明晰化、确定化。特种旅游是旅游市场"精细化"发展的必然结果。特种旅游在中国的发展已经开始。魏小安[72]指出，特种旅游是指满足特殊偏好形成的旅游活动，为满足特殊活动而建设的产品。其旅游需求特点表现为娱乐性强、参与性强和专业性强；旅游市场特点为相对固定，竞争性强；产品特点表现为区位偏远，具有垄断性、新奇性、安全性、保障性、和谐性。杨新军和宋辉[145]认为，特种旅游开发就是对特种旅游产品的开发、销售的各项活动的总称。田里[146]认为特种旅游是一种新兴的旅游形式，它是在观光旅游和度假旅游等常规旅游基础上的提高，是对传统常规旅游形式的一种发展和深化，因此是一种较高形式的特色旅游活动产品。土著知识旅游从其自身来看即是一种独特的特种旅游，它以"土著"、"知识"和"土著知识"为自己的标识，并与特种旅游产品的特点具有天然的一致性，因此是社区发展特种旅游的有效依托。

5. 全球化进程使土著知识具备了后发优势

全球化作为一种人类社会的历史趋势，正以迅雷不及掩耳之势的强劲力量或冲击、或逼近、或席卷着世界的每一个角落。也正是在全球化的浪潮中，各种新的、能够适应全球化生存环境的文化发展模式被人类"创造"出来，旅游即是其中极为有效的、最具潜力的文化生存与发展模式之一。面对全球化的不断渗透与深入，弱势性的土著知识能否找到并如何构建自己的现代生存模式以及要以什么样的形态存在，已经成为学界不得不关注的话题。毕竟，作为世界多元文化的重要构件之一，土著知识的价值与意义不言而喻。

随着全球化的加速，土著知识也在世界的图景中被不断强化和凸现。与此同时，土著社区也感觉到，可以借助现代性这个资源来促进当地的经济增长和脱贫致富，还可以解决土著族群文化自身的重新诉求和社区族群自尊的重建等问题，而当地的政府和市场也意识到，土著文化，包括土著知识资源大有充分开发利用的余地，它们可以在总体上增加地区和国家的现代化资本。通常，人们仅仅只是关注现代性所带来的种种弊端，甚至忧心忡忡，而忘记了一分为二地看待问题。全球化在对土著知识形成冲击的同时，也将改变土著族群的边缘地位，赋予它们某种"后发"的优势。从现今呈现出来的趋势看，全球经济一体化的结果，不会是全球人类生活的趋同化，也不是地方文化特质的消除，相反，全球化带来了前所未有的地方文化认同的复兴[147]。长期居住在边远地区的土著族群和其独特的文化与知识体系，由于其特殊的地理位置和社会处境，一直在地域关系上具有边远性和边缘性。全球化的推进，使得这些土著族群和他们的文化与知识面临前所未有的发展机遇，因为，土著族群自身的文化特质正与现代规模最大产业的市场需求不谋而合，如果可以抓住这个历史发展机遇，将极有可能改变土著社区边缘和边远的处境。

作为生活在少数民族地区的人，对土著知识耳濡目染，虽然并不知道其中的缘由，但感觉"好有意思"。诸如利用山林中的草药治疗各式各样的病患、利用变质的鸡蛋治愈误食毒草的马匹、利用烧焦的猪皮治疗胃病和打嗝。此外，还有老农侃侃而谈的经验。例如，如何利用太阳的位置判断时间、如何通过地理物象判别物候、如何在山林里找到食物和水源、如何种植粮食可以得到更好的收获、在什么时候嫁接果树会结出更好的果实，等等。同时，通过各种各样的媒介了解、认识到了异域更多的、充满了奇异色彩的技术与知识,尤其是通过书籍阅读到的世界民族风情录以及通过影视观看到的《乡土》更是激发了自己对多元文化与知识的浓厚兴趣。

熟读所能够收集到的有关于土著知识的资料,感觉土著知识简直就是匪夷所思,甚至充满了神秘感。土著知识并不是落后的知识,在某些地方它甚至比人类社会极其推崇的科学知识更有效,具有科学知识难以比拟的优势。虽然通过CNKI网络平台并没有收集到任何有关于土著知识旅游的文章,但我们确信凭借土著知识自身的特质,其具备了成为旅游资源的先天优势,对土著知识进行旅游化利用具有重要的战略价值。

(二) 研究目的及意义

1. 论证"土著知识"的旅游资源身份

旅游资源作为旅游研究的核心概念之一及区域旅游开发的基础与前提,一直都是学界关注的热点与焦点。所谓旅游资源,其内涵是一切能够吸引旅游者的要素,包括社会要素和自然要素。虽然关于旅游资源的内涵学界几乎已经达成共识,但其外延却始终难以明确界定。土著知识天生带有的文化属性和遗产属性以及由此引申出的科学价值、文化价值、审美价值、艺术价值等,使其自然具备了能够成为旅游资源的先天优势;再加之近年来,非物质文化遗产"旅游化"的蓬勃发展,土著知识这种更具文化特质、更能体现民族文化真实性,与学校教育所传授的普适性知识具有鲜明差异的非物质文化遗产必将成为未来旅游市场新的消费热点。

2. 为保护、传承土著知识探索新路径

土著知识作为地域文化系统,尤其是地域非物质文化遗产的重要组成部分,承载着一个族群共有的文化记忆,具有历史价值、文化价值、科学价值等,并在社区日常的生产与生活中扮演了极其重要的角色。随着时空的流逝与现代化的不断扩展与渗透,土著知识由于其非物质性、稀缺性及脆弱性将面临更为严峻的挑战,稍有不慎将会造成土著知识的流失,进而影响到区域族群日常的生产与生活,并对区域文化的完整性形成冲击。本书从旅游学的角度对土著知识旅游进行初步研究,为土著知识的保护与传承找到新路径,这将有助于人们对土著知识的认识,有助于土著知识的保护与传承,有助于土著知识的效益最大化与最优化。

3. 为挖掘、提升文化旅游品质提供指导

文化旅游需求旺盛,发展迅速,并不意味着文化旅游无懈可击。相反,文

化旅游中的古根海姆现象比比皆是，地域文化个性难以完整、准确表达，"千城一面"、"万园同构"等问题不断遭到抨击。作为地域文化系统的有机组成部分，土著知识不仅在地域上存在差异，在不同的族群间同样存在差异性，作为隐性的文化要素更能体现地域文化的特质。物质文化与非物质文化都可以吸引旅游者，都具备旅游资源属性。但物质文化的物质性及实体性使其极易遭到模仿与复制，为完整表达、展示地域文化，我们需将两者结合，达到形神兼备。文化旅游还存在笼统性与模糊性问题，土著知识旅游的开发将为文化旅游品质的提升提供强有力基点，并将其推向更为清晰与明确的主题化发展方向。

4. 丰富、完善生态旅游的内涵

生态旅游被认为是负责任的旅游，并伴有生态教育的功能。土著知识作为土生土长的知识，其中包含大量关于生态方面的知识，包括生态维护、生态保护等。而且土著知识旅游地与生态旅游地在空间与类型上存在一定程度的重合，土著知识中包含的生态学知识将成为生态旅游者获取的知识对象。

5. 丰富并创新旅游产品

把土著知识作为旅游资源进行开发必将产生新的旅游产品，即土著知识旅游产品，这将在数量方面丰富旅游产品的体系；另外，由于土著知识旅游与其他诸如文化旅游、遗产旅游、民俗旅游、生态旅游等在一定程度上的重合性，相应地起到整合旅游产品、创新旅游产品体系的作用。

6. 探索土著知识旅游开发，寻求土著知识旅游市场规律

作为一种社会现象、文化现象，土著知识旅游早已隐含在文化旅游、民族文化旅游、民俗旅游、遗产旅游，抑或是乡村旅游、生态旅游等多样化的旅游形式浪潮中，尤其在发展最快的文化旅游和生态旅游中，大量涉及的都是土著知识。然而，国内学术界对这一现象及其群体的关注几乎是一片空白。随着旅游市场的不断细分，旅游者极具个性化、自由化的多元化需求已经渐趋明朗。因此，我们有必要对土著知识旅游这一特殊的旅游形式作专项的深入研究。深入探析中国土著知识旅游开发的模式，需要注意的问题以及土著知识旅游者在中国的产生、发展、规模、特征，探索中国土著知识旅游市场的独特性，是当前十分紧迫的问题。

7. 提供土著知识旅游开发的政府决策依据和实施框架

本书旨在通过对土著知识旅游的研究，包括土著知识旅游的概念、土著知识旅游资源概念和分类以及土著知识旅游开发等一系列问题的研究，为土著知识旅游研究构建基本的理论研究框架。同时，还具有极强的应用指导性，对中国旅游业发展的政府决策具有重要的参考价值。通过论述土著知识旅游开发的可行性，为土著知识旅游开发的政策引导寻找理论上的依据，为推进我国土著知识旅游开发，促成土著知识旅游的市场化发展提供必要的实施框架，并提出切实可操作的策略与建议。

（三）相关研究

1. 知识旅游研究

学习异地的各类知识一直被学界认为是旅游者参与旅游活动的主要动机之一。但关于知识旅游的专项研究却一直没能受到应有的关注，知识旅游研究一直处于停滞的状态。根据CNKI文献检索系统查询的结果，我们仅发现了两篇有关"知识旅游"的学术论文（截至2010年12月）。国内最早有关"知识旅游"研究的论文出现在1986年，是北京旅游学院汉语教研室的何小庭[148]在旅游论坛发表的题为"浅谈知识旅游"的学术论文，并提出了"知识旅游"的概念。她认为，"知识旅游"是以旅游活动为手段（或方式），以求知欲为心理基础，以获取文化科学知识为主要目的的旅游活动。在文中，何小庭还就知识旅游的源流、方式和意义等进行了深入的探讨和研究。其后，关于"知识旅游"的研究尚未引起关注就已销声匿迹。直到2005年，关于"知识旅游研究"的第二篇学术论文才面世，东南大学人文学院的吴美萍[149]在《东南大学学报》（哲学社会科学版·增刊）中发表了题为"知识旅游的初步探讨"的论文，她认为，所有旅游产品的开发和设计都含有知识利用的成分，所以，所有形式的旅游活动类型都可以被称为"知识旅游"。显然，这是一种更为广义的"知识旅游"概念，它不局限于某一特定的知识类别，而是将"知识旅游"置于更广阔的空间中进行理解。

2. 与"土著"有关的旅游研究

因为土著知识旅游是个全新的研究对象，几乎没有任何可供综述的文章。但为了能够收集到有关"土著知识旅游"或是"土著旅游"方面的资料与研究成果，作者以"土著知识旅游"（indigenous knowledge tourism）和"土著旅游"（indigenous tourism）及一些相似的概念，诸如"原住民旅游"、"世居民族旅游"、"特有民族旅游"等为主题，以云南师范大学图书馆电子资源为主，在CNKI数据库中直接检索论文，同时借助百度、谷歌等搜索引擎或直接到书店寻找等途径，希望能够获得有关的参考资料。然而，只获取相关的研究成果三篇，基本涵盖了目前国内有关于"土著"或是"原住民"旅游的研究文献（截至

2010年12月)。其中,明庆忠和熊剑峰[150]对土著知识旅游进行了研究并对其生态化发展的路径作出了分析;郭建芳[151]对中国台湾地区的原住民部落旅游进行了介绍,认为原住民部落旅游作为一项新兴的充满活力的旅游项目,以其淳朴的民风和深厚的民俗文化底蕴,加之特有的生态环境,吸引了许多想要逃离城市喧嚣、回归自然的人们;王亚欣[152]对中国台湾地区原住民部落观光的营造提出了思考。其他一些旅游学术论文虽没有对"土著知识旅游"、"土著旅游"或"原住民旅游"进行研究,但其中也出现了诸如"土著"、"世居"、"原住民"等相关词汇。例如,刘丹萍和保继刚[153]基于Urry的旅游凝视理论,对西方学界关于旅游地原住民摄影态度研究进行了评述;刘俊和楼枫烨[154]以海南三亚六盘黎族安置区为例,研究了旅游开发背景下世居少数民族社区的边缘化现象;唐雪琼和朱竑[155]研究了旅游发展对云南世居父权制少数民族妇女社会性别观念的影响;杨俭波[70]所发表的《旅游地社会文化环境变迁机制试研究》一文中也出现了"土著"一词。

(四) 土著知识旅游研究框架

土著知识旅游研究框架以土著知识旅游体验为核心。本书每一章所论述的内容都是研究框架所示要点的扩展和对相关论点的详细深化(图1-1)。其基本内容由绪论、土著知识概述、土著知识旅游基础性研究、土著知识旅游供给、土著知识旅游需求、土著知识旅游开发分析、基于真实性理论的土著知识旅游多维分析七大部分组成,其核心是在明确相关概念并在对土著知识供给与需求分析的基础上探寻有效的土著知识旅游开发理论与方法模式。其中,需要特别强调的是旅游学的视角与出发点,以旅游学的视角为基础来探讨土著知识旅游开发的系列问题,为政府、企业以及社区的土著知识旅游开发提供指导。第一章对研究的背景作出分析,包括非物质文化旅游热及其保护的需要、生态旅游热的持续、文化旅游深化内涵的需要、遗产旅游需求的强劲及创意旅游热潮和旅游动机转变,然后,明确了研究的目的、意义及框架等。第二章对国内外关于土著知识研究的成果进行回溯,在此基础上形成关于土著知识的概念,进而明确土著知识的特点、结构层次、类型与价值,并就其遗产属性与其他遗产间的关系进行分析。第三章主要进行土著知识旅游的基础性分析。在对土著知识含义作出认知的基础上,根据研究需要,尝试性地提出土著知识旅游研究的概念并就其可行性、价值与意义进行探讨;最后利用符号学理论对土著知识旅游进行解读,意在充实其可行性论证,加强说服力。第四章主要论述土著知识旅游的供给方面,包括土著知识旅游资源的概念、分类以及核心的旅游产品等。第五章将焦点集中在分析土著知识旅游的需求问题上,着重对土著知识旅游市场进行分析，包括旅游动机、类型、特点以及对土著知识旅游者可能产生的阻碍因素。第六章在前面几章论述的基础上，集中探讨关于土著知识旅游的系列开发与管理问题，包括开发条件分析、开发原则等，并就相应的旅游者管理、旅游地管理及营销等作出了论述。第七章结合旅游人类学中最为核心的研究论题之一——真实性理论，在对真实性理论进行简要总结的基础上对土著知识旅游进行了多维度的真实性分析。

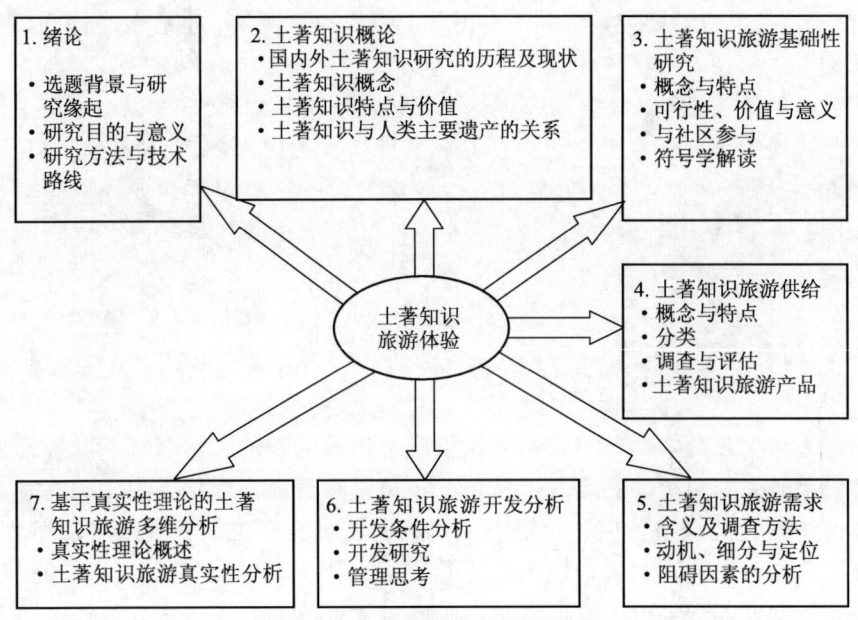

```
┌─────────────────┐   ┌─────────────────────┐   ┌─────────────────────┐
│ 1. 绪论         │   │ 2. 土著知识概论      │   │ 3. 土著知识旅游基础性 │
│ • 选题背景与研  │   │ • 国内外土著知识研究 │   │    研究              │
│   究缘起        │   │   的历程及现状       │   │ • 概念与特点         │
│ • 研究目的与意义│   │ • 土著知识概念       │   │ • 可行性、价值与意义 │
│ • 研究方法与技术│   │ • 土著知识特点与价值 │   │ • 与社区参与         │
│   路线          │   │ • 土著知识与人类主要 │   │ • 符号学解读         │
│                 │   │   遗产的关系         │   │                      │
└─────────────────┘   └─────────────────────┘   └─────────────────────┘
         ↖                    ↑                        ↗
                                                 ┌─────────────────────┐
                                                 │ 4. 土著知识旅游供给  │
                         ┌──────────┐            │ • 概念与特点         │
                         │ 土著知识 │ ⇒          │ • 分类               │
                         │ 旅游体验 │            │ • 调查与评估         │
                         └──────────┘            │ • 土著知识旅游产品   │
                                                 └─────────────────────┘
         ↙                    ↓                        ↘
┌─────────────────────┐ ┌─────────────────────┐ ┌─────────────────────┐
│ 7. 基于真实性理论的 │ │ 6. 土著知识旅游开发 │ │ 5. 土著知识旅游需求  │
│    土著知识旅游多维 │ │    分析             │ │ • 含义及调查方法     │
│    分析             │ │ • 开发条件分析      │ │ • 动机、细分与定位   │
│ • 真实性理论概述    │ │ • 开发研究          │ │ • 阻碍因素的分析     │
│ • 土著知识旅游真实  │ │ • 管理思考          │ │                      │
│   性分析            │ │                     │ │                      │
└─────────────────────┘ └─────────────────────┘ └─────────────────────┘
```

图 1-1　土著知识旅游研究框架

第二章 土著知识概论

第二章　土著知识概论

对大多数人而言，土著知识是个陌生的概念。毕竟，土著知识虽然具有客观存在性，但也只有在对西方文明的批判与质疑中才逐渐引起更多的关注。为了让更多的人了解土著知识，我们将从回溯土著知识研究的历程开始，对土著知识的概念、结构层次、特点、价值等相关要素进行系统的解析。

一、国外土著知识研究的历程及现状

（一）历程

土著知识是伴随着人类文明的进步，在一定的地域内逐渐形成和发展起来的，并随着人类社会的发展而发展。目前，国际上研究土著知识是因为其适应特殊的地理环境，依靠当地的自然资源，形成了特有的农耕系统，解决了贫困地区众多人口的生存问题，为工业发展国家提供了可借鉴的可持续发展的农业生态系统知识和生态环境维系与保护知识。

在国际上，1895年，美国学者哈什伯杰（J. W. Harshbeger）第一次提出了"民族植物学"的概念，并把"民族植物学"定义为"研究土著民族利用的植物"[156]。19世纪80年代，国际上逐渐出现了有关"原始民族"和"土著民族"利用植物、动物及其产品的研究报道[157]。1992年，在英国召开的环境与发展大会上，土著知识因对可持续发展有更深入的贡献而引起了与会者的注意，会议提出，急需建立一种发展机制来保护地球上生物多样性。1993年，约翰·梅德雷（John Madeley）在《国际农业发展》一文中写道："土著知识是一个庞大独立的知识资源，它没有游离于世界发展视野之外。"20世纪90年代则出现了专门针对土著知识研究的报道并呈现出不断增长的趋势。1998年，加拿大国际发展研究中心（IDRC）在渥太华出版了美国学者路易丝·格利尼（Louise Grenier）的《土著知识研究》（Working with Indigenous Knowledge）一书，作为研究土著知识的入门指导手册。同时，该书还指出土著知识是一种土生土长的地方知识，它不同于当前的文化与社会，与大学、科研机构和私有公司形成的国际知识体系相比，是一种世代口传的知识。该书还认为，土著知识在发展中国家的社区进行适应当地水平的食物安全、人与动物健康、教育、自然资源管理和其他维系生命所必需的活动中发挥着积极重要的、现代科学知识难以替代的作用。从文献检索来看，1984~1988年，国际主要刊物上发表的有关土著知识的文章不足10篇，1989年发表的研究报告30篇左右，2003年高达171篇。纵观土著知识的研究历程，其焦点主要在贫困人口的生存、乡村社区的发展和自然资源的利用、生物多样性保护、生物资源利用及减少贫困和可持续发展等方面。

（二）主要研究机构

随着土著知识热的兴起，相关的研究机构和网络也越来越多，如土著知识资源中心（Indigenous Knowledge Resource Centers，IK Centers）、农业发展与乡村发展土著知识中心（Center for Indigenous Knowledge for Agriculture and Rural Development，CIKARD）、土著知识系统高级研究中心（Center for Advanced Research on Indigenous Knowledge Systems，CARIKS）、世界土著研究中心——发展国家间的合作与协调（Center for World Indigenous Studies：Advancing Cooperation and Consent between Nation，CWIS）和云南省生物多样性和传统知识研究会（Center for Biodiversity and Indigenous Knowledge，CBIK）等近80个从事有关土著知识研究的组织和协作网络逐步建立起来。有关土著知识研究的代表性项目也越来越多，如土著知识数字图书馆（Traditional Knowledge Digital Library，TKDL）、土著知识与他们的知识整合（Integration of Indigenous People and Their Knowledge）、非洲半干旱地区土著环境知识与可持续发展（Indigenous Environmental Knowledge and Sustainable Development in Semi-arid Africa）、北美洲土著居民的生物多样性项目（North American Indigenous People's Biodiversity Project）和土著知识行动计划（Indigenous Knowledge Initiative）等项目，并取得了一系列的研究成果。

（三）主要研究项目

国际上较早研究土著知识的项目是1984年在非洲进行的乡村发展小规模灌溉设施研究，该项目认为通过发挥地方作用，可以解决粮食问题，提出了集合土著知识和技术，采用低投入方式进行建设；1989年，坦桑尼亚首次报道了将农民的知识及其生产体系纳入农业研究项目中，并就农民对土壤改良和防止水土流失等方面的知识和方法进行了总结；1990年，坦桑尼亚利用森林自然资源，把传统的养蜂技术与经济活动结合，取得了良好的经济效益；随后，加纳东南部社区开展了农业系统中一些大宗作物特有栽培、保护和储藏技术的研究；《干旱土地简报》在1990年则报道了利用土著知识进行土壤分类的民族土壤学；美国艾奥瓦州阿门宗派利用土著知识建立了可持续利用的小农业系统。有关的发展研究专家建议将土著知识系统与农业发展相结合，提出了一个模式和分析框架，对欠发展国家土著知识结合农业发展项目中的作用进行了评价，认为只有这样，农民对自然资源的管理技术和知识才能得到回报，受制于环境和其他社会条件的状况才能得到解决和改善；在非洲半干旱地区，社区林业相关的土著知识与自然资源管理系统被纳入粮食及农业组织（FAO）的发展项目中，对土著知识的作用和分析发表在 FAO 的出版物之———《森林、树木与人》丛书中。

1992 年，荷兰莱顿大学（Leiden University，Netherlands）莱顿民族体系与发展项目（Leiden Ethnosystems and Development Programme，LEDP）、美国艾奥瓦州立大学（Iowa State University，USA）农业发展与乡村发展知识中心（Center for Indigenous Knowledge for Agriculture and Rural Development，CIKAPD）和荷兰高等教育国际联合组织（Nuffic，Netherlands，CIRAN）签署了联合创办全球性的土著知识资源中心的谅解备忘录，由 CIRAN 承担国际土著知识网络的秘书长工作。CIRAN 创办了网络简报《土著知识与发展导航》（Indigenous Knowledge and Development Monitor，IK&DM），并创建了包含不同制度、政策视角和技术方法的全球土著知识专业数据库，这些数据库拥有 3500 多条记录并为 131 个国家提供专业指导。其他关于土著知识研究的代表性项目还包括土著知识数字图书馆（Traditional Knowledge Digital Library，TKDL）、药用植物研究行动（Research Activities on Medicinal Plants）、土著居民与他们的知识整合（Integration of Indigenous People and Their Knowledge）、知识系统研究（Research on Knowledge Systems，RKS）、土著社区自然化的知识体系（The Naturalized Knowledge Systems of Indigenous Communities）、探索埃及乡村可持续发展——科学技术与土著知识的结合（Seeking Sustainability in Rural Egypt：Linking Scientific and Indigenous Knowledge）、土著知识行动计划（Indigenous Knowledge Initiative）等。此外，还有一系列的相关出版物，如《全球土著知识》（*Indigenous Knowledge World Wide*，IKWW）、《可持续发展的土著知识》（*Indigenous Knowledge for Sustainable Development*，IKED）、《乡村科学》（*Village Science*）等。

农业生物多样性的深厚遗产

2007 年 9 月，联合国大会通过了《联合国土著人民权利宣言》，这是国际社会在保护土著人民的身份认同和解决其面对的歧视及困难方面迈出的重要一步。世界上绝大部分土著人民生活在山区，很多人生活在社会边缘，面临贫困和粮食长期不安全问题。

2010 年"国际山地日"的主题重点关注生活在山区的土著人民及其他少数民族。其目标是凸显这些社区所面临的威胁，但同时也是为了认可他们在克服饥饿和营养不良、生物多样性丧失及气候变化的全球挑战方面作出的重要贡献。

1. 与土地相连的遗产

土著和传统山地社区文化绝大部分属于农耕文化，诞生于严酷的气候和恶劣的地形条件下，并受到播种、收获和牲畜迁徙的季节性规律限制。对山区人民来说，土地、水和森林并非仅是用来开发到远方市场上赢利的自然资源。与其先辈一样，山地社区人民认为其福祉、其身份认同以及其子孙后代的未来都依赖于对环境的细心呵护。

因此，山地土著社区与土地之间的联系只能以一种精神层面的方式来表达。尊重这一世界观，保护作为其表达载体的语言、音乐、艺术品、民间故事和神话，对于山区土著社区的存续至关重要。这一"非物质遗产"也为全人类提供了养分，为实现人与环境之间可持续的关系提供了启发。

2. 保护山区少数民族遗产

瓦尔瑟人是瑞士豪特-瓦莱瑟地区的原住民，几个世纪之前迁入分布在奥地利、法国、列支敦士登和意大利的几处高地阿尔卑斯山谷。然而，在许多社区，人们已经不说瓦尔瑟-日耳曼方言，很多年轻人在山区的故乡看不到自己的未来。

由欧洲区域发展基金出资，开展了"瓦尔瑟阿尔卑斯"项目，寻求在瓦尔瑟社区之间建立跨国合作并推动团结一致。该项目寻求稳定住瓦尔瑟遗产，以之作为一种方式推动瓦尔瑟社区可持续旅游业发展，这被视为一次机遇，以防止瓦尔瑟传统沦落到书籍和博物馆中。保护瓦尔瑟传统也被视为保护可持续山地环境管理知识的一种手段。

该项目分为若干阶段，涵盖各种活动，包括：①对与瓦尔瑟人文化遗产有关的文件和图像进行电子化处理，作为一种联系儿童与其长辈的途径；②制作瓦尔瑟语词典和教学材料；③制定一份可持续城市土地利用规划通用文书；④制作宣传瓦尔瑟社区的公众宣传材料，以推动可持续旅游业。

资料来源：联合国粮食及农业组织森林管理司. 2010-12-11. http://www.fao.org/fileadmin/femPlates/mountainday/docs/pdf/brochure-LowRes-Spread-Ch.pdf

（四）主要研究地域

从世界范围看，土著知识的研究主要集中在非洲和亚洲地区。在非洲乌干达，学者采用调查问卷的方法发掘当地的传说以及民间故事中包含的土著知识，并采用参与讨论的方法将土著知识运用于当地的计划制订及决议形成中，发现土著知识在自然资源保护中具有重要作用；在非洲的奈及利亚实施了名为"知识银行"（Knowledge Bank）的项目，社区的人们将自己的知识提供出来储存在知识银行里，每位知识提供者在银行中均可拥有一个银行账户，提供有用的知识进入银行后其账户上的存款便会增加，相应地利用银行中的知识就得向银行付费。通过该项目的实施，促进了当地社区更好地掌握有关文化、生态环境以及其他实用性的知识信息，进而达到扶贫的目的；国际植物遗产资源所（IPGRI）资助肯尼亚成立妇女小组，专门收集关于葫芦资源利用方面的土著知识；亚洲的马来西亚 Sarawak 大学收集汇编各民族的民间故事、传说等，出版了名为 *Dayak Studies* 的丛书，还成立了 Sarawak 生物多样性中心，组织由当地有关民族的退休教师代表组成的研究会，专门收集汇编当地民族的土著知识。

（五）研究现状

土著知识系统涵盖了人类生活的方方面面，包括环境管理及人们赖以维系生存的知识和技术。土著知识是一种动态的知识体系，是应用、完善、适应并不断发展的结果。土著知识可以融入现代科学技术，应当与科学家的项目研究进一步结合，作为科学技术的补充，为解决贫困问题、实现可持续发展的目标发挥作用。1992 年，Micheal Warren 博士在研究利用土著知识发展农业和乡村中提到，发展中国家有一个无价之宝，就是一个巨大的蓄满了土著农业和管理自然资源经验和知识的水库，而其闸门却尚未开启。1999 年，世界科学大会（World Conference on Science）提出了科学与土著知识应在多学科中进行结合，以解决相关文化、区域性的环境与发展，如生物多样性保护、自然资源管理、减轻自然灾害冲击的办法等。研究专家一致认定，土著知识是一种无法估价的、正在利用的知识宝库，是当今发展中国家的巨大财富。土著知识潜在的贡献就是本土易管理、可持续、低成本的生存策略。随着全球科学界对土著知识价值的承认，大量的研究者和国际组织都以极大的热情参与到了土著知识研究及价值发掘的大军中。其中，一个不断发展的国家间、区域间土著知识资源网络的建成被认为是他们最大的成效。它在整理庞大的、多样性的土著知识系统中发挥着最基础的作用，有助于国际和各国家农业研究中心对未来农业研究方向的认识更加明确和具体化。目前，国际层面上的"全球土著知识资源网络中心"已在菲律宾建成。各类区域性，如"土著知识非洲资源中心"、"土著知识亚洲资源中心"以及各类国家的土著知识资源中心也正在建设或筹划中。相信在不久的将来，土著知识资源中心将遍布全球，对土著知识的研究也将随之更加深入。

由于土著知识的特殊性，即以口头传递的方式保存，产权难以明确，因此很容易在迅速变迁的社会浪潮中丢失。如何来保护和发展土著知识是人类面临的难题。对此，波士顿的人类学家贾森·克莱（Jason Clay）坚持认为，保存土著知识最好的办法就是让它在使之产生的文化中继续保持活力。克莱的解决办法是：以经济刺激作为手段，这样也能使土著人居住社区的生态系统得到保护。曾与生活在扎伊尔东北部地区俾格米人接触达18年之久的约翰·哈特（John Hart）和特丽斯·哈特（Therese Hart）指出，其他部落和村民们都依赖俾格米人从森林中猎获的兽肉和采集的食物和药物，这种经济刺激使他们的土著知识保持了活力。因此，经济刺激已然成为世界上很多地区保存土著知识的有效手段。初步研究，对土著知识的保护和发展的主要策略包括：①提高社区居民对土著知识价值的自信心，提升他们对知识价值的认识；②展示土著知识的现实应用价值，让土著知识活起来，如修建展示本土知识价值的示范农场、农业示范点、手工艺企业以及其他土著技术的展示园；③帮助社区居民记录并利用多样化的媒介宣传他们的土著知识；④在教育体系中引入土著知识教育；⑤对土著知识进行本土化的项目开发与利用，如旅游开发等。

二、国内土著知识研究的历程及现状

在中华五千年的发展历史中，创造了丰富灿烂的华夏文明，既有闻名遐迩的四大发明，又有丰富的农事经验和农耕文化，如西汉的《氾胜之书》、北魏贾思勰所著的《齐民要术》、元代的《王祯农书》、明代的《天工开物》和《农政全书》以及清代的《授时通考》等。据有关学者研究，从秦朝至20世纪30年代，总共有了542种农事书籍。这些书籍都立足于华夏实际，详细记述了华夏子女在以土地为依托的生存条件下，人与自然和谐相处，依存生物多样性寻求生存的农作方式、生产经验和农事规律。它们翔实地记载了华夏各地人民的农事经验和智慧，可以被看做农业方面最早的土著知识成果，是华夏文明世世代代生产、生活经验和智慧的总结和概括。

自1949年新中国成立以来，中国加强了针对民族民间文化传统、节庆礼仪、宗教信仰、艺术表达、中医药等方面土著知识的收集与研究，并取得了一系列的成就。例如，对全国56个民族传统文化开展了专门研究，收集、保存了大量的不同民族物化和非物化的民族民间知识；利用土著知识及中草药配方将传统医药与现代科学制药技术结合，建立了强大的民族医药产业。这些工作对华夏文明的延续有着深远的现实意义。如今，在国内，土著知识的利用相当广泛，如传统医药学、民族植物学等。但是对土著知识的研究则相对较少，涉及的内容也较窄，从事研究的机构或单位也不多。吉林省中医药研究所、国家长白山自然保护区对延边朝鲜族自治州内的朝鲜族利用中草药资源及其土著知识的情况进行了调查分析；西北师范大学植物所、兰州大学生物系记录研究了甘南藏民传统医药知识；中国科学院（以下简称中科院）成都生物所对四川甘孜藏族自治州的藏医、藏药进行了记录和初步研究；湖南中医院与中科院昆明植物研究所合作，对湖南传统中药的理论及其实践进行了概括总结；广西民族医药研究所和广西药检所对壮族、瑶族、苗族利用传统中草药资源及其土著知识的情况进行了归类整理以及中科院新疆生物地理研究所对地方土著知识的记录与整理等；云南省对土著知识的研究深度或是广度在国内处于领先地位。在云南省从事有关土著知识的单位包括中科院昆明植物研究所、云南省生物多样性及传统知识研究会、云南省农业科学院、云南民族博物馆等，涉及的民族涵盖了傣族、哈尼族、基诺族、纳西族等；涉及的地区包括西双版纳傣族自治州、丽江市、大理白族自治州等；涉及的领域包括植物利用中的土著知识、植物民间分类知识体系等。

三、"土著知识"概念的提出与深化

从历史发展的脉络来看，"土著知识"由来已久，但对"土著知识"的关注却是从近几年才开始的。随着全球各地对民间的、传统的、土生土长知识的重视和发掘利用，"土著知识"从"幕后"逐步走向"前台"。如今，"土著知识"一词已被广泛运用，同时逐渐被人们所接受[158]。

"土著知识"是个舶来词，来源于英文"indigenous knowledge"，意思是"本土的、本地的、土生土长"的知识。或许是源于职业的缘故，与"土著知识"有着更为密切的关系和更高接触频率的农业专家、植物学家首先"关照"起了这块隐于尘世的"瑰宝"。目前，世界上对"土著知识"及相关术语的采用和概念的解释、界定仍存在一定的分歧，如世界知识产权组织初步确定，在传统知识保护问题上，可能采用的术语包括土著知识、土著群落、人种与种族、传统医药、传统知识、革新与习惯、传统与地方知识、技术、诀窍与惯例等。在实际运用中，土著知识的近义词有"本土知识"、"土著技术知识"、"民间知识"、"传统知识"等。"土著知识"这一术语出自联合国《土著居民权利宣言草案》序言，指的是土著部落、人种与土著种族拥有的以传统方式获得的知识，包括各种科学、农业、技术、医药、有关生物多样性和生态等一切关乎生产与生活的知识。在国内，受国际植物种质资源研究所的委托，云南省农业科学院品种资源站与云南省农业科学院技术情报研究所、云南省农民专业技术协会的专家、学者共同组成了云南省植物遗传资源"土著知识"课题组，在1996年12

月至1999年9月间通过文献资料检索、专家咨询、实地调研、农民培训等方式对云南省若干地区植物资源"土著知识"的存在与分布情况、涉及范围、保存与利用方法、保护农民的知识产权等问题进行了调查与研究，完成了课题研究的预期目标与任务。在承担这项具有开创性意义工作的同时，他们在国内第一次提出了植物资源"土著知识"的概念，他们认为"土著知识"是各个地区长久生活在那里的人们，在特定的自然环境下，世世代代积累并延续下来的赖以生存发展的知识，是当地居民的发明创造[159]。戴陆园等[160]在其著作《土著知识与农业生物多样性保护》一书中指出，"土著知识"一词来源于英文"indigenous knowledge"，简称"IK"，意为"本土的、本地产的、土生土长的知识"。

作为一个科学概念，"土著知识"一词的形成具有重要的认识价值和科学意义。正如其他任何科学的概念、术语的产生，都标志着对一定对象认识的深化与明晰。"土著知识"概念的出现，是人们对非物质文化遗产诸要素中的"土著知识"存在及其价值的发现、确认与概念上的界定、抽象与命名。它既是对"土著知识"认识上的飞跃与理论思考的结晶，也是对人类整个文化遗产，包括非物质文化遗产的内涵、外延、范围、形态、类型等问题在认识上的一次新的完善。"土著知识"概念的提出，在人类文化遗产的大范围中确认了一个崭新的认知领域，确认了一个极具意义与价值的研究对象。如前所述，"土著知识"这一概念，无论是在中文语境，还是外文语境中均有一个不断演化的过程。在中文语境中，最初的"土著"一词指代的并不是现在普遍认可的"原住民"或是"世居者"的概念，其与现在的含义相距千里，指的是习俗的"土著性"，而不是作为主体的人的"土著性"。严格地说，在中文语境中，将"indigenous knowledge"译成"土著知识"是可能产生歧义与误解的，毕竟媒介对我们表述的"土著"充满了暴力、野蛮等色彩，这种消极的刻板印象容易让人产生种族主义或是种族偏见。但我们也不能忽略，随着时空的转变，"土著"含义在发生演变的同时，其原有的种族色彩、政治色彩已经明显淡化，甚至在土著运动的浪潮中消逝。"土著"在其主体上指的仅仅只是具有"居先性"或"居久性"的族群，不过，其自身的文化意义、符号意义、真实性等积极刻板印象却在现代化的潮涌中得到不断的强化。这可以通过Ryan和Crotts的研究得到验证，"对许多游客而言，这一点表现在他们参观土著居民的愿望上，因为在游客的心目中，土著居民才是生活在真实环境中的真正当地人的代表，是真正的活历史"[161]。这也是土著知识之所以可以成为旅游资源的原因之一。除此，我们还需注意的是，"土著知识"不仅需要强调"土著"，"知识"同样也不能被忽视。从语言学来讲，"土著"仅仅只是作为一个形容词对"知识"进行了所属的限定。从文化学意义来讲，"土著"则充满了神秘、民族、文化等符号意义。界定或利用"土著知识"，更应该注重的是蕴藏在"土著"背后的生产知识、生活知识、自然知识、宇宙知识及其相应的生产技能、生活技能等非物质形态的知识内容。科学规范地阐明"土著知识"的概念对于正确理解其内涵具有十分重要的意义。从有关"土著知识"的概念及其涵盖的内容可以看出,"土著知识"主要表现为特定地域或族群的生产方式与生活方式,并以活态性在族群内部成员之间通过口传心授传承。

如前所述,"土著知识"的概念界定更多地是来自于农业专家或是植物学家,是基于他们研究的目的在自己所属的领域内作出界定的。"土著知识"还没有找到真正符合自己的表述方式,也没有相关的国际性文件对其作出规范。但随着社会文化传播的影响,"土著知识"一词目前在中文语境中,尤其是在农业领域、植物学领域及民族医药等领域已经基本定型为一个约定俗成的概念,而且已经得到了广泛的运用。因此,我们并不打算换个名称,而是努力给这一概念以较清晰的阐释与界定,使人们对这一概念的内涵和外延有比较准确的理解并能够正确使用。在遵循"土著知识"既有命名、充分分析其他领域学者对"土著知识"界定的基础上,着重于"土著知识"所蕴涵的文化属性与遗产属性,对"土著知识"这一概念作出较清晰的定义与阐释。我们认为"土著知识"是特定地域或特定族群在特定地域与特定时间的约束下,在与自然环境长期的互动过程中所形成的具有三位一体的、土生土长的生产知识、生活知识、自然知识与宇宙知识以及相应的技能,是人类智慧的结晶;作为地域文化系统的深层次基因,彰显地域文化特质;具有活态性特征与遗产属性,在族群内部成员间通过口传心授传承,在维护族群日常生产与生活、地域文化多样性与生物多样性方面发挥着极其重要的作用;是一种地方性的、本土性的知识,也是一种传统性的知识。

四、土著知识的结构层次

任何一个土著族群的土著知识或是某一地域的土著知识,都是一个庞大的智能宝库,其内部都可以被划分为不同的层次结构,且每个层次结构中都包含着极其丰富的认知成果和经验总结,将它们合称为土著知识,仅是为了体现这类知识的特殊性和差异性。同时,这种宽泛性的提法也是为了便于人们的理解。大量的实践事实已经证明,不同族群或是不同地域具有的土著知识,无论在结构还是在内容上都很不相同,即使是面对同样的对象也是如此,因此,需要作出具体的针对性分析,才能真正认知其基本的内涵。一般而言,各族群或各地域的土著知识大致都包含了认知体系、技术体系和信仰体系三大层次结构。需要注意的是,认知体系、信仰体系和技术体系并不是绝对独立的,而是相互关联、相互制约的三位一体的综合体。

(一) 认知体系

认知体系是土著知识中当地族群关于自然事物整体性的认知，指的是土著族群或是土著知识产生的主体对其周围生境的感知和认识，它包括了对自然环境的分类和认识以及对自然环境要素间的相互联系的认识。由于土著知识认知体系建立在对一个很有限的自然环境范围进行观察的基础上，因而它所提供的是各种有关于自然环境的详细信息，如动植物、土地、水以及设备等，集中体现在土著族群对事物的命名及对其本土化的认识解释上，即"是什么"和"为什么"。例如，傣族将所有的植物分为草本、木本和藤本三类：凡是生长样态比人低的植物都称为"草本"；比人高的都称为"木本"；把长度虽然超过人体，但不能直立的植物都称为"藤本"。这样的分类办法与现代植物学按门、纲、目、科、属、种进行的分类显然不同，但傣族却一直沿用他们的分类体系，并支配着他们对植物知识的积累。基诺族对周边生态环境中的动物非常了解，对于这些动物他们也有着独特的分类。他们将动物分类如下：梢（兽），即有四只脚，在山上跑的动物；合（鼠），即有四只脚，在树上爬的小动物；厄（鸟），即有两只脚，在天上飞的动物。再如丰富多彩的计时制度，不同的计时制度都与特定的生态环境息息相关，它们都是特定族群关于生态问题的知识框架。汉族有农历；藏族通用十二回绕历；回族、维吾尔族等十个信奉伊斯兰教的少数民族，在宗教事务上一直通用阿拉伯历；苗族、独龙族、鄂伦春族等则用本民族的物候历，原因即在于，苗族长期生活在亚热带山地的丛林中，全面地观察天象几乎是不可能的，但对物候的演替却可以观察得细致入微，因而苗族的历法是一种只分春秋两季，不需要"置闰"，每月天数不相等的"物候历"[162]。

森林资源与土著族群[9]

不管在温带还是热带地区，为满足国际市场需求的森林采伐现仍在有森林的地方进行着。最大的仍然可采伐的成片森林位于美国的西北部、加拿大、西伯利亚、亚洲、非洲和南美洲的热带雨林。在这些地方往往有土著民族居住，他们的生活与这些被人垂涎三尺的森林有着密切的经济关系。例如，在南美洲的热带雨林中居住着约100万印第安人；在非洲，有数万俾格米人至今靠热带雨林生活；在印度，有3000万阿蒂瓦斯人靠森林保护；在东南亚和新几内亚，许多部落社群，一般有数百个之多，靠森林资源养活自己。这些居住在森林里，或者靠森林为生的土著民族可能是地球上仅有的保留着怎样在环境中生存又不破坏环境的知识的人类群体。

菲律宾巴拉望岛森林的消亡与土著部落的解体[163]

菲律宾土著民族在菲律宾常被称为部落菲律宾人（Tribal Filipinos），他们世世代代生活在高地地区的土地上，人口总数约为 500 万。巴拉望岛位于菲律宾西南部，总面积约 120 万公顷，大部分是山岭绵延的高地，自然资源丰富，尤其是森林资源异常丰富。巴拉望岛是三个土著部落群体的家园，巴拉望人（Palawan）居住在南部山地，从事游耕；塔格巴努亚人（Tagbanua）居住在中部山地的河畔和山谷地带，也从事游耕；巴塔克人（Batak）生活在该岛中部偏北地区，以狩猎、采集为生。他们都是巴拉望岛的土著居民。20 世纪 80 年代以前，巴拉望岛仍是一个人口稀少、森林茂密的地方，森林覆盖率据估计达 54%～68%。到 1980 年，移居该岛的人数迅速增加，人口增至近 20 万，到 1990 年人口增加到近 50 万。1980 年以后，幸存的森林以每年 19 000～47 000 公顷的惊人速度减少。巴拉望森林消亡的直接原因同样是因为商业性采伐和来自低地的贫困移民的拓居。人口的增长和开发还严重影响了巴拉望岛的其他资源，特别是渔场、珊瑚礁和红树沼泽等资源。森林消亡加上移民给该岛土著民族带来的最悲惨、最持久的后果是：经济生活崩溃、部落社会和文化解体、人口衰减和各种健康问题等。其中，从事采集狩猎的土著民族巴塔克人的文化完全灭绝。巴拉望岛的土著民族为森林消亡付出了沉重代价。现今的巴拉望人、塔格巴努亚人和巴塔克人不仅要在一个部分或完全没有树木的自然环境中生活，还必须在与低地移民之间日渐恶化的依附关系中求生存。他们一方面由于缺乏机会和本身的少数民族地位而不得进入低地；另一方面，又被森林开发局禁止进入附近的原始森林，于是他们只能居住在靠近狭窄的沿海平原的一片贫瘠的山坡上。森林资源的消亡影响了以森林为基础的土著民族的社区生活，减少了他们的就业机会，改变了他们传统的生活与生计方式，导致了当地传统经济生活的混乱，侵害了土著民族的经济利益。

（二）技术体系

非物质文化遗产更注重的是技能和知识的传承，它是人类历史发展过程中各国或各民族的生产方式、智慧与情感的活的载体，是活态的文化财富[164]。技术体系是土著族群关于生产与生活技巧和技术的具体体现，指土著族群或是土著知识创造主体为了生计而利用自然环境所形成的知识体系，它反映的是土著族群或是土著知识创造主体与自然环境之间的关系。这种对自然环境的利用包括了直接利用和间接利用的土著知识，前者主要满足人类的衣、食、住、行，后者主要满足人类的精神文化需求，如象征物等。简而言之，土著知识中的技术体系是一种具体的、实践性的体系，即"怎么做"。土著知识中的技术体系是族群生存技艺智慧的集中体现，是族群文化遗产生活场空间的重要内涵，是相较于艺术品等土著知识结果更为重要的遗产。诸如刀耕火种的农业生产技术、作物病虫害防治技术、农作物栽培技术、农作物选种技术、农作物保存技术、族群医药技术、族群特色饮食制作技术、纺织技术、制盐技术、制纸技术等。土著知识虽然属于精神世界的范畴，但它也不是超然的存在。土著知识之所以能够得到人类世界的认知和感知，很大的原因就在于技术体系的实践，人们往往是通过土著知识技术体系实践的产物，来理解土著知识的价值和意义。土著知识技术体系的存在、延续和发展，维系着族群社会的生生不息。例如，白族大多生活于滇西高原，冬季气候干冷，山区尤其寒冷，御寒方式较为常见的一种是披羊皮衣，即两张羊皮，一前一后，无袖，前有扣，前后以线相连。这种羊皮衣不仅制作简单，而且十分保暖，是白族对当地气候的巧妙适应[165]。再如，居住在我国武陵地区的土家族就拥有丰富的土著知识技术体系，包括纺织和印染工艺、腊肉的制作、酒的酿造、"合渣"的制作、制茶工艺、住宅建造、木雕、涂漆、石雕、竹编工艺及对风湿类疾病和地方毒气湿气症的疗法、对骨折扭伤的"水师"疗法、对心理障碍的"梯玛"疗法、食物禁忌、节庆禁忌等，这些土著知识都是世代繁衍生息在武陵山区的土家族留存于民间的，反映该区域人民历史风俗、自然特征、心理特征和宗教信仰的知识和文化表现形式。

土著知识技术体系主要通过实践加以传承和应用，而不是像一般的普同性知识那样，主要通过制度化的学校教育去灌输、传承并加以利用。生活于特定生境中的族群，其成员所拥有的土著知识技术，需要在日常的生产生活实践中不断被验证，一旦成效不佳，既有的土著知识就会被改造甚至遗弃，以适应不断变化的发展实际。众所周知，普同性知识为了能够适用于世界不同的生境，对具体问题的分析难以做到具有针对性，以至于普同性知识要在不同的地域中通过长期的实践，确认其适用性和价值后才可以被推广。因此，在一个族群长期延续的生计中，必然包含着对当前的生产与生活而言极为可靠的知识和技术，土著知识是专用性的特殊技术和技能，这是一般的普同性知识无法比拟的优势。

蒙古族利用土著知识处理草原"烫伤"[166]

干旱草原的低洼地带在雨季后都会因无机盐富集而导致草原"烫伤",并往往导致低洼积水地带寸草不生,从而白白浪费了宝贵的土地资源。面对草原"烫伤"问题,美国和澳大利亚的牧民通常都采用机械手段,将已经盐碱化的表土铲起并深埋,使"烫伤"地带重新长出牧草。而生活在内蒙古高原上的蒙古族却利用土著知识轻而易举地解决了草原"烫伤"带来的不利影响。他们往往是趁积水未干之前,将成群的牛羊驱赶到洼地上,让牲畜反复踩踏柔软的湿土,使地表变得崎岖不平。因此,在泥土变干燥的过程中,仅是高处的部分盐碱化十分严重,而不会妨碍低洼处长出牧草来。牧草长高后,地表的蒸发量随之下降,地表盐碱化就不会继续蔓延了,所谓的草原"烫伤"也就以最小的成本化解了。如果低洼地的范围十分的狭窄,蒙古族牧民就会撒播糜子,以便在控制土地盐碱化的同时,还能收获少量粮食,制作炒米供早餐时食用。相比之下,美国和澳大利亚牧民利用机械手段处理草原"烫伤"的做法,虽然也可以达到预期的目的,但会使低洼地带更加低洼,来年的盐碱化情况也会变得更加的严重。可见,孕育于特定生境中的土著知识在解决区域内生产与生活问题的时候,往往会比一般的普同性知识更有效,也更有优势。

苗族利用土著知识判别喀斯特地区隐含的土层[167]

历史上属于西部支系的苗族长期生息在喀斯特山区,他们的先辈在历史上早就熟悉喀斯特地区的各种特点。通过长期的积累,他们能根据地上的物象,去推测岩石下隐藏着的土层,甚至能够准确推算看不见的土层的厚度和总量,并根据这套经验准确地判断可以在什么样的岩缝播种作物,才能获得较好收成,进而可以用这样的技术去开展石漠化荒山的生态恢复。归纳总结苗族不同个人的口述经验资料后,可以归纳出如下的一些经验性的条规:其一,凡是岩缝中能长出块根类的野生藤蔓植物,而且这类植物生长状况良好,那么该岩缝下一定隐藏着较为深厚的土层,不仅可以播种农作物,种植乔木树苗,也能长成参天大树。标志植物有何首乌、藤蔓棕榈、岩豆、金银花、藤竹等;其二,关注拔茅草一类禾本科丛生植物的生长形态,拔茅草丛如果能长成半球形,而且连续干旱时,茅草叶不会内卷,那么该茅草丛着生的岩缝下方一定有宽大的溶蚀坑,坑内填满了泥土,该岩缝也可以种植作物;其三,观察岩缝四壁的苔藓植物,如果这些苔藓植物不会内卷，不管晴天，还是雨天，色彩都呈碧绿色，那么苔藓着生的岩缝下也有深厚的土壤层；其四，看岩缝的走向，只要是纵横岩缝的交错点，下方就会有较大的溶蚀坑，并储藏着深厚的土层。

"哈尼梯田"——哈尼族土著生态知识的集大成之作[168]

云南省元阳县哈尼族乡民长于经营高山梯田水稻种植，并突破了传统认知的局限，他们可以在海拔2400米的高山上开辟梯田，并获得稳产和高产。当地每一个哈尼族乡民都会说同一句话："山有多高，水就有多高；水有多高，梯田就可以开到多高。"对这样的说法，大家都习以为常，但农学家却不免要提出疑问。毕竟水稻有自己的生物属性，其生长离不开水，同时也需要最低限度的年均积温，但随着海拔的提高，这两个基本条件会变得越来越难以满足，并以此为依据对哈尼族的土著知识提出了疑问。但经过实地勘测哈尼族的梯田，农学家最后不得不修正自己的习惯性认知，承认哈尼族的土著知识确实有效，这里的水稻种植确实突破了人们早期认识的极限。经过气象学、水文学、地理学和农学家的综合研究，他们发现了其中的奥秘：一方面，哈尼族梯田正处在来自海洋季风的迎风坡上，携带着大量水蒸气的海洋季风受地理条件所限，在这里积极攀升，在整个迎风坡，成雨、成雾条件比较理想，而且随着海拔的爬升，雨量反而要增加；另一方面，整个哈尼族梯田的北面耸立着海拔3000~4000米的哀牢山，足以挡住北下的冷空气，这才使得哈尼族梯田终年保持温暖湿润，不仅水稻可以生长，很多热带、亚热带植物也可以在稻田周围稳定存在。这些繁茂生长的野生植物在降解的过程中，还可以为稻田提供丰富的无机肥，以至于哈尼族不需要自己施肥，也可以种植水稻。这些来自普同性知识的解读，不仅认同哈尼族高山稻田种植的科学性和合理性，而且也提高了哈尼梯田的知名度，被学界一致认定为是稻田种植的奇观。

"曹人"的芦苇筏[169]

生活在我国台湾日月潭边的居民，属于高山族的一个支系，前代典籍习惯于将他们称为"曹人"。在曹人的传统生计中，有一个突出的特点，就是将芦苇盘根错节的地下茎块人工切割成三到五丈见方的筏子，并将这些筏子漂浮在水面上，再将湖底的淤泥挖出，浇到筏子上，形成二到三寸的薄土层，然后在这些芦苇筏上种植各种农作物。日月潭是一个水位变化幅度极大的淡水湖，水位的季节变化最大可以超过10米，如果不是采用这样的操作办法，任何形式的农作物种植都无从谈起。但有了这样的操作办法，不管水涨水落，他们都可以稳获丰收。这样的种植既无需翻土，又不需要中耕除草，劳动力投入少，而收获丰厚。直到芦苇根腐烂需要重做时，才花费较大的劳动力投入。

车水捕鱼法

在抚仙湖西岸的江川县明星鱼洞，澄江县禄充村以及南岸的华宁县海镜鱼洞等地，使用的是一种比较独特的拿鱼方法。这些地方湖岸边岩洞多，洞内涌出大股大股的地下泉水。这些泉水的水温比湖水略高，水质净洁，是非常好的地下矿泉水，渔民们把这种泉水称为"真水"，意思是真正的水。鱇浪鱼就特别喜欢这种泉水，它的鱼卵在泉水中也特别容易孵化（鱇浪鱼是抚仙湖的独有鱼种，体小而细，长3～4寸，形如箭，呈银白色，喜栖于深水鱼洞或沙砾中。以肉细、刺软、味香而驰名，食之难忘，具有很高的食用和经济价值）。利用鱇浪鱼的这一特性，渔民们在湖岸边挖出一条条深沟，让泉水沿着挖好的沟渠流入湖中，在出水口处则安放一个用竹篾编的大笼子，叫"倒须笼"，鱼只能进不能出，在大鱼笼旁的水口处，用一木水车抽湖水进沟与泉水混合，以加大、加快沟水的流量和流速，或者用木水车抽泉水以达到这一目的。这时，鱇浪鱼就会逆着水流游进沟中，在泉水里嬉戏、产卵，它们排完卵，玩够了，就会顺着水流钻进鱼笼中去了。这种"请君入瓮"的方法，碰上好运气，一笼就可拿几十公斤甚至一二百公斤鱇浪鱼。渔民们将一条沟称为一个鱼洞，一个鱼洞一年的收入极为可观。

鱼汛高峰时，鱇浪鱼会自动成群游向湖岸的浅水区沙石上排卵，渔民就在沿湖岸边的斜坡沙滩开一条1米多宽、数米长、30多厘米深的沙沟，沟的下头直伸湖内，沟里用小石子筑起一道道横格，形如渔民晒鱼用的"篱笆"，然后用木制水车在沟的另一头从湖里车水，经沟道再流入湖里（称转水洞）。这时，湖里的鱼群就会从沟的另一头沿沙抢水而上，待沟里进入较多的鱼时，立即停止车水，余水从沙石中渗尽，活蹦乱跳的鱼儿就留在沟内束手待擒，这种捕鱼方法被称为"篱笆沟捕鱼"。

抚仙湖沿岸的有些地段，没有沙滩，石壁就直接伸入数米深的水里。为在这样的水中乱石缝内捕鱼，当地人发明了"香把捕鱼"。鱼汛时，渔民在一根木棍上捆上就地采来的"香芝麻"草，将其捆扎成把，插入湖内石缝中，鱇浪鱼寻着草的香味钻入香把内而被捕获。

资料来源：佚名．2004-12-31．http://www.yncj.gov.cn/Item/89.aspx

（三）信仰体系

特殊的生态环境，造成了土著族群琳琅满目、千姿百态的动植物崇拜以及各种各样的自然崇拜，很多土著族群都普遍认为树木是有生命的，因此都应该给予适当的尊重和崇敬。信仰体系是土著族群关于自然环境的朴素信仰和朴素哲学观以及地方习惯法的综合，是指土著族群或是土著知识创造主体对某种宗教的信服和尊重并作为行动准则的知识体系，包括体现生物多样性保护和可持续利用的民间艺术、文学作品、工艺品、绘画、原始宗教、习惯法、朴素哲学观、生态观、伦理观、价值取向等。所谓生态观是指人们对自己所处的自然、生态系统之间关联性的判断和态度；原始宗教，诸如族群图腾、宗教习俗和神山、神林、风水地等，带有宗教色彩的环境保护意识；习惯法是诸如乡规民约、族群制度、族群风俗中的生物资源保护与利用习惯等。这样的判断和态度，在不同的族群间往往表现得不一样，但对同一族群的成员而言，却不仅能够得到所有成员的认同，而且直接规范着该族群的经验积累和认知成果分类，并成为解释各种生态现象和地理事物的逻辑推理依据。各族群土著知识中的信仰体系不仅是历史的产物，而且还会延伸并影响到族群的思想和意识，并规范、制约着相关族群技术和技能的积累，指导该族群成员的实践行为。对于土著族群而言，周围的自然环境不仅是生命的源头，更是一种令人崇拜和敬畏的对象，他们都信奉万物有灵，并崇尚祖先崇拜。例如，苗族认为，生命是从生物中自然演化出来的实体，因为一切生物与人一样，具有同样的禀赋，也和人一样有相应的组织，其间的区别仅在于相互之间难以彻底理解而已[170]。再如新平傣族，每个村寨至少有一棵位于寨子中心的高大乔木，即寨心树，作为寨子的象征。"寨心树"不仅是"世界中心"的象征，同时也是具有超自然力量，对村寨起到保护的作用，保佑村寨风调雨顺、五谷丰登、人畜兴旺[171]。

土著知识中信仰体系的形成与土著族群长期从事农业生产息息相关。在长期从事农耕生产实践的过程中，土著族群往往根据生态环境的特点和自己的经验与认知，分别建立并形成了适应各自地区生态环境的生产知识与技术。同时，在各自不同的实践活动中，土著族群关于自然界中各种事物的知识也得到了不断的积累，并逐渐形成了对自然界万物充满敬畏的朴素感情。其中，包含了他们的世界观、价值观和人生观，并对他们的实践有着制约的作用，尤其以他们对生态环境的保护意识最为明显。云南土著族群除了信仰佛教、天主教、伊斯兰教、道教、基督教外，还流行多神崇拜的原始宗教观，包括灵魂、图腾崇拜和敬畏天、地、日、月、风、火、雷、电等自然现象。这种原始宗教观珍视生命、崇拜自然，认为万物有灵，因而敬畏自然。这样的案例不胜枚举。例如，居住在西双版纳的傣族和哈尼族都将村寨背后的山设为神山或龙山。神山或龙山按传统的村规民约管理，规定神山中的所有植物不得砍伐，山内不得放牧，违规者将受到严惩。据统计，居住在云南省西双版纳的傣族"龙山"共有400多处，总面积达到了30 000～50 000平方公里，当地占优势的植被季节雨林，大多已经遭受破坏，只有"龙山"里尚保留了一些。可见，土著民族的原始宗教观，即土著知识中的信仰体系对保护居住区域内或村社的生态环境是积极的和有意义的[172]。

在土著知识的三个体系中，认知体系是基础，人们只能在认知自然的基础上利用自然，并且，在利用自然的过程中深化了对自然的认知。同时，在对自然的利用过程中，信仰体系起着规范和调节人们行为的作用。例如，云南很多土著族群的采集渔猎技术与宗教祭祀活动有着密切的联系，他们在祭祀活动中要采集某些特定的植物作为祭祀用具，或者在采集渔猎活动前要先进行某种有关的祭祀活动。这种相互联系、相互作用的认知-技术-信仰体系构成了土著知识三位一体的结构层次。

五、土著知识的特点

土著知识种类繁多，形式多样，内容复杂，为了进一步加深对土著知识的认识，我们需要就其特点进行了解。作为综合性的地方性知识体系，土著知识有其基本特点。但作为单独的知识类别，则各有侧重。需要说明的是，土著知识一般不会同时出现如下所有的特点。

（一）文化性

土著知识具有文化属性，确切地说，属于非物质文化的范畴，是特定族群文化系统的有机组成部分。根据人类学之父爱德华·B. 泰勒[173]的见解，"所谓文化或文明，在其广泛的民族志意义上来说，是知识、信仰、艺术、道德、法律、习惯及其他作为社会成员而获得的所有能力和习性的复合总体"。联合国教科文组织对非物质文化遗产的界定是："非物质文化遗产是指被各小区、群体，有时是个人，视为其文化遗产组成部分的各种社会实践、观念表达、表现形式、知识、技能以及相关的工具、实物、手工艺品和文化场所。"可见，土著知识具有文化属性，是特定族群非物质文化遗产的重要组成部分。任何一种土著知识都必然有其明确的文化归属性，仅流行并适用于特定地域内的特定族群，以至于任何一种土著知识的价值取向、解释系统和逻辑推导都附属于特定的族群文化。一方面，鉴于不同族群文化的相对性，对土著知识的正确理解和认识都得取决于特定的族群文化，不能立足于自身的文化来理解或是解释土著知识，或是简单地利用普同性知识的价值取向、逻辑推导和验证方法，来说明任何一种土著知识。另一方面，不同的土著知识即使是面对同样的对象也不能相互代替，认识一种土著知识，并不等于认识了所有有关的土著知识。

（二）独特性

土著知识一般是作为生产与生活经验存在的，体现了特定地域内特定族群的独特创造力。其或表现为具体的技能，或表现为物质的成果，或表现为行为的结晶，这些都具有各自的独特性、唯一性和不可再生性。而且，它们所体现出来的思想、价值观、意义等也具有独特性，难以被模仿和再生。任何族群文化都包含了独有的传统因素、某种文化基因和族群记忆，这是族群赖以生存和发展的根本性所在，土著知识即在族群文化中扮演着类似的角色。土著知识中蕴涵了特定族群独特的智慧结晶和宝贵的精神财富，是族群得以延续的命脉和源泉。土著知识承载着丰富的、独特的族群记忆，而记忆又往往容易被遗忘。因而，保护土著知识即是保护了族群特有的深层次文化基因、文化传统和族群记忆。因为，土著知识是由族群在长期的生产生活实践中总结的智慧结晶，它更加真实地反映了特定族群生产生活的实际，更加真实地体现了族群的特征。土著知识充分地体现了族群在历史进程中逐步形成的优秀价值观与实践技能，凝聚着族群的深层次文化基因，展现了族群独特的创造力。

（三）地域性

土著知识本身就是特定的族群针对特定的生境建构起来的，超越了族群特定的生境，土著知识的价值和意义就会消失。土著知识是长期积累的智慧结晶，其积累的时间跨度远远超过普同性知识，因此，一种土著知识的适用范围虽然不广，但其可靠性和精确性却远远高于普同性知识。就一个特定的族群来说，其有自己特定的生活和活动地域，该地域的自然环境对该族群有很大的影响，进而会在此基础上形成该族群的土著知识体系。一般而言，土著知识都是在一定的地域范围内产生的，与该自然环境息息相关。不同地域独特的自然环境、文化传统、信仰、生产和生活水平以及日常的生活习惯、习俗等都从各方面决定了其特点和传承。土著知识既典型地代表了该地域的特色，是特定地域的产物，也与特定地域水乳交融，离开了其生成的特定地域，土著知识便失去了其赖以生存和发展的土壤、条件，传承、保护和利用也就无从谈起。此外，地域性还将进一步强化土著知识的族群性。

（四）活态性

土著知识重视人的价值，重视活的、动态的、精神的因素，重视技术、技能的高超、精湛和独创性，重视作为主体的人的创造力以及通过土著知识实践所反映出来的族群价值观、智慧、思维方式、意识、情感等。土著知识作为非物质文化形态与特定的物质因素、物质载体密不可分，但其价值并非完全通过物质形态展示体现出来，它属于人类意识形态的范畴，有时需要具体的实践活动才能体现其价值所在。土著知识的表现、传承都需要语言和行为，是一个动态的过程。而且，土著知识的活态性还表现在其价值、存在形态和特点等方面。土著知识作为族群的传统文化，它的存在必须依靠传承主体的实际参与，体现为特定时空背景下一种立体复合的实践活动。如果离开这种活动，其价值也就无法实现。另外，发展地看，活态性还指土著知识的变化。一切事物都需要在与自然、现实、历史的互动中不断地发生、变异和革新，这也注定了土著知识处于不停息的运动中。总之，特定的价值观、生存形态造就了土著知识的活态性。

（五）动态性

从共时性的角度来看，土著知识通过在族群成员间的口传心授不断传承，或是在不同的族群交往中得以在一定范围内流传，这必然导致土著知识的传播。但土著知识的传播是一种动态的流变过程，是扬与弃、一致与差异的辩证结合。在它的传播过程中，土著知识常常以当地的自然环境、历史、文化等要素相互整合，从而呈现出继承和发展并存的局面。需要注意的是，虽然是动态的流变传播过程，但与"原子"存在基本的一致性，如果两者完全背离，也就失去了"原子"的特质。

（六）传承性

从历时的角度来看，土著知识的传承主要依靠族群内部口传心授的世代传承，只有如此，土著知识作为族群生产生活经验的智慧结晶才能得以保存和延续。一旦传承断裂，也就意味着土著知识消逝与死亡。通常，以语言的传教、技能的传授等方式使诸如各类生产生活的技能、技艺、技巧等的土著知识在代际间不断延续。因此，土著知识也就成为了族群历史的活见证。我们不仅可以从中了解特定族群的发展与演变路径，还能从中窥探到人类历史的发展轨迹。

> **非物质文化遗产**
>
> 　　非物质文化遗产是指各族人民世代相承的、与群众生活密切相关的各种传统文化表现形式（如民俗活动、表演艺术、传统知识和技能以及与之相关的器具、实物、手工制品等）和文化空间。非物质文化遗产的范围包括在民间长期口耳相传的诗歌、神话、史诗、故事、传说、谣谚；传统的音乐、舞蹈、戏剧、曲艺、杂技、木偶、皮影等民间表演艺术；广大民众世代传承的人生礼仪、岁时活动、节日庆典、民间体育和竞技以及有关生产、生活的其他习俗；有关自然界和宇宙的民间传统知识和实践；传统的手工艺技能；与上述文化表现形式相关的文化场所等。
>
> 资料来源：陶立璠，樱井龙彦．2006．非物质文化遗产学论集．北京：学苑出版社：19－33

（七）综合性

　　土著知识是族群各个时代生产生活经验的有机组成部分，它是一定时期、环境、文化和时代精神的产物，必然与特定的环境有着千丝万缕的关系。土著知识的综合性主要表现在：从创造主体来看，土著知识是集体智慧的结晶；从内容来看，土著知识是生产与生活经验的结晶，必然囊括了所有与生产生活相关的知识，是综合性的知识体系；从构成因素来看，土著知识往往是各种表现形式的综合；从功能来看，土著知识具有历史、文化、教育、科学等多种价值。

（八）族群性

　　族群性是指为某一族群所独有的，体现特定族群独特思维方式、智慧、价值观、审美意识、情感表达等的因素。有时，随着族群间交流的深入，土著知识会在不同的族群间传播，但不同的族群仍会按照自己的需要与实际为其打上不同族群的烙印。特定族群的特性表现在从形式到内容的各个方面。从族群的形式特征来看，族群的服饰、饮食、生产生活方式、语言、风俗等受自然因素影响较大，与自然环境有着密切的关系；从更深层次的族群特征来看，世界观、价值观、信仰、思维方式、生活方式等因素是长期积淀的结果，表现在族群日常生活和行为的方方面面，具有很强的稳定性。

（九）广泛存在性

当土著不带有"土著族群"的意思时，由于各地自然环境存在的显著差异，不同人群在与其所在地域自然环境的互动中所形成的土著知识无论在内容还是在表现形式上都会存在差异。但是，不同人群创造、积累、形成土著知识的过程是普遍存在的，具有广泛性。

（十）知识产权保护的困难性

由于土著知识与现代科学知识分属不同的知识体系，土著知识的"世代传承"和"集体创造"违背了知识产权定义中对时间性、地域性和私有性的要求。因此，现有的知识产权制度并没有把土著知识考虑在内。土著知识是特定地域特定族群集体智慧的结晶，在所有权上很难进行界定和区分。另外，尽管土著知识具有地域性，但是现有的知识产权国际立法拒绝承认土著知识具有知识产权属性。

六、土著知识的价值

事物的功能决定事物的价值。土著知识是人类历史上创造的劳动成果的结晶，是人类多元文明的重要组成部分，保存土著知识就是维护人类文明的多样性和延续性，保持人类社会的丰富性。土著知识中含有丰富的历史资源、文化资源、审美资源、科学资源、伦理资源、教育资源、创造资源，相应地也就具有了历史、文化、审美、科学、和谐、教育、经济等价值。因此，土著知识的价值是多维度、多方面的。一般而言，事物的价值不同于事物的属性，属性是事物本身固有的客观事实，并不以人的意志为转移；价值则是主体与客体之间的关系，离不开主客体间的共同作用，同一客体面对不同的主体也就有了不同的价值。因此，价值是客体属性与主体属性、价值客体与价值主体之间的共存与统一。价值的实质、意义就在于其"有用性"，而不在于它的客观存在性。概而言之，价值变化的根本在于价值主体需求的转变、价值观念的改变等，而不是价值客体属性的变化。

我们利用价值来思考世界，价值是生活的命根，没有价值，我们便不复生活；没有价值，我们便不复意欲和行动，因为它给我们的意志和行动提供方向。[174]价值的重要性从这句话中可见一斑。土著知识的价值就存在于其本身与人类的互动关系中，存在于土著知识对于人类具有的重要功能和意义。近年来，土著知识在国际上受到重视，联合国教科文组织（UNESCO）和世界知识产权组织（WIPO）等国际机构十分强调土著知识的地位，尤其强调其对于发展中国家的重要性[160]。在很多领域，人类已经达成共识，即从生物多样性来说，土著知识的消亡不仅仅只是发展中国家的损失，也将是全人类的共同损失。因为，土著知识是人类伟大文明的结晶和全人类的共同财富，是文化多样性和多样性文明的生动展示，是人类文化整体内涵和意义的重要组成部分，并在特定族群的过去、现在、将来都具有重要意义。一个族群的土著知识往往蕴涵着该族群传统文化的最深根源，保留着形成该族群文化身份与族群认同的原生状态以及该族群特有的思维方式、心理结构和审美观念。

（一）土著知识丰富的价值性

土著知识具有多方面的重要价值，它们不是单一的、静止的，而是多样的、动态的、系统的，共同构成了一个多维的、立体的价值体系。土著知识的价值是丰富多样的，有历史价值、文化价值、精神价值、审美价值、教育价值、伦理价值、科学价值、实用价值、经济价值等，这些多样化的价值并非完全等值，也不是互相隔离，而是有着深层与表层、历时与共时、基本与特别之分，它们互相关联，共同构成了土著知识多维度、多层次的立体价值体系。在这一立体价值体系中，既包含了土著知识的基本价值，也有土著知识的时代价值。

所谓土著知识的基本价值，是在各个历史时期、各个地域、各个族群的不同土著知识中，都存在并发挥作用的价值。它又可分为土著知识的历时性基本价值，如历史价值、文化价值、精神价值；土著知识的共时性基本价值，如科学价值、和谐价值、审美价值等。土著知识的时代价值则指在当今后工业社会、信息社会、消费社会的时代背景下，其越来越重要、越来越引起注意的教育价值、经济价值等。

土著知识是人类历史上创造性的劳动成果，是人类社会文明的重要组成部分，保存土著知识就是保持人类文明的多样性和延续性，保持人类社会的多姿多彩。在漫长的年代里，土著民族发展了各种各样的技能，创造了无数的艺术品。他们摸索出在没有灌溉系统的情况下，在荒漠上从事农耕的办法，如新疆维吾尔自治区的坎儿井；他们知道如何在热带雨林中为自己提供足够的食物而又不破坏生态系统的微妙平衡，如安达曼群岛的居民、马来亚山地的塞芒人和巴特克人、吕宋岛类原始尼格利陀人种的尼格利陀诸族等；他们利用关于海流的知识和对周期性海浪的感知，学会了如何在太平洋辽阔的水域上从事远航；他们发现了许多植物的药用功能；他们也懂得了当地各种动植物之间的基本生态关系。随着认知的不断深化，近年来联合国教科文组织和世界知识产权组织等国际机构十分强调传统知识，包括土著知识的地位。

越来越多的案例证明，土著知识在维持地方生态系统完整性和可持续发展方面具有不可忽视的重要作用。土著知识成为地方复杂的社会经济文化系统不可分割的组成部分，具有不可替代的作用，忽略或是销毁土著知识，也就摧毁了整个地方的自然生态系统、地方特色文化与文明。其一，土著知识维系了社区居民的生存与繁衍生息，是人在与自然的相互依存中积累起来的对人类持续利用自然的经验和方法总结，并为当代科学技术发展提供了现实的或是可能利用的资源，其科学合理的部分是当今现代科学技术的源泉或雏形。其二，土著知识在维系社区发展方面发挥了重要作用，我们可以从土著知识中汲取社会可持续发展的知识和经验。当下土著知识越来越受到重视，作为一种社会性的资源，它提供了农业和自然资源管理的可持续的、适宜环境的基础思想。

土著知识多维度的价值构成了一个立体、丰富、动态的价值体系，具有极强的概括性、综合性、宏观性，单一的学科并不能将其全部涵盖。因为，土著知识是对整个人类社会及其历史而言的。要真正认知土著知识价值的丰富性，并不能仅仅囿于单一的学科，而应该超越具体学科的限制，进行综合的、全面的研究。如此，我们才能真正洞悉并不断认识土著知识丰富的价值体系。

（二）土著知识的历时性基本价值

土著知识是从某一地域、某一族群深厚的传统文化、悠久的历史发展中保存、延续下来的，是认识特定族群、特定地域、特定历史、特定文化的鲜活方式与手段。因为，土著知识是由特定的历史阶段、特定的族群、特定的地域范围内的居民世代沿袭传承下来的，生动地保留并表现了特定族群的生存状态、生产习俗、生活风貌、伦理观念等；土著知识是在一定的历史条件下产生的人类社会的历史遗存，是历史的产物、时代的印记与见证，有着丰富多彩的历史文化内容；土著知识根植于人类的社会活动和特定的时空关系中，反映了历史文化传统的变迁，年深月久、延续至今，成为现代和传统唯一的、活态的、流动的见证，具有无法替代的历史价值、文化价值和精神价值。它们共同构成土著知识的历时性基本价值，成为土著知识最基本、最普遍，同时又是最深层、最核心的价值。

1. 历史价值

土著知识承载着丰富的历史价值，是世代延续下来的历史财富，借此，可以活态地认知、了解历史。无论何种土著知识，总有其产生的特定历史条件，并在发展中蓄积了不同历史时代的精粹,浓缩了族群特色,是族群历史的活态传承,是族群灵魂的一部分,是超时代的结晶。土著知识反映了族群的世界观、生存状态,直接展现了族群的集体心态和行为模式,有着重要的历史价值,有助于当下的人了解当时的社会。概而言之,土著知识是活的历史见证,提供了直观、形象地认识历史的条件。

2. 文化价值

土著知识包含了大量丰富的文化资源,是巨大的文化财富,鲜活地记录了不同族群杰出的智慧与天才创造,是认知这些族群文化史的活化石,弥足珍贵。世界上每一个族群的土著知识都是他们生活中的文化智慧,是原生态的文化基因,深含着该族群传统文化的精髓,原初地反映着该族群的文化身份和特色,体现着该族群的思维方式、审美方式,彰显着该族群独具特色的历史文化发展脉络和踪迹,展现出鲜明的文化价值。

3. 精神价值

土著知识鲜活生动地延续着丰富的历史文化,是族群的生命动力和精神依托,是族群文化复兴与可持续发展的源泉,具有传承和延续族群精神的重要作用和价值。这些在长期的生产劳动、生活实践中积累而成的土著知识,是积累而来的发展经验、生存智慧,是历史时期形成的共同的、积极的、有凝聚力的、有号召力的族群意识,是族群世代相承的积淀下来的思想精髓、文化理念,包含了族群的价值观念、气质情感等内在群体意识、群体精神,是族群灵魂、族群文化的本质与核心。

(三) 土著知识的共时性基本价值

在土著知识的基本价值中,除了历史价值、文化价值和精神价值这些历时性价值外,还有科学价值、和谐价值、审美价值这些共时性的基本价值。所谓历时性基本价值,主要是从纵向跨越不同历史时期来对土著知识进行价值审视;而共时性基本价值则是立足于某一历史时期,在某一社会空间中审视土著知识的价值。

1. 科学价值

虽与现代科学知识分属不同的体系,但土著知识本身却包含着相当程度的科学因素和成分,具有科学研究的价值,为进行科学文化的研究提供了基础资料。对土著知识的保护、发掘、整理、研究,丰富了人类的文化知识,促使人类在"轴心文明"、上层的、学院派的、"精英圈层"的知识体系以外，注重和观照下层的、基础的、源头的以及非文字的、活态的、非启蒙的、口传的地方性知识和原住民知识。

2. 和谐价值

随着对工业化社会反思的加剧，工业社会的人们普遍接受了这样一个事实，即非工业社会的人们拥有原始生态方面的智慧，某些被文明人认为是野蛮和落后的族群社会的传统生活方式在保护生态环境方面要比工业社会表现得更为突出。例如，Ellen[175]认为，狩猎采集者、游耕民和热带丛林居民是"生态美德的典范"（paragons of ecological virtue）；伍达尔（Udall）[176]认为，美洲的印第安人是"一流的生态学家"。土著知识是积累、传承文化并加以创造和发展的一种社会形态，是规范人类的思想观念、行为方式的基本力量，有利于人与自然、人与人之间的和谐，具有重要的和谐价值。徐新建[177]通过对藏族墨尔多地区转山朝圣的研究发现，在当地藏民心目中，自然有灵，神山无限，于是在日常生活里便时刻敬山，年年朝圣，爱护众生，尊重自然，这种族群地方性知识的成果之一，是使墨尔多周围广大区域的生态环境得到了持续至今的守护。

3. 审美价值

土著知识中含有大量的工艺品、表演艺术等，具有极高的艺术价值、审美价值，是进行艺术研究、审美研究的宝贵资源。丰富多彩的土著知识展现了一个族群特有的生活风貌、审美情趣和艺术创造力，具有极高的审美价值。

（四）土著知识的现实价值

人类丰富多彩的土著知识存在已久，但对土著知识的关注和重视却是近几年才开始的，尤其是在"西方主义论"引致的众多生态问题的反思历程中，土著知识才逐渐进入了人类的视野。在人类社会由生产型社会向消费型社会转型，市场化、商业化、信息化盛行的时代，谈论土著知识及其价值，就不能回避其特定的、重要的现实价值，尤其是教育价值和经济价值。

1. 教育价值

土著知识具有重要的教育价值，缘于土著知识本身涵盖了大量关于生产与生活等方面的知识内容，是教育的重要知识来源；土著知识中包含的大量独特技艺和技能可用于传授，因此也构成教育活动的主要内容和方面；土著知识有大量传人，他们传授自己独有的宝贵技能的过程，即是教育活动的过程。

2. 现实价值

国家对非物质文化遗产保护明确提出"保护为主，抢救第一，合理利用，传承发展"的工作方针。消极、静态的保护策略难以持久，只有实施积极、开放的保护措施，土著知识的保护目标才能实现。因此，在做好抢救与保护的前提下，对土著知识加以合理利用，适当将其转化为经济资源，合理开发其经济价值，是保护土著知识的重要途径。同时，更要认识到，从发展文化创意产业角度充分利用丰富的土著知识资源，会为土著知识带来蓬勃的生机，实现土著知识的"增值革命"。在市场经济的浪潮中，将土著知识中有转化条件的部分资源转化成为现实经济生产力、转化成为文化生产力，带来经济效益，才能为土著知识的带来更为持久、更为深厚的传承动力。可以说，在土著知识保护和开发关系的问题上，既要严格坚持、切实遵守"保护第一、合理利用"的原则，又要正视市场经济规律、消费社会现实，努力并善于合理地开发和利用土著知识的经济价值，而不是忽略或是无视其经济价值，更不能因噎废食地盲目否定对土著知识有条件的经济开发与利用。

神秘唯美的澳洲土著文化

澳洲的土著人始终以狩猎和采集为生。他们大多是捕鱼能手，不仅能使用木制的鱼叉，还会修水坝拦鱼、编鱼篓和织渔网捉鱼。他们狩猎时主要捕杀小型动物，像蜥蜴、鸟类、小袋鼠、负鼠（possum）等。野果、草籽、根茎、鸟蛋、贝壳，甚至飞蛾和肉虫，都是他们采集的对象。这些食物种类多，营养充足。很多科学家都指出，过去的土著人享受着比白种人更多的空闲时间和营养更加丰富的食物。也可能正是这种富足，使得他们的社会一直没有从以采集为主的原始社会向农业或畜牧业社会进一步发展，一直维持着与世隔绝、自给自足的简单社会生活。

他们虽然不是农夫，但也照料和经营他们的土地，不是用锄头而是用火把。经常的烧荒使枯枝落叶化为肥料。火后新生的小草嫩芽不仅是他们的"蔬菜"，也适合很多动物。经常的小规模烧荒使土地的"生产力"更高，也避免了由日积月累的"燃料"所带来的毁灭性的大火灾。后来的欧洲移民用了100多年才弄懂了这个道理。

土著人的精神生活非常丰富。他们有大量的空闲时间用来聚会。他们的舞蹈和音乐独具特色，很多是宗教仪式的一部分。澳洲从南到北许多地方留下了土著人的岩画。那些流畅的线条图案和生动的人物、动物图案都达到了相当高的水平。他们虽然没有文字，但他们有大量口头流传的神话故事和关于祖先的传说。可以说，他们实现了物质生活和精神生活的高度统一。

资料来源：姗姗.2010-08-13. http://www.xkb.com.au/html/life/pinweiaozhou/2010/0813/40415.html

七、土著知识的形成与存在形式

土著知识有别于现代科学技术知识，是特定社区居民发明创造的知识总和。土著知识的创造主体是土生土长的族群成员，他们在与自然环境的长期互动中，不断总结与自然和谐相处的经验，并在实践—认识—再实践—再认识的反复过程中，将其不断地完善和发展，最终形成共同认知。特定的族群通过对生产、生活经验的总结逐渐形成了具有族群特色的土著知识，并在其日常的生产与生活中发挥着极其重要的作用。可以说，土著知识之所以可以延续至今，是经过实践考验与环境选择的结果。

（一）土著知识的形成原因

1. 对生态环境的积极适应

地球表面最显著的特点，就是自然现象和人文现象空间分布的一致性。不同的自然环境和生态环境决定着不同的谋生技术与方式。可以说，土著知识的形成是对生态环境积极适应的结果。人类为了生存，就必须不断地认识自身赖以生存的生态环境，并从中获得必要的能量。正是在长期适应生态环境的过程中，人类逐渐积累了丰富的生产和生活经验与智慧，形成了各具特色的土著知识体系。

土著知识的产生，源于人类对生态环境的适应和利用。不同族群面对的生态环境是复杂多样的，因而，不同族群就会在适应特定环境的过程中创造出特定的资源利用方式和生计方式，从而逐渐形成了多种多样的土著知识。因为世代繁衍在特定的复杂生态系统中，他们摸透了整个生态系统的功能以及其中各类动植物的特性，并学会了利用、管理整个生态系统的办法与技术。影响土著知识形成的环境因素是综合性的，既可以是地貌因素、地质因素，也可以是气候因素。地球表面不同的地域的各种生态因子复杂多样，不同族群处于不同的生态环境中，自然也就创造出了各具特色的土著知识。生态环境的复杂性为各种各样的谋生方式和生计方式提供了可能，有的环境仅靠采集渔猎也能维持生存，有的环境适宜发展以畜牧为主导的生计方式，有的环境适宜发展灌溉农业，等等。复杂且多样的生态环境为人类丰富异彩的土著知识奠定了坚实的生态基础。

2. 族群迁徙

"世居"是一个难以确定的概念。土著知识的形成离不开族群的迁徙活动。从人类的起源看，虽具有多元的起源中心，但并不是每一个地方都是人类的起源。如今，人类之所以能够遍及世界各地，离不开因各种原因引起的族群迁徙活动。正是由于族群的迁徙活动，人类进入了一个陌生的生态环境，为适应新的生存环境，在长期与自然环境的互动过程中，人类积累了大量有关于其生境的地方性知识。可以说，任何一个族群的土著知识都是根据自己居住的环境、自然条件、生产生活方式等因素创造出来的。同样，族群迁徙是各具特色的土著知识产生的前提，因为，随着居住环境的改变，人们的生产与生活方式也会随之发生调整，以适应新的环境。例如，同属蒙古族，但是生活在云南省通海县杞麓湖畔的蒙古族由于迁徙的原因，形成了与北方内蒙古高原蒙古族悬殊的生活方式。他们经历了从"马背上的民族"向农耕民族的转变，而且为了适应杞麓湖畔的生存环境，他们的生产方式、生活内容、衣食住行等都随之发生了改变。他们从事农业生产，种植水稻和经济作物，不穿蒙古族的长袍服饰等。

3. 社会、人文因素

首先，土著知识的形成受经济条件的制约和影响。经济基础决定上层建筑，人们生产生活的方方面面都离不开经济这个最活跃的因素。在不同的经济条件下，各地或是各族群的土著知识侧重点各有不同。简而言之，经济条件决定了土著知识的内容、发展水平和方向。一般来看，土著社区的经济发展水平都比较落后，这不仅制约了他们对生产工具的更新，也无法促使他们放弃传统的生产与生活方式。由此使得土著知识能够延续传承下来。其次，封闭的社会环境，延续了土著知识的传承。族群间的文化交流和交往，可以使得各族群、各地区的文化相互交融与吸收。土著社区的边缘性和边远性极大地制约了其可进入性，族群间的文化交流与交往也就变得越发困难。封闭的社会环境为土著知识的传承提供了客观的保障。即使存在族群间文化的交融与吸收，也仅存在于邻近的区域。诸如滇西北的彝族长期与纳西族居住在同一地域，通过长期的文化交往，彝族的建筑普遍采用的是适应当地自然环境的木楞房，而不是传统上彝族常建的土掌房或是"一颗印"。最后，土著知识的形成受宗教意识较大的影响。土著族群普遍都有原始宗教的信仰意识，这对他们的土著知识，尤其是信仰类土著知识的形成与延续有着深刻的影响。

4. 其他因素

除此以外，关于土著知识的形成因素大致还包括如下几点。

（1）土著知识有漫长的形成时间。从人类发展的历史看，人类对事物的认识往往都经历了从简单到复杂、从单一到系统、由少到多、由此及彼的认知过程。因此，土著知识并不是对所有实践经验的简单组合与叠加，而是经过一系列反复的实践—认识过程才最终形成，是特定族群的生产和生活经验不断积累的结果。

（2）土著知识是特定族群内部动态传递的结果。土著知识通过族群成员之间的口传心授在族群内部不断传承和延续，且并非一成不变，而是在传承过程中不断进行扬弃，是个动态的传承过程。

（3）特殊技艺在师徒间的传承是土著知识形成的重要途径之一。少量作为特殊技能的土著知识往往由于其绝密性仅仅在师徒间通过口传心授不断传承，由此成为土著知识形成与传承的另类途径。

（4）族群文化对土著知识的形成具有促进作用。不同的族群生活于不同的地域，具有不同的文化。族群文化产生于特定的地域并对特定地域产生作用，如对区域自然和生物多样性保护所具有的积极作用。例如，分布于云南省的傣族、苗族、布依族等少数民族都在族群居住的地区特别划出"神山"、"龙山"、"圣山"、"神林"等，并都受到族群成员的特别保护。

（5）家族相传保密性对土著知识的形成与保护具有一定的积极意义。囿于地理环境因素和族群规模，有些土著知识往往仅在家庭内部成员间传承，具有鲜明的地域差异和保密性。例如，云南省傣族的传统医药知识与技能，往往只有本族群的成员才知道，并且多以在家族内部传男不传女的方式相传。这虽然在一定程度上限制了土著知识的传播，但也起到了对土著知识保护的作用。土著知识产生于特定的区域并广泛地存在于当地居民的生产与生活、思想观念和社会实践之中。

（二）土著知识的存在形式

总体看来，土著知识主要存在形式包括如下几个。

（1）生产经验与技术形态。生产经验与技术形态包括特殊的作物种植制度、栽培习惯、栽培管理技术、农副产品加工技术、饮食习惯等。

(2) 文化与民俗形态。有些地区的土著知识经过长期的发展、提炼与凝聚，为一定地区居民所共有，发展成为一种鲜明的地方文化现象。土著知识的民俗形态表现最为广泛的是族群传统习俗、饮食习惯、饮食材料与制作方法、地方疾病及常见病的土药土法治疗等。

(3) 制作的生产与生活器具等物质形态。不同的族群受制于地理环境的影响与制约，往往制作出适合其特殊条件的农具、交通工具、生活用具及其他生产器具。

(4) 动植物资源形态。动植物资源形态包括当地居民驯化、栽培的具有地方特色的动植物品种和尚未驯化、栽培但被当地居民识别出来有利用价值的野生动植物资源种类。

(5) 文献记载形态。文献记载的土著知识主要分为：古代经典文献中记载的某一地的有关土著知识的内容，如《礼记·周礼》中记载的用蘘荷、毒八角来防治人体患病、仓库害虫的方法；各种专业性的古文献，如《齐民要术》、《农政全书》等；各地府志、周志、县志等的记载。

八、对几个与土著知识相关的概念的理解

出于实践、研究和不同的切实需要，一些与土著知识相关的新名词，在内涵上类似，外延上相互重叠，甚至会使人们认为等同于"土著知识"，如"本土知识"（native knowledge）、"地方性知识"（local knowledge）、"乡土知识"（rural knowledge）、"传统知识"（traditional knowledge）、"原住民知识"（tribe knowledge）、"民间知识"（folk knowledge）等。毋庸置疑，由于殖民主义的影响，"土著"一词过去带有种族歧视的含义，因此，选择使用"土著知识"也是比较谨慎的。在大多数学者看来，选择使用"传统知识"或是"地方性知识"风险要小得多。但在我们看来，无论是"传统知识"、"地方性知识"、"本土知识"抑或是其他的名称都无法囊括"土著知识"的全部含义。"土著知识"与"传统知识"、"地方性知识"、"本土知识"在表述上存在着很多联系。但从旅游开发的角度讲，还是采用"土著知识"一词较好。

（一）传统知识

"传统知识"这一术语最初是世界知识产权组织为开展知识产权保护选用的工作术语，因此也更侧重从知识产权的角度来定义。国际上关于"传统知识"的概念虽然很多，但却没有一个能被广泛认同的定义。有学者认为，因为传统

知识有高度不同的状态和动态的性质,对其进行精密和排他的定义是不可能的[178]。除了"传统知识"以外,在不同的语境中,使用的相关术语还有"土著知识"、"社区知识"(community knowledge)、"土著遗产"(indigenous heritage)、"土著知识产权"(indigenous intellectual property)、"无形文化遗产"(intangible cultural heritage)、"传统医药"(traditional medicine)及"民间文学艺术表达"(the expressions of folklore)等[179]。联合国在《在经受严重干旱以及/或者沙漠化国家(尤其在非洲)向沙漠化作战条约》(Convention to Combat Desertification in Countries Experiencing Serious Drought and / or Desertification, Particularly in Africa)中的第16条(g)款、第17条第1款(c)以及第18条第(2)款(a)~(d)中都使用了该术语。在条约中,"传统知识"意指这样一些客体:一系列关于生态环境、社会经济环境与文化环境的实用性、规范性的知识。《生物多样性公约》的执行秘书曾指出,"传统知识"用来描述这样一类知识,"其由一群生活在与自然密切接触的环境之中的人通过代代相传的方式而创设,包括一种分类体系、一系列关于当地环境的观察经验以及一种用以控制资源利用的自律体系……在此基础上,'革新'指的是土著与地方群体的一种特征,是以传统活动作为过滤器而发生的创新。从这意义上说,它是一种传统的研究与应用方式,而不一定是特定的知识的应用。'习惯'则是知识与革新的具体表现"[180]。世界知识产权组织(WIPO)[181]将传统知识界定为"是基于传统之上的文学、艺术或科学著作、表演、发明、科学发现、设计、商标、名称和符号,未透露的信息和其他一些在工业、科学、文学或艺术领域内,以传统为基础的由智力活动产生的一切创新和创造"。魏艳茹[182]认为,所谓"传统知识",是指土著、本土社区的技术诀窍及其在生物多样性保护、农业、医药、遗传资源等领域所拥有的知识。严永和[183]认为传统知识有广义和狭义之分。从狭义来看,传统知识是传统部落在其漫长的生产活动过程中所创造的知识、技术、诀窍的总和。胡文进[184]认为,传统知识是人们世代相传的在改造世界的实践中所获得的认知和经验总和,属于人类主观意识范畴的组成部分。因此,我们认为在最基本的层面上,"传统知识"包含的是一种时间性的历史维度。

(二)地方性知识

在人类知识观的不断变革中,出于对全球知识的认识以及对现代科学知识的质疑,"地方性知识"这一提法最早由阐释主义人类学家克利福德·吉尔兹(Clifford Geertz)引入学术界,他认为"地方性知识"与普遍性知识是平等的,而且对人类认识的潜力而言具有不可替代的优势。之后"地方性知识"逐渐成为学术界的热点之一。卫才华[185]认为，从民俗学的角度看，地方性知识就是那些民间传统知识，都是特定民族文化的表露形态，相关民族文化在世代调适与积累中发育起来的生态智慧与生态技能，都完整地包容在各地区的地方性知识之中。那鲁蒙·阿鲁诺泰[54]认为，地方性知识指的是手工艺技能、有关的知识以及简单技术的运用，所有这些都不会对环境和自然资源产生重大冲击。周尚意和吴莉萍[186]认为，从文化的角度上分析，"地方性知识"是指一种文化系统，它强调"文化持有者的内部视界"，来自于人类学对"族内人"（inside）和"外来者"（outside）分别如何看待他们的思维和解释立场及话语表达的问题；而且其"地方性"（local）或者说"局域性"也不仅仅针对特定的地域意义，它还涉及在知识的生成与辩护中所形成的特定的情境（context），包括由特定的历史条件所形成的文化与亚文化群体的价值观，由特定的利益关系所决定的立场和视域等。杨庭硕[187]认为，地方性知识是指各民族的民间传统知识，其使用范围要受到地域的限制。周俊华和秦继仙[188]认为，相对于主流知识和区域性的地方性知识，各少数民族在长期的历史发展、文化变迁和独特的生态地理环境中，积淀并传承下来的独特而深厚的本土知识，都可以称为地方性知识。可见，"地方性知识"不仅是一种空间的地方性陈述，也是一种新的知识观念。

（三）本土知识

以1980年布洛肯夏等合编的《本土知识系统与发展》为标志，本土知识开始逐步迈入发展领域。从一般意义而言，"本土知识"以祖先领地（ancestral territory）和共同文化（common culture）为核心内涵。1989年，国际劳工组织（ILO）采纳的"本土和部落人169公约"指出，"本土人"是独立国家中的部落，其社会、文化、经济条件使其与国家的其他社会部落区别开来，其身份、地位、习惯和传统与国家的法律、法规的调节、控制部分或完全分离；在独立国家中，他们在殖民发生和现国界确立时，是该国居住者的后代，或者其居住地是该国所属的地理区域，并在该区域保留了部分或全部社会、经济、文化和政治制度[189]。可见，"本土人"包含了两个维度，即空间维度（地方）和时间维度（历史）。关于"本土知识"最常见的英文表述是"native knowledge"，但仍然存在着若干可以与之互换的词语，诸如"地方性知识"、"传统知识"、"本地知识"、"土著知识"、"民间知识"等。Chanbers[190]认为"本土知识"是以长期演化的传统实践为特征，是逐渐学习的结果，包括观察、试验和信息的代际传递。世界银行[191]指出"本土知识"是发展的知识资本，是穷人的社会资本，是解决全球问题的知识财富；并认为"本土知识"也可称为"传统知识"或"地方性知识"，是指在规范的教育系统以外发展起来的一大批知识和技术。我国学者石中英[192]则指出,"本土知识"是一种地方性知识,一种整体性知识,一种被压迫的知识,一种授权的知识,并认为"本土知识"是由本土人民在自己长期的生活与发展过程中所自主生产、享用和传递的知识体系,与本土人民的生存和发展环境及其历史密不可分,是本土人民共同的精神财富,是一度被侵略和压迫的本土人民实现独立自主和可持续发展的智力资源和力量源泉。因此,作为"本土人"的"本土知识",和"本土人"一样包含了时间的历史维度和空间的地方性维度。

"土著知识"被认为是"土著人的知识"[193]。《生物多样性公约》将传统知识与土著和地方社区(indigenous and local community)紧密联系,表明这种传统知识主要是由土著和地方社区创造和维持的,是经过长期积累和发展、世代相传的具有现实意义或者潜在价值的认知、经验、创新或者做法[194]。WIPO认为,"土著知识"和"民间文学艺术表达"均是传统知识的组成部分[195]。因此,从空间的维度看,土著知识是地方性知识,也是本土知识;从时间的维度看,土著知识则属于传统知识。

九、土著知识与人类主要遗产的关系

作为族群间世代传承的文化要素,土著知识因其"有用性"具有了遗产属性。由此,必将与人类社会众多类型的遗产,诸如自然遗产、文化遗产、文化景观遗产等有关联。

(一)土著知识与自然遗产的关系

《保护世界文化和自然遗产公约》(以下简称《公约》)明确规定了"自然遗产"的构成:从审美或科学的角度看,具有突出普遍价值的由物质和生物结构或这类结构群组成的自然面貌;从科学或保护的角度看,具有突出普遍价值的地质和自然地理结构以及明确划为受威胁的动物和植物生境区;从科学、保护或自然美的角度看,具有突出普遍价值的天然名胜或明确划分的自然区域。《公约》同时制定了判定自然遗产的四个标准:①构成代表地球演化史中重要阶段的突出例证;②构成代表进行中的重要地质过程、生物演化过程以及人类与自然环境相互关系的突出例证;③独特、稀有或绝妙的自然现象、地貌或具有罕见自然美的地带;④尚存的珍惜和濒临生存危机的自然对象。可见,自然遗产是大自然作用的结果,而土著知识则是人类活动的结晶。土著知识虽没有直接参与到"前期"自然遗产的形成过程中,但对自然遗产"后期"的维系与保护产生着重要的影响。

（二）土著知识与文化遗产的关系

《保护世界文化和自然遗产公约》第1条明确规定了世界文化遗产包括的范围：①文物，从历史、艺术或科学角度看，具有突出的普遍价值的建筑物、碑雕和碑画，具有考古性质成分或结构、铭文、窟洞以及联合体；②建筑群，从历史、艺术或科学角度看，在建筑式样、分布均匀或与环境景色结合方面，具有突出的普遍价值的单例或连接的建筑群；③遗址，从历史、审美、人种学或人类学角度看，具有突出普遍价值的人类工程或自然与人工联合工程以及考古地址等地方。可见，世界文化遗产更多关注的是有形的、物质形态的文化遗产；土著知识则属非物质文化遗产范畴，关注的是精神、技艺和创造等非物质形态要素。但不可否认，土著知识属于文化遗产的内容。

（三）土著知识与文化景观遗产的关系

文化景观遗产是1992年在联合国教科文组织第16届世界遗产大会上提出的概念，作为"自然与人类的共同作品"，文化景观遗产包括了"由人类有意设计和建筑的景观"、"有机进化的景观"和"关联性景观"三种类型，其主要意义是"人类长期的生产、生活与大自然所达成的一种和谐与平衡，与以往的单纯层面的遗产相比，它更强调人与环境共荣共存、可持续发展的理念"[196]。联合国教科文组织将文化景观遗产分为两种类型：①"由人类有意设计和建筑的景观"，包括出于美学原因建造的园林和公园景观，它们经常但并不总是与宗教或其他纪念性建筑物或建筑群有联系；②"关联性文化景观"，"这类景观列入《世界遗产名录》，以与自然因素、强烈的宗教、艺术或文化相联系为特征，而不是以文化物证为特征"。因此，只有"由人类有意设计和建筑的景观"和"关联性景观"与土著知识有关。它们具有景观的价值，但它们在形成过程中包含了土著知识的作用，如菲律宾的稻米梯田、云南省元阳县的元阳梯田等景观，其形成离不开当地族群独创性生产生活技术的作用。

（四）土著知识与传统民族民间文化的关系

土著知识与传统的民族民间文化既相互关联又有区别。冯骥才[197]认为，所谓民间文化即"农耕时代民间的文化形态、文化方式、文化产品，一切物质和非物质的遗存"。世界知识产权组织和联合国教科文组织关于《保护民间文学艺术表达形态，防止不正当利用和其他损害性行为国内示范法条例》对民间文学艺术表达形式的规定是："由传统艺术遗产的特有因素构成的、由某国的某居民团体所发展和保持的产品，尤指：①口头表达形式，如民间故事、民间诗歌、民间谜语；②音乐表达形式，如民歌和乐器；③活动表达形式，如民间舞蹈、民间游戏、民间宗教仪式；④有形表达形式，如民间艺术品、乐器、建筑艺术形式。"从规定中可以看出，土著知识与传统民族民间文化有共同和共通的特性，土著知识包含在传统民族民间文化中，传统民族民间文化中亦有部分的土著知识，但并非完全重合。

第三章

土著知识旅游基础性研究

正如罗伯特·朗卡尔在其著作《旅游及旅行社会学》一书中所说,"自有人类开始就有了旅行"[198],旅行与人类关系密切。确实,上古时代有"远方崇拜",近代有"民族迁徙",现代则有了人们常说的"大众旅游"。自大航海时代开始,随着殖民扩张的步伐,一群特殊的"旅游者"就对"他者"充满了兴趣与好奇,他们义无反顾地进入素有蛮荒之称的孤岛、原始丛林,与众多的"土著"进行面对面的互动与交流,关注与他们相关的一切事项,并将其所收集的资料加以整理,形成了一系列关于"土著"的"民族志"第一手资料。"土著"也渐渐地从幕后走向了舞台的中心。可以说,对"土著"的认识离不开早期人类学家的"民族志"调查与研究,虽然他们更多的是出于政治或殖民目的而为殖民者服务的。如今,随着旅游的发展,我们将循着人类学家的脚步去重新审视"土著",去体验人类学家为我们描绘的"土著知识",求得不同的经历。因此,本章将重点围绕"土著知识旅游"展开,包括概念、特点、可行性及其意义等。除此,我们还将借助符号学的理论对土著知识旅游进行分析,目的即在强化土著知识旅游的可行性,并对土著知识旅游的社区参与作一些简要的论述。

一、土著知识旅游的开端

如果想精确地知道土著知识旅游是从什么时候开始的,相信没人可以回答。毕竟,关于更大的问题,即旅游是从什么时候开始的也没人能够知晓。一般认为,库克组织的旅行团意味着现代旅游的开端,然而这究竟是旅游的开端,还是旅行社的开始至今仍处于不断的争论当中。关于现代土著知识旅游的开端,人类学家是难以被忽略的特殊旅游者。因为,人类学家向来习惯于从不同的田野地点搜集他们感兴趣的奇闻逸事,而且对非工业社会和"传统"社会的钟爱是他们最显著的特点。虽然人类学家的"田野工作"来自于西方"field study"或"field research"的直译,指人类学家有目的地对"异文化"(other culture)的参与观察性体验,带有极强的学术性。但事实上,旅游行为和田野工作有着明确的相关性:从表象上看,旅游者离开家庭到另外一个地方或族群中去获得体验,这种体验能够对旅游者形成与习以为常的生活方式、价值系统的参照性比较,从而将这种观光式的体验带进他的认知系统、知识结构和评判倾向中去,无论它是来自自然的还是人文的[199]。土著社区成为人类学家最魂牵梦绕的"旅游地",可以说,是人类学家的田野调查为我们打开了世界的另一扇窗,把隐于幕后的土著族群慢慢带到台前。诸如马林诺夫斯基在其经典著作《西太平洋的航海者》中对特罗布里恩德群岛的描述,清楚地展现了一幅幅社会制度的图画,其宽广和繁复程度往往出人意料;这些描绘把生活在宗教和巫术的信仰和实践中的土著人形象带到了我们面前;这些描述史无前例地让我们洞察到了土著人的精神世界[200]。人类学家的田野工作让我们真切地体会到了世界的丰富与多彩，也在不经意间勾起了我们对于土著族群的浓厚兴趣与拜访冲动。

人类学原生于以欧洲文明为核心的西方社会，是一门跨文化地探讨人性、文化、社会和世界，进而促进人类理解、交流与合作的学科。因为历史上欧洲国家的殖民主义与海外扩张，人类学的形成和发展历史与土著民族具有密切的联系，可以说人类学产生与发展的历史背景即是欧洲殖民主义的全球扩张。人类学最初也是为了服务于殖民者的统治，是殖民者进行海外统治的政治需要。作为外来者的欧洲殖民者在自己的殖民地接触了许多特异的"新"东西，并发现殖民地上生活着与自己的文化存在明显差异的人类社会。对此，王铭铭[201]有形象的描述：在澳洲他们发现了长得像人又不像人的种族，他们文化非常低下，有语言但无文字；在非洲他们发现了黑人，裸体或半裸体，社会生活处在"野蛮状态"，这些人类是"野蛮的"、"原始的"、"落后的"、"闭塞的"和"未开化的"；但在中国、印度和埃及这些东方社会，他们却看到了异常发达的、自叹弗如的文明，但也发现了这些文明中与其工业化和资本主义精神相悖的烦琐礼节和效率的缺乏。他们不但发现了与自己不一样的"土著"，还发现了不同地方的"土著"也是不一样的。例如，初到海外的英国人来到他们新发现的地方和国度时，他们"看到不同国家的'土著'不仅长得不同，服饰也不一样。在非洲和太平洋岛屿上人们不穿衣服，而在印度、中国这样一些国家里，人们穿着对英国人来说奇形怪状的衣服。中国的男人还扎辫子，眼睛很小，女人缠足。黑人更让英国绅士费解，他们于是怀疑这些黑色的人类与猩猩同属一类"。最初为殖民者服务的，非专业性的业余"人类学家"将其在殖民地所见的奇闻逸事记载先来，后来更成为专业的人类学家研究"不一样的人，不同的文化"的第一手资料，并从中获得了"很多科学的、古典的、引人入胜的灵感源泉"[202]。随着全球化的民族解放运动浪潮，殖民主义的理念逐渐被人类社会彻底摒弃，人类学家也摆脱了殖民主义附属工具的地位。现代的人类学也仍以非工业社会群体为主要研究对象，并继承了近代人类学家研究土著民族社会的历史主题，但其研究充满了人文关怀意识，研究的视角也不再是"欧洲中心论"，而是逐渐从自身的文化中心主义的优越感中解放出来，不再将土著民族社会的原始视为"野蛮的"、"落后的"和"未开化的"，而是用"非我"的观点，即用他者的目光来看待土著民族的"原始"，并尽力促进"原始的他"和"现代的我"之间的相互理解[201]。现代人类学对土著社会的研究已经进入了"一样的人，不一样的文化"的全新研究视角和思考模式，即利用"文化的互为主体性"来理解土著社会。

人类学家的田野调查作为一种特殊的旅游活动，本着极大的人文关怀及对弱势群体的关注，很多都将土著人作为研究的对象。诸如本尼迪克特（Benidict）和祖尼人（Zuni）、米德（Mead）和萨摩亚人（Samoans）、拉德克利夫·布朗（Radcliffe-Brown）和安达曼岛人（Andaman）、马林诺夫斯基（Malinowski）和特罗布里恩德岛民（Trobriand Islanders）、埃文思·普理查德（Evans-Prichard）和阿赞德人（Azande）、斯图尔德（Steward）和肖肖尼人（Shoshone）、哈里斯（Harris）和乡村巴西人（rural Brazilians）、特纳（Turner）和恩登布人（Ndembu）、格尔兹（Geertz）和爪哇人、费尔南德斯（Fernandez）和芳人（the Fang）、奥特纳（Ortner）和夏尔巴人（Sherpas）、布迪厄（Bourdieu）在阿尔及利亚（Algelia）的调查等。虽然他们对土著社区或是群体的调查并不是专门针对其知识展开的，但在他们对土著社区或群体文化的调查与研究中自然包括了知识的成分。可以说，人类学家是特殊的土著知识旅游开创者。

二、土著知识旅游的概念和特点

理论是关于概念与原理的体系，概念则是理论的基石与结点。学术界诸多的争论，其根源就在于对概念认识的偏差与不一致。现实中众多的案例也在警示我们，对最基本、最核心概念的明确是阐述自己观点最扎实的基础性工作，由不得半点儿马虎。如果无法形成一个可以沟通的基点，做再多的工作似乎也会显得徒劳与茫然。即使争论会不断将其完善，但确立一个共同的"话题"确实必不可少。理论研究与实践的严重脱节似乎一直都是旅游学界的通病，土著知识旅游也不例外。在现实中，"土著知识旅游"作为一种旅游活动类型早已有之，只是其隐藏于其他众多旅游活动类型中，如文化旅游、生态旅游、遗产旅游、民族旅游，甚至是乡村旅游、怀旧旅游等，在其他旅游活动类型宏大的"气场"下，我们很难将其清晰地分辨。如今，随着市场需求多元化格局趋势的不断加强，我们不能再将其"隐于"其他旅游活动的阴影中了。

（一）土著知识旅游的概念

"土著知识旅游"作为一个学术术语，是一个适用于一切土著知识旅游活动的一般概念，是对所有土著知识旅游活动的共性进行概念上的高度抽象、概括的理论结晶。"土著知识旅游"概念的形成，不但在众多的旅游活动类型中分离出一个特殊的类别，扩大和丰富了旅游资源所涵盖的内容，而且为土著知识旅游这一新的理论与实践研究领域及旅游学中新的科学研究对象确立了最一般的概念基础，为土著知识旅游的探讨确立了共同的话语基点和谈论场域。可以说，"土著知识旅游"这一抽象、一般的概念，是土著知识旅游研究的第一块基石。然而，什么是土著知识旅游？这看似简单的问题实际上很难回答。就如1000个人眼中有1000个哈姆雷特一样，有多少土著知识旅游者，就会有多少种关于土著知识旅游的定义或这种定义的变化。况且，考虑到土著知识旅游的新兴本质，其由多种多样的产品和体验构成，因而土著知识旅游定义的多样化也是在所难免。更为严峻的是，对于一种"新生"的旅游活动类型，作为一个不定型的概念，人们都会出于自身需要而形成自己的定义。因此，对土著知识旅游进行科学界定的难度在无形当中被放大了。

作为学术性的问题，我们不能不假思索地随意给出关于土著知识旅游的定义。这不仅不符合学术研究的规范，同样会给后面的工作带来不必要的麻烦。其实，我们也无意在不断增长的、不完整的定义清单中增添项目，而是希望将土著知识旅游置于在现有定义中都显现出来的几个共同主题的语境之中，借此来形成关于这一旅游活动类型的理解。因此，我们将从最基本的语言学切入。从语言学角度看，土著知识旅游是"土著"、"知识"和"旅游"三个词的结合。下面将对这些构成要素进行集中考察。

1. 土著

我们并不否认"土著"在原来的语境，尤其是在西方世界的语境中含有殖民主义和种族歧视的色彩，因为在殖民征服过程中，殖民者遇到那些"野蛮的"、"原始的"、"落后的"、"闭塞的"、"未开化的"、"部落的"社会或民族时，都将其统称为"土著"。"土著"这个术语是一个概括性的概念，它指数以千计的小规模的社会群体，学界也通常称之为"族群"[203,204]。而且，作为主体名称的"土著"一词还与其他多个相关称谓纠结在一起，如"第四世界"、"小民族"、"原住民"等。但我们也不得不承认"土著"在时空转换中含义的蜕变，"土著"已经被一种更积极的方式重新定义了。在现代语境中，"土著"不再拘泥于某些历史的参数，而是成为一个中性的、既揭示族群属性又强调其族群身份与文化的复合词汇。

1)"土著"与"第四世界"

"第四世界"最早出现在20世纪70年代中期，它的意思含混，涵盖的面非常广泛，既可以指原住民，如北极的爱斯基摩人、美洲的印第安人、澳大利亚的土著人、新西兰的毛利人、日本北海道的阿伊努人以及撒哈拉以南的非洲人等，也可以包括那些未受现代化或全球化侵染的地区或人类，甚至发达国家的棚户区或弱势群体也被列为第四世界。第四世界由各国土著或少数民族组成，他们往往居住在地理区位的边缘地带，而且政治和经济极不发达[205]。彭兆荣[206]指出，"第四世界"是一个集合名词，在其政治意义上，它统称那些土著或是原住民部落，如一些仍然保持着传统生活方式的北美印第安部族、爱斯基摩人等，他们共同的特征即在于他们没有属于他们自己认同的"国家"。当然，把发达国家的棚户区或弱势群体也列入第四世界，其已经没有了民族学意义。

2)"土著"与"小民族"

"小民族"近年来已经成为学界，尤其是人类学和民族学研究的热点。关于

"小民族",国内学术界的基本共识是"小",是从人口少这一数量概念出发的,同时认为小民族具有大多居住在偏远地区,交通不便,教育与文化、经济设施落后等特点[207]。刘建文等[208]指出,小民族从人数上看,是人数较少的民族;从生产力和社会组织程度看,大多处于欠发达地区的边缘、山区、贫瘠地带;从发展机能看,小民族大都是发展机能弱化的民族,往往缺乏同其他民族并驾齐驱的能力。闫丽娟和丁淑琴[209]认为,小民族是从"少"这一数量概念出发的,主要是指那些不仅相对人数少,而且绝对人数也很少的民族。从广义上讲,小民族也包括了"土著"、"原住民"、"初民"等群体。

3)"土著"与"原住民"

顾名思义,所谓"原住民",就是原来就居住在这里的居民。关于"原住民"的使用,很多学者对此持保留意见。例如,中国台湾地区的学者李亦园[210]先生就表示,"原住民"的使用"将形成新的族群紧张"。但另一位中国台湾地区的学者陈建樾[211]则认为"土著"就是"原住民"(indigenous people)。彭兆荣[212]认为,原住居民主要强调某一个地方空间最早的主人,也可以称为"土著",强调某一个地方与那些人与生俱来的渊源关系,即土生土长的人。

虽然人们对"土著"一词有不同的解释,许多土著人也抵制这种称呼,如美国很多的印第安人就反对使用"土著"称呼自己,他们更喜欢以部落成员的身份出现,如曼丹人(Mandan)、拉瓦霍人(Nanajo)、阿帕奇人(Apache),等等[213]。但我们还是应该遵从国际劳工组织第169号公约第1条对"土著"和"部落"人口所下的定义。

国际劳动组织第169号公约关于土著人和部落组织的内容(第一章)

(1) 本公约适用于:①部落组织的社会、文化和经济条件与本国其他群体不同,他们的事务主要由他们自己的传统习俗或特别的规则决定;②所谓独立国家中的土著人,是指他们的祖先就生活在这个国家或生活在该国所属的更广大地区中,在现代国家的建立过程中(通过征服或殖民化),确定了土著人的现状;但是,不管他们事实上的法律地位如何,他们都全部或部分地保持了自己独特的社会、经济、文化和政治制度。

(2) 自我认定是决定土著人或部落人的基本标准。

(3) 本公约中使用的"民族"一词,没有其他任何权利方面的暗指,其他国家法与"民族"相关的权利也不适用于本公约。

资料来源:联合国人权高专办.2011-12-14.http://www.hrol.org/article.jsp?id=2534

据此，我们对"土著"的理解是：从民族学意义来看，"土著"是"原住民"、"小民族"与"族群"，在国外甚至属于"第四世界"，并且未受或极少受现代文明的侵扰；从文化学意义上说，"土著"有自己独特的、与现代主流文化体系相异的文化体系并延续至今，且在其日常生产生活中具有重要意义；从社会学意义讲，"土著"规模小，具有边缘性，包括经济、政治、社会及地理区位等，而且其生产与生活与自身的生态环境具有密切的联系。

2. 知识

虽然我们在日常生活的每一时刻都在接触"知识"，但作为一个学术性的话题，要对"知识"作出令人信服的界定却是举步维艰。我们更多的是采用类比的方法来描述我们所认识的"知识"，如历史知识、地理知识等。给知识下定义是一个很不可靠的企图，因为知识这个概念常常在本体论和认识论之间滑动[214]。文化和知识这两个事物有着千丝万缕的联系，知识从来就无法完全脱离文化的影响，因此，对"知识"的定义也就等于进入到某种模糊地带。20世纪60年代初，为了研究的需要，西方学者就普遍采用"4W"的概念来诠释"知识"的定义，即"知道是什么"（know-what）、"知道为什么"（know-why）、"知道怎么做"（know-how）和"知道谁"（know-who），并且这一从认知结构的角度阐释知识含义的做法在国际经济合作与发展组织的《以知识为基础的经济》报告中得到了认可和沿用。在德鲁克（Dluke）看来，知识就是信息，但其必须跟人的行为紧密联系起来，要么通过成为行为的基础来改变某事或某人，要么通过使得组织或个人能够做出不同或者更有效的行为来改变某事或某人；莱贝斯肯德（Leibeskind）也认为知识就是已经通过证据检验建立起来的有效的信息；日本学者野中郁次郎（Nonaka）在早期的研究中认为，知识是经过验证的正确的信念（true believe），是向着真理证明个人信念的动态的人类过程；阿拉维（Alavi）和莱达（Leidner）认为，知识是经过验证的、能增强个体采取有效行动的能力的信念。除此以外，还有布瓦索（Boisor）、达文波特（Dawenboter）和普鲁萨克（Pulusake）等学者都根据自己的认识对知识作了不同的界定（表3-1）。

表3-1 关于"知识"的不同代表性定义[215]

学者	对于知识的界定
贝尔（1973）	知识就是一整套经过组织的对数据或思想的表达，或者更为一般的，知识是一种知识产权
野中郁次郎（1994）	知识是经过验证的正确的信息
莱贝斯肯德（1996）	知识就是已经通过证据检验建立起有效性的信息
达文波特（1998）	知识是框架化的经验、价值观、情境信息和专家见解的流动混合体
达文波特和普鲁萨克（1998）	知识就是结合了经验、情境、解释和思考的信息

续表

学者	对于知识的界定
布瓦索（1998）	知识是建立在信息基础上的能力，或是观察者对于一个事件的一组期望
扎克（1999）	知识就是有意义的信息
德鲁克（1999）	知识就是跟人的行为紧密联系的信息
阿拉维和莱达（1999）	知识是经过验证的、能增强个体采取有效行动的能力的个人信念
约瑟夫（2005）	知识就是一种经过检验、评估而继续存在的信息结构

3. 旅游

土著知识旅游作为一种旅游活动类型，要对其作出界定，旅游是最基本的概念。旅游成为最普遍的社会现象和文化现象，旅游产业成为世界上最大的产业已是不争的事实。然而，关于什么是旅游却一直困扰着国内外的学术界。旅游研究受制于概念上的缺陷与模糊[216]。但这并不意味着学界没有作出努力，相反，我们取得了一系列具有参考意义的成果，相信有一天我们会走进旅游的澄明之境，去洞悉它的本质要素。利克里什和詹金斯[217]认为，旅游是除为了进行有偿工作以外的任何原因而离开正常居住地作短期外出访问（或离开家短暂逗留别处）的现象。贾法瑞[218]认为，旅游是离开常住地的游人、满足游人需要的产业以及游人、产业和旅游地三者的社会交换给旅游地带来综合影响的一种社会文化现象。克里斯·库珀等[219,220]将旅游分别从需求和供给两个方面予以界定，从需求的角度来定义，旅游是人们为了休闲、商务和其他目的，离开自己惯常居住的环境连续不超过一年的旅行和逗留活动；从供给的角度来定义，旅游即是旅游业，也就是为了满足旅游者需求和愿望的所有的企业、组织机构和设施构成的行业。芬内尔[221]关于旅游的定义是：旅游是一个互相关联的系统，这个系统包括旅游者和为旅游者提供的相关服务（设施、景点、交通和住宿）。戈尔德耐和里奇[222]将旅游定义为在吸引和接待旅游者和访客的过程中，由游客、旅游企业、当地政府、当地居民相互作用而产生的现象与关系的总和。世界旅游组织[223]的旅游定义是：一个人旅行到一个惯常居住环境以外的地方并逗留不超过一定限度的时间的活动，这种旅行的主要目的是在到访地从事某种不获得报酬的活动。

弄清了"土著"、"知识"和"旅游"的概念与指向，对土著知识旅游进行定义也就变得相对容易。Valene L. Smith[224]认为，根据旅游者在旅游期间活动内容的差异，可以将旅游划分为不同的类型，其中"种族旅游"常常是针对一些土著居民或原始部落的奇风异俗而言的，如爱斯基摩人、巴拿马的圣布拉斯印第安人（San Blas Indians）和印度尼西亚的拉托雅人（Toraja）。关于"民族旅游"的目标群体，Hinch 和 Buther[225]认为是"土著人"、"土生人"；

Oakes[226,227]认为是"第四世界的人";Cohen[228]则直接将其称为"部落"或"山居部落"。既然选择把土著知识作为旅游资源开发,其间隐含着土著知识对游客的吸引力。因此,对"土著知识旅游"进行定义必须将动机作为一个重要的因素来加以考虑。对土著知识旅游进行动机性定义似乎也更加合理。据此,我们认为,所谓"土著知识旅游",即是人们出于对土著知识的好奇,暂时离开其惯常环境,以到土著知识所在地进行短暂性体验为主要目的的旅行和暂时逗留寻求奇特的经历中所引起的各种现象的总和(图3-1)。土著知识旅游是观光旅游的变体与文化旅游的主题化;其目标群体在文化、社会上不完全属于其居住国的主体民族;它们由于知识过程与知识结果造就的自然与文化方面的独特性、差异性而被认为具有旅游资源潜力,从而被贴上了旅游的标签。虽然,土著知识的"奇特性"被认为是土著知识旅游的"首要魅力",但还应包括由土著知识产生的系列"产品"。

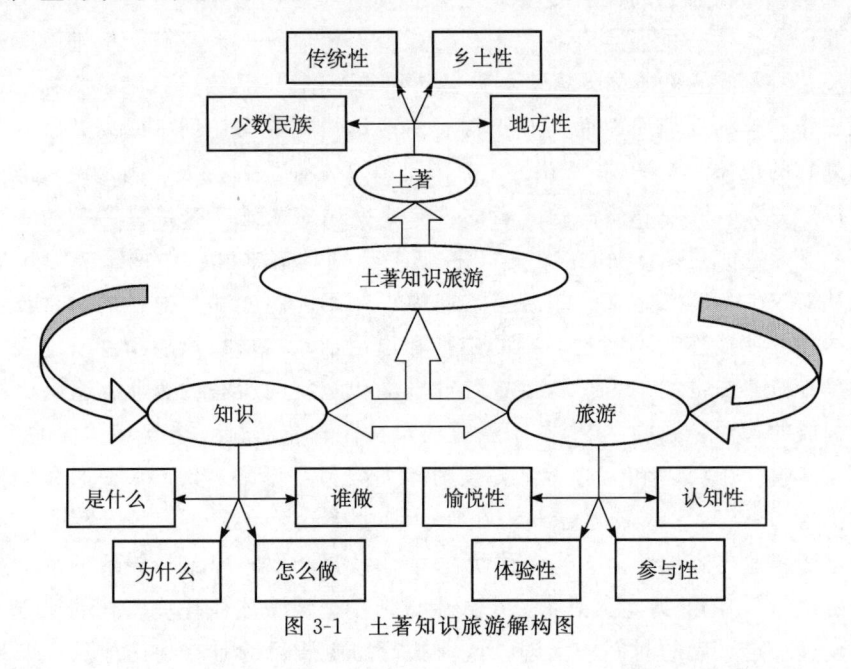

图 3-1 土著知识旅游解构图

关于"土著知识旅游",我们还可以从如下几个方面进行理解。

(1)土著知识旅游具备旅游活动最基本的特点,即异地性、短暂性以及旅游活动的本质,即求异的体验性经历;土著知识旅游的特色在于其目标指向,即"土著"、"知识"和"土著知识",尤以"土著知识"为首要;整个旅游活动不仅可以满足游客"体验异文化"的需求,而且强调旅游活动的知识性、主动参与性以及跨文化间的交流与互动。

(2)土著知识作为特定族群、在特定时空中生产生活智慧与经验的结晶,是一个综合性的与现代科学知识具有明显差异的知识体系。土著知识不仅在土著社区的日常生产生活中具有重要意义，而且由于其是地域土著族群文化系统的有机组成部分而具有文化属性；由于其"有用性"而作为族群遗产在族群内部传承，还具有遗产属性。因此，土著知识具备旅游资源潜力，可以满足旅游者多样化的旅游需求。

（3）土著族群社区是土著族群居住、生产生活的地理环境与社会空间，土著知识在社区中产生、演化和传承。土著族群社区不仅作为土著知识产生的背景和原生土壤，也是土著知识的完整展示地，同时还是土著知识作用的"结果"，是土著知识旅游的物质依托和重要的吸引物。

（4）土著族群作为土著知识的创造者、载体和传承人，是土著知识最生动的表现者；是土著族群社区的主人和主体，具有东道主地位，是土著知识旅游的核心吸引物之一；土著知识旅游离不开土著族群，没有土著族群参与的土著知识旅游将会变得不完整，甚至虚假。

（5）土著知识、土著族群和土著族群社区之间密不可分，缺一不可。土著族群社区中包含了土著知识和土著族群，土著族群社区是土著族群利用土著知识的结果，反映着土著知识的特性；土著族群在与土著族群社区的互动中创造出土著知识，并对土著族群及其社区产生作用；土著知识维系着土著族群的生产与生活，是联系土著族群及其社区的枢纽。

（6）在土著知识旅游研究中，土著知识旅游首先是众多旅游活动类型中的一类；其次，土著知识旅游可以被认为是一种专门的旅游产品；最后，土著知识旅游研究作为旅游学中的一个分支或组成部分，是旅游学研究的新对象。

（二）土著知识旅游的特点

旅游者有不同的旅游动机，不同类型的旅游活动也并非决然独立，而是相互之间存在着某种程度的交叉。因此，要真正认识某一类型的旅游活动，除了要知道它是什么以外，更应该明确的是它的独特之处。从某种意义上说，旅游活动类型的特点更能说明某类旅游活动之所以能够被称为该旅游活动类型的缘由。具体来说，土著知识旅游的特点包括如下几个。

1. 知识性

知识性是土著知识旅游的一个显著特性。在旅游活动中获得不同的知识是众多游客的出游动机，作为与现代科学知识相对的地方性知识，土著知识旅游将给游客带来独具魅力的知识体验之旅。游客可以通过土著知识的指导参与某些具有趣味性、教育性及娱乐性的旅游活动以满足扩展知识的需求。

2. 神秘性

受多样化媒介的影响，土著在人们的认知中充满了神秘性。对游客而言，一个陌生的、远离现代文明中心的地域知识系统就代表了某种神秘和未知，观察、了解、体验、领略、参与这些特定地域知识的过程，不仅可以满足人们求新、求异、求奇的心理需求，激发人们的求知欲、探索欲，而且还可以在谜底被揭开的过程中增加人们的知识，开阔眼界，体验成就感。

3. 参与体验性

土著知识基本上都是保留在现实、具体的特定人群中。他们在与环境的适应过程中，积累了大量的生产和生活经验、技能，创造了独具特色的地方文化。一般来说，可供观赏的景观往往是表层的、浅显的或经常发生的，而需要参与的则多为内在的、深刻的或间歇存在的。作为地域居民生产、生活的基本经验和技巧，土著知识具有强烈的实践性。因此，游客要想更深入地了解地域的文化，选择从土著知识入手，深入其中，去亲自体验将是一个不错的选择。

4. 乡土性

这里所指的乡土性包含了两层意思：一是指土著知识具有强烈的地方性和浓郁的地方特色，正如"一方水土养育一方人"；二是指土著知识旅游环境多处于偏远地区。土著知识虽然普遍存在，但由于备受现代科学知识体系的冲击，很多土著知识，尤其是城镇地区的土著知识几近消失。更多、更完整、更"土著"的知识被保存于远离现代生活中心的乡村地区。

5. 民族性

土著知识具有强烈的民族性，各民族由于历史发展进程的不同，居住地自然环境及生活条件的差异，在协调人与人、人与自然、人与社会的过程中逐渐形成了特有的文化内涵，包括特有的知识体系，客观上构成了民族的差异和特征，尤以土著知识最为明显。例如，傣族都信奉南传上座部佛教，都在傣历新年过泼水节，但由于地理环境的差异，生活于不同区域的傣族具有不同的生产与生活技巧。正是这些最为显著的差别和特征使得土著知识成为一种稀缺性的旅游资源。

土著文化——加拿大多元文化中的奇葩

土著文化是加拿大多元文化中的一朵奇葩。加拿大"第一民族"（原称印第安人）、米提人和因纽特人三大土著人群体都没有书面语言，其历史和传统民俗等都是口口相传。然而，一代代土著艺术家们留下的绘画、雕塑、雕刻作品和手工艺品，却给人们提供了一个探究这些同自然最亲近的人群的心灵世界。

在加拿大文明博物馆和不列颠哥伦比亚大学人类学博物馆等地，保存着为数不多的土著人图腾柱。这些图腾柱造型夸张、构思奇异、雕工精巧，足以说明当时土著文化的繁荣。但从17世纪与殖民者开展皮毛贸易起，加拿大土著人原来以渔猎、农耕为主的经济结构遭到破坏，随着他们世代赖以生存的土地范围越来越小，其文化也日益受到欧洲文明的致命冲击。

加拿大独立后长期对土著人实行强制同化政策，包括禁止他们讲本民族语言、禁止举行传统仪式、强制将土著儿童送至政府资助的寄宿学校等，一度把土著文化推到了灭绝的边缘。所幸在广大土著人和主流社会中的许多有识之士的奔走呼号下，加拿大政府从20世纪70年代起调整其土著政策，并设立专门基金支持土著文化的发掘和保护。

加拿大文明博物馆馆长拉比诺维奇在接受新华社记者采访时说："在过去的几十年里，土著文化可以说获得了重生，土著艺术家用他们的创造力赢得了社会的尊敬。实际上，文明博物馆的设计者就是土著人。"这栋外形如波浪曲线的文明博物馆已成为渥太华的地标性建筑。

被誉为"北方毕加索"的著名土著画家诺弗尔·莫里索，是加拿大现代土著艺术的杰出代表。虽然已于2007年年底辞世，但莫里索和他所开创的"丛林画派"对加拿大土著艺术的影响持久而深远。来自印第安奥吉布瓦部落的莫里索，多选用鹰、天鹅、雁、野牛、鱼、龟、熊和鹿等动物以及树林、太阳和月亮等为载体，讲述印第安人的神话传说，表达土著人对自然和社会生活的理解和感悟。他的画构图独具匠心，形态抽象夸张，色彩或天蓝、或碧绿、或橙黄，明亮而纯净，强烈传达着土著文化单纯、素雅、神秘的原始信息，体现着土著文化心灵与自然交响契合的理念。

可以说，是莫里索那一代土著艺术家将土著文化辅以现代元素加以诠释，并将其展示给加拿大主流社会，为土著文化的复兴奠定了深厚的基础。20世纪八九十年代，接受过专业训练的新一代土著艺术家除创作绘画、雕塑和雕刻外，还用拼贴、摄影、多媒体和行为艺术等，诉说土著人面对现代化的文化焦虑，反映当代政治、经济和社会生活，更多地得到了加拿大及国际艺术市场的认可。

资料来源：杨青，杨士龙．2008－06－12．http://news.qq.com/a/20080612/004744.htm

三、土著知识旅游的可行性

这里讨论的可行性，并不是某个目的地或项目进行旅游开发的系统可行性论证，而是分析把土著知识作为旅游资源开发的可行性。这是首先要说明的问题。毋庸置疑，把某种新兴的旅游资源推向市场是要冒一定风险的。毕竟，作为一项活动，旅游资源的价值并不是理论认可或是旅游资源评价表主观外加，没有横向比较对象评价的结果，它更需要市场对其进行验证。某些时候，理论或是旅游资源评价表所认可的旅游资源并不一定能够得到市场的青睐。关于土著知识旅游的可行性，我们可以从宏观市场需求发展、特定时期旅游业发展规律和旅游资源本身的特质等方面来论证，进而确定其作为旅游资源开发的可行性。

（一）土著知识的特质

无论是物质文化遗产还是非物质文化遗产，都是特定文化系统的表现符号，是旅游者认识和了解旅游地文化特色非常有效的媒介，理所当然应该成为吸引旅游者的主要因素。因此，近年来，随着我国旅游产业的快速发展，非物质文化遗产资源向旅游产品转化已经成为一种重要趋势。作为一种非物质文化遗产，土著知识展示性强，是"活态"的文化，具有鲜明的历史感，容易对游客产生巨大的吸引力和诱惑力；作为非物质文化遗产，土著知识需要物质载体才能被游客所感知和了解。由此，诸如建筑、工具等将成为其"显性"的物质载体；作为一种技巧、技术与方法，土著知识为游客的参与体验提供了可能。概而言之，整个土著知识旅游活动将涵盖可视、可感、可触的物质载体，又不乏可体验、可参与、可娱乐、可学习的技巧与技艺。可见，土著知识具备实现非物质文化遗产资源向多元化旅游产品转化的潜力，可实现非物质文化旅游的可持续发展。

（二）旅游业的发展

文化旅游和生态旅游作为旅游业态中最具活力与发展潜力的部分，已经得到业界的普遍认可。文化旅游看重的是旅游活动的主题,主题是融入整个活动开展过程中的主导因素[229]。将土著知识作为区域文化旅游的主题,不仅可以发挥土著知识界面广、联动性强的优势,而且可作为区域旅游文化内涵深化、迎合体验旅游发展及主题形象重塑与生成的重要基点;生态旅游最为显著的特质是对游客的现场生态教育及其旅游客体的相对原真性。受现代化的冲击,绝大多数的土著知识保存于边缘的社区与弱势群体中已是不争的事实,而边缘社区与弱势群体生境的封闭性恰恰为土著知识原真性的保存与传承提供了可能。土著知识的原真性符合生态旅游市场的需求。另外,土著知识作为社区居民生产、生活的经验总结与智慧结晶,其中包含了大量独特的、具有地域个性的生态保护方面的知识,与生态旅游有异曲同工之妙。再加之土著知识旅游与特种旅游、创意旅游、非物质文化遗产旅游等的契合性,决定了土著知识旅游资源开发的可行性。

(三)旅游市场的需求

现在的旅游开发已经由传统的资源导向型向市场导向型转变,这要求我们为旅游者提供适销对路的旅游产品。

(1)从旅游动机来看,特色是旅游的基础,文化是旅游的灵魂。更多的旅游者是基于文化的动机选择出游,并希望在旅游活动中增长见识,扩大知识面。作为地方文化系统重要组成部分的土著知识无疑具有强大的优势。

(2)从旅游需求来看,一方面,随着旅游经验的不断成熟,旅游市场已经不再满足于简单的观光或是被动的体验,而是希望能够主动地、亲身地参与到旅游活动中,能够亲自体验异文化的乐趣。作为一种参与性和体验性极强的旅游产品,土著知识旅游无疑具备天然的禀赋。另一方面,旅游者希望能够得到深度旅游体验,即明白为什么会是这样?到底怎么来的?即不仅满足于"知其然",还要"知其所以然"。作为一种富含知识性和参与性的旅游产品,土著知识旅游将在游客的深度体验中为游客解开一系列的文化谜题与文化事项。人类学家赫斯科维茨提出:文化是人类环境的人造部分。它包括显露在外的、人们可以直接感知的所谓"显在文化"和不表现在外的由知识、态度、价值观等构成的所谓"隐在文化"。对普通游客来说,最能引起他们注意的往往是"显在文化"。"显在文化"由于其所谓的外在性,往往容易被模仿与复制,迎合市场需求成为商业化的牺牲品。不同于"显在文化","隐在文化"的隐藏性更能体现地域的文化特质,更符合时下旅游者深度体验的新需求。作为"隐在"的土著知识必将为体验旅游提供强有力的基点。

(3)从整个旅游市场趋向来看,旅游市场需求呈现多样化,个性化旅游异军突起。土著知识的非物质性、隐蔽性和活态性使其具有强烈的地域特质与个性。因此也是一种极具个性化的旅游产品与旅游形式，必将受到市场的青睐。

（4）文化旅游者类型的嬗变。在工业经济向知识经济转型的过程中，旅游活动的主体——旅游者将由传统型旅游者转变为"知识旅游者"，即在知识经济时代，旅游者自身的需求会发生重大变化，旅游者的需求将从传统的重视追求功利性强的旅游世俗愉悦向以重视知识与文化学习、体验与创新为主要内容的审美愉悦追求转变。知识、科技、文化与精神审美成为知识旅游者主要的消费对象。

四、土著知识旅游的价值与意义

选择把土著知识作为旅游资源推向市场必有其原因和意义。只是由于牵涉的利益相关者甚多，致使意义呈现出多样化。但作为一项基本的旅游活动类型，将土著知识作为一种旅游资源进行合理利用的过程中，其价值功能不仅仅只是满足于游客旅游的价值，还应当予以社区居民生存和发展的价值及社区生态保护和文化传承的价值。土著知识旅游这种系统内部不同客体具有不同价值的特征即是土著知识旅游的多维价值（图3-2）。

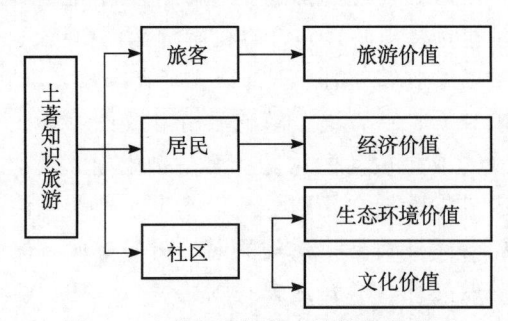

图 3-2　土著知识旅游多维价值模式图

由图 3-2 可知，土著知识旅游针对不同客体具有不同的价值。对游客来说，土著知识的价值主要体现在其普遍性的旅游价值和非普遍性的创意激发价值上。普遍性的旅游价值，即土著知识作为一种旅游资源，是吸引游客前来旅游的"拉力"，是游客想要了解和体验的旅游对象，游客在土著知识旅游过程中获得了别具魅力的土著知识旅游经历，或者说旅游者获得了旅游效益。近些年来，土著知识在国际上备受关注，UNESCO、WIPO 等国际机构都十分强调土著知识的地位，其原因就在于土著知识是现代科技发展的潜在资源，土著知识的价值潜力巨大。具有较高文化修养的土著知识旅游者或许会在旅途中发现土著知识的"与众不同",获得非普遍性的创意激发价值。对社区居民来说,土著知识旅游的价值主要表现在其经济利益上,即社区将土著知识作为旅游资源投向市场吸引游客,居民通过接待游客或参与旅游服务工作获得经济效益,支撑其生存与发展;对社区来说,居民在参与旅游活动过程中逐渐意识到自身知识对游客的强大吸引力,再加之土著知识旅游带来的经济裨益,无形中激发了居民对土著知识保护的动力,生态和社会效益得以保障。

无论在理论还是实践活动中,土著知识旅游的多维价值之间并不矛盾,而是协调和重合的。其一,作为一种土生土长的知识,土著知识是社区居民在历史进程中逐渐积累和发展起来的,是居民共同的财富,并对社区居民的生存和发展起到至关重要的作用。因此,作为一种生存的基本经验,社区居民都会自觉不自觉地在代与代之间传承地域的土著知识,这是生存和发展的需要。其二,随着旅游之风日盛,旅游活动层次的不断推进,文化要素在地域旅游发展中的作用日渐明显。作为地域文化系统的有机组成部分,土著知识凭借自身的属性无疑更具市场召唤力。因此,将土著知识作为旅游资源进行开发,给社区居民带来的是"额外"的经济裨益,在文化传承与生态保护上也是更进一步的激发。总的来说,土著知识具有原本的自我价值,即对社区居民的生存与发展的影响。但在旅游成为时代主题的今天,将土著知识作为旅游资源进行开发是对土著知识价值的升级化或称之为隐性价值的显性化,包括旅游价值及其衍生的经济价值、社会价值等。

(一)土著知识的旅游价值

1. 土著知识旅游的"真实性"

"真实性"(authenticity)一词源于希腊语,意思是"自己做的"、"最初的"。真实性最初用于描述博物馆艺术展品,之后被借用到哲学领域中人类存在主义的研究中(Trilling,1972)。19世纪70年代,随着旅游者更加重视"真实性"的旅游体验,期望获得更真实、更深入的旅游体验,"真实性"概念延伸到旅游领域,并受到越来越广泛的重视。其一,文化是旅游发展的根本性保证。随着旅游业的发展和旅游者经验的不断积累、成熟,游客将不再满足于异地修建的文化聚落,如民族村等。他们更希望体验真实的、原汁原味的、具有地域特色的文化。按照人类学之父爱德华·B.泰勒对文化的定义,知识只是整个文化系统中的有机组成部分,同时也是人类了解异域文化的有效基点,因此,将土著知识作为一种旅游资源进行合理利用无可厚非。其二,由于文化的系统性、复杂性,并不是所有的文化构成要素都可以被当成旅游资源进行合理利用,但作为社区居民生存的经验积累,土著知识直接关乎他们的生存与发展,因此土著知识旅游开发在很大程度上避免了"失真",游客所体验到的都是与居民日常生活息息相关的、独具地方特色的、真实性的生产与生活类土著知识。

2. 土著知识旅游的体验性

1970年,著名的未来学家阿尔文·托夫勒在其著作《未来的冲击》一书中预言:继服务业发展之后,体验经济将成为未来经济发展的支柱。果不其然,在以"休闲"为中心的当下,体验经济以其富有的生机和活力引起了最为普遍的关注。从旅游的本质来看,体验是旅游的核心属性之一,而体验的基础要素之一便是差异性。差异性孕育了旅游业,也满足了游客体验差异性的需求。其一,土著知识作为文化系统的有机组成部分,将其作为旅游资源开发符合旅游市场需求的基本趋势。其二,土著知识与现代科学知识的差异性及其自身强烈的地域性、实践性,决定了土著知识与现代科学知识之间及不同地域土著知识之间的异质性,为体验旅游奠定了坚实的基础。其三,由于土著知识强烈的地域性、广泛的存在性,可以满足多样化的旅游体验,如娱乐性的体验、知识性的体验、参与性的体验、愉悦性的体验等。例如,在云南省楚雄彝族自治州古镇黑井,游客可以通过亲手制作食盐,增加旅游活动的娱乐性与趣味性,还可以借此了解当地食盐制作方面的知识,最后还可以获得成功制作食盐的成就感体验,可谓一举多得。

(二)土著知识旅游的经济价值

1. 土著知识旅游一定程度上解决了居民生存和发展的难题

由于现代性的不断扩张和渗透,土著知识往往存留于一些传统农业生产者聚居的社区,这些社区都有共同的特点,即土著知识的多样性和经济的贫困性。而且,它们都面临着共同的难题,即社区居民物质生活水平的提高与改善。在这些社区的社会发展历程中,人类不断从适应和改造自然的经历中积累了大量的、富有地方特色的、具有极强实用性的土著知识,并利用土著知识与社区环境建立了和谐共生的关系。特有的土著知识折射了人类对自然的认识,作为地域文化系统的有机组成部分,是旅游者了解地方文化的重要途径与基点。换句话说,随着旅游活动的风靡,土著知识的旅游资源价值日渐显现出来。根据土著知识自身的属性、特点及知识的系统性原理,在土著知识旅游开发过程中,土著知识的物化形式如石磨、水车等是旅游资源,土著知识的掌握者"人"同样也是旅游资源。对土著知识旅游的开发既要注重"物"与"人",更应该加强"物"与"人"的有机结合。因此,土著知识旅游开发必须走社区参与模式。究其原因,一方面,社区参与可以维持或保证土著知识的完整性、真实性,营造土著知识旅游氛围，增强景区吸引力；另一方面，社区参与可以保证居民直接获得旅游经济利益，居民经济收入会随着土著知识旅游的开发进一步提高，社区居民生存和发展问题也有了一定的解决之道。

2. 土著知识作为居民博弈资本，社区参与有了保障

在 1997 年 6 月颁布的《关于旅游业的 21 世纪议程》（世界旅游组织、世界旅游理事会与地球理事会联合制定）中，明确提出了旅游业可持续发展应将居民作为关怀对象，并把居民参与当做旅游发展过程中的一项主要内容和不可缺少的环节。然而，关于旅游发展过程中的社区参与问题却一直得不到很好的解决，究其原因，关键在于居民的"无权"。在社区增权在短时间内无法实现的困境中，土著知识旅游的开展将在一定程度上解决社区参与旅游开发的难题。本书所提的社区参与土著知识旅游指的是以土著知识所在社区为场所，以社区全面参与土著知识旅游开发并获益为核心，依托社区多样化的土著知识满足多样化的市场需求，以实现社区的可持续发展为目标，集观光、娱乐、求知等为一体的多形式、多层次的可持续旅游发展形式。土著知识旅游开发能够在一定程度上解决社区参与旅游开发的难题，理由在于，土著知识作为生存经验的总结，强烈的地域性决定了其产权的归属、适用的空间范围和主体人群类别，而且有些土著知识仅存于个别的个人或家庭中，其产权更加的明确，这就为社区参与旅游提供了有力的砝码。居民可以将自己掌握的土著知识作为博弈的资本，维护自己的合法权益。

（三）土著知识旅游的社会及生态价值

土著知识与地域的自然环境和人文环境具有较好的适应性，且作为一种基本的生活经验，社区往往会有自觉的保护意识。但仅靠自觉进行保护是远远不够的，对土著知识的保护还需要有动力。一个人的自觉保护行为总是由其内在的动力所驱动，保护动力往往与保护者的切身利益，尤其是经济利益息息相关。土著知识旅游对社区的影响不仅仅体现在经济方面，更体现在由经济利益所引发的生态与文化保护两方面。首先，土著知识本身处于不断发展和变化中，外来游客携带的现代科学知识会潜移默化地影响当地居民对自身土著知识的价值判断，崇媚现代科学知识，这往往会使其自身土著知识的保护和传承受到一定的影响和冲击。土著知识的旅游价值就体现在一个"土"上，在当下，越是"土"的东西就越有吸引力，尤其是对生态旅游者的吸引力。旅游者，包括生态旅游者对地方土著知识旅游价值的认同，使居民逐渐意识到自身知识所具有的旅游价值和经济价值，并进一步认识到保护土著知识就能保障自己的经济利益。

土著知识保护也就在土著知识旅游开发中找到了经济方面的动力。然而,保护土著知识最持久和核心的动力绝不在此,而在于民族自豪感,即由土著知识多维价值所激发的民族知识认同感。其次,作为一种生存的基本经验,土著知识是居民生存的需要,同时又是获取旅游经济效益的依靠,土著知识的完整性、丰富性程度直接决定了对游客吸引力的强弱,进而影响到社区的切身经济利益。保护和传承土著知识就是保护社区的经济利益,有了经济利益的保障,土著知识的保护和传承就有了最大的和永久的动力(图3-3)。

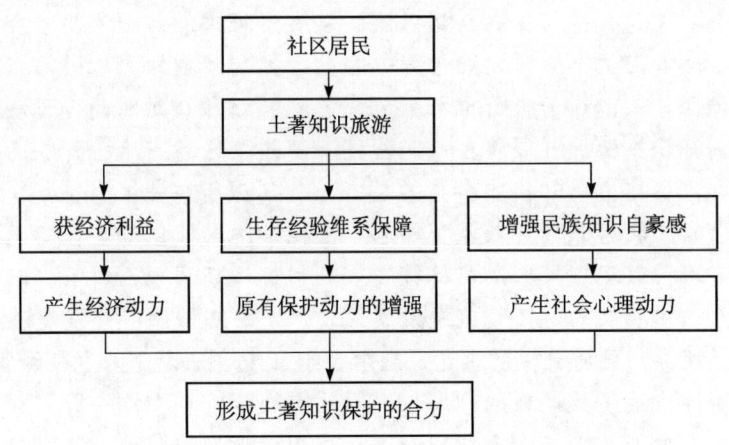

图 3-3 土著知识旅游开发的保护动力机制

(四)土著知识旅游的意义

1. 有利于我国节约型社会的建设

节约型社会提倡充分挖掘和利用现有资源,反对对现有资源过度的破坏性利用,以达到对资源的可持续利用。发展土著知识旅游是符合"可持续发展"基本原则的,为了保护社区的自然环境,维护生态平衡,为了子孙后代,必须尽可能地利用生成于当地的知识与技能,循环利用各种资源。土著知识旅游就是通过挖掘土著知识的潜在旅游功能,以旅游的形式循环利用土著知识,达到资源价值的最大化与可持续发展。

2. 有利于环境友好型社会的建设

环境友好型社会是人与自然和谐发展的社会,通过人与自然的和谐来促进人与人、人与自然的和谐。环境友好型社会要求在全社会形成有利于环境的生产方式、生活方式和消费方式,建立人与自然的良性互动关系,构建经济、社会、环境协调发展的社会体系。土著知识旅游作为一种新的旅游类型,顺应了环境友好型社会的发展趋势，有利于环境友好型社会的建设。首先，有利于对土著知识的认识。土著知识的旅游化利用使人们重新认识土著知识的价值与意义，改变人们对土著知识的既有看法与认知，培育人们的土著知识保护意识。其次，促进资源的新利用。在资源利用方式上，土著知识将不仅仅作为社区的日常生活的必要，还将作为一种新的旅游资源，将改变土著知识对单一主体的服务，实现资源价值的升级。

五、土著知识旅游的符号学解读

（一）旅游研究中的符号学

西方学术界把符号学思想引入旅游研究领域发轫于20世纪70年代[230]。1976年，MacCannell[231]首次提出了旅游的符号意义，他在《旅游者：休闲阶级新论》一书中，借用符号学的理论，利用全新的视角系统地提出了旅游吸引物的结构差异、社会功能、舞台化的本真性、文化标志以及旅游吸引物系统中的象征符号等观点，并指出全世界的旅游者都在阅读着城市和风景文化，因为旅游者把它们当做了符号系统。1981年，Culler[232]发表了《旅游符号学》一文，并把旅游者比喻为"符号军队"，他认为旅游者追求的是异地的不寻常和本真性以及异国文化的符号，旅游者在体验过程中既制造标志和景观之间的联系，也在找寻景观与标志之间的联系。1983年，人类学家Graburn[233]最早提出把符号学理论运用到旅游研究的方法中，认为旅游研究就是要分析它的符号内涵与文化意义。1992年，Brown[234]从营销学的角度解释了旅游目的地体验的符号性和旅游消费的符号性，认为旅游业促销的目标就是要用恰当的符号系统来展现各种能够象征身份和社会地位的体验。

随着旅游符号学研究热潮的蔓延，国内学界也开始一系列的相关研究。谢彦君和彭丹[235]认为，从旅游体验的内容和手段来看，整个旅游体验过程其实是一个符号的解读过程；王宁[236]探讨了旅游行为的符号意义，并对消费的符号性和消费的文化意义进行了分析；彭兆荣[237]在《旅游人类学》一书中，探讨了旅游景观的符号价值、旅游标识物符号系统、酒店的符号价值、艺术品符号以及旅游景点的空间结构等，马晓京[238]研究了旅游商品的符号价值，指出旅游商品就是一种符号；周常春和唐雪琼[239]对国外将符号学方法与内容分析法应用于旅游手册的研究成果进行了介绍；何兰萍[240]基于鲍德里亚的符号学理论，探讨了旅游的符号性；董培海等[241]探讨了旅游产品的符号价值；吕文艺等[242]对旅游符号经济及其运行机理作出了分析和研究。

（二）符号学理论概述

20世纪60年代，当代符号学几乎同时兴起于法国、美国和苏联[243]。其后，符号学思想在全世界不断蔓延，并逐渐形成了统一的学术运动。然而可叹的是，符号学理论虽被很多学科借用，尤其广泛地运用于社会学科，但是至今人们还没对符号学的性质、范围和方法有统一的或是明确的认识，甚至出现了对符号学持反对意见的态度和看法。正如德国符号学家艾施巴赫[244]所言，符号学处于危机状态，如果这一危机不克服，符号学将迅速退化为批评家们讥讽的时髦语，这些套语将在学术方式变化时默默消失。国内学者王德胜[245]也指出，"符号学是20世纪以来为人们所广泛研究又最具争议的一个领域。它是一门科学、一场运动、一种时尚或革命，或仅是一个纲领、一个学说？由于人们从不同角度出发研究不同领域中的符号，因而得出了各不相同的回答，以致在符号学研究中达到这样一种程度：人人都自认为是在研究符号学，人人都认为存在一个名为'符号学'中央的学科，但对于符号学的性质如何、它的疆界范围有多大以及包含哪些内容等，又都有各不相同的看法"。

符号是人类认知、思维和表达、交流的重要工具，也是文化的重要组成部分。从来源看，符号学主要起源于语义学、逻辑学、修辞学和解释学。作为符号，每个事物的意义都可以被划分为"能指"（signifier）和"所指"（signified）两个方面。借用罗兰·巴尔特[246]（Roland Barthes）的话，"能指面构成表达面，所指面则构成内容面"。符号学创始人、瑞士的语言学家索绪尔[247]（Ferdinand de Saussure）注意到，语言能指（词形、语音）与所指（词义、概念）之间有一种任意性关系，尽管这种任意性并不属于语言使用者个体。确如其言，符号学中的"能指"与"所指"之间并不存在绝对的对应关系，更多呈现的是两者之间极为复杂的互换关系。同时，也需要注意，"能指"与"所指"之间的对应关系受到社会价值观的极大影响。随着人类认识的增长，收入的逐渐提高，消费者的需求已经从过去简单的衣食住行的满足逐渐上升到凸显个性、情感等的消费方式。消费者购买产品的标准也随即发生了改变，产品的实用性对消费者购买决策的影响力逐渐下降，人们更加重视产品是否具有符合自身或社会整体价值观以及生活风格的象征意义。简而言之，在体验消费中，消费者对产品的符号价值极为关注，人类已经进入符号消费的时代，即消费者在选择与消费商品的过程中，所追求的并非商品物理意义上的使用价值，而是商品所包含的附加性的、能够为消费者提供声望和表现其个性、特征、社会地位以及权力等带有一定象征性的概念和意义[248]。鲍德里亚（Baudrillard）[249]也指出，人们消费的对象不是物而是其所代表的符号意义，任何商品化消费都成为消费者社会心理实现和标示其社会地位、文化品位、区别生活水准高下的文化符号。不置可否,虽然符号学理论呈现出极其繁荣的景象,但索绪尔的语言符号学和皮尔斯的符号学理论几乎已经涵盖了人类符号活动的两种重要内容,即意指和交流、认知与思维。我们现对二者的符号学理论进行扼要的介绍。

1. 索绪尔的语言符号学理论

索绪尔的语言符号学理论以康德(Kant)的先验主义哲学和结构主义思想为基础,属于人本主义思潮,在人类的认知、思维表达和交流中,着重研究表达和交流,其特点是结构性和社会性,而且其符号学中的符号具有任意性,即"所指"和"能指"的非理据性和社会约定性。一般看来,索绪尔的符号学理论的主要论点包括如下几点:首先,符号的双面结构,即"所指"和"能指"。针对符号学,索绪尔曾作过形象的比喻,他认为符号学就像一张纸的两面,思想是正面,声音是反面,即符号学是由概念和声音形象构成的双面心理实体。当人们说出某个词汇的时候,听见的人就会在脑海中生成一个关于声音的形象,并同时联想到声音所代表的概念。索绪尔用"所指"(概念)和"能指"(声音)这两个术语分别表示符号学的两个构成面(图3-4)。其次,"能指"是一个心理概念。索绪尔认为,"能指"即声音形象并不是一个词的声音或是一个纯粹的物质,而是一个特定的心理抽象标志,或是心理印象,是声音留给人们的感觉印迹,而"概念"也就是"意义"。最后,"能指"和"所指"是任意的,约定俗成的。只有当"能指"和"所指"结合起来,并代表一定的意义时,符号才能得以生成,而且两者间的关系是任意的,只有根据社会契约结合起来才能成为一个符号。

$$符号\begin{cases}所指(概念)\\能指(声音形象)\end{cases}$$

图 3-4 索绪尔符号学中的三个概念:符号、所指和能指

2. 皮尔斯的哲学符号学理论

皮尔斯(Peirce)的哲学符号学理论的使用范围并不仅仅限于语言学,而是研究一切事物意指作用的科学,并以实用主义哲学、范畴论和逻辑学为基础,属于科学主义思潮,着重研究认知、思维,其特点是科学的和认知的,而且其符号学中的符号具有相似性,即"所指"和"能指"对象间的相似关系。皮尔斯的符号学理论最突出的特点即是"解释者",这说明符号的代表物并不能完全代表对象的意义,还必须认知者加以解释。也就是说,符号所代表的意义要根据认知者自身的心理语境,或是在具体的情境中才能够得到解释。简而言之,

一个符号或代表物是在某方面和以某种身份向某人代表某物。

除了索绪尔和皮尔斯之外,还有很多知名的符号学研究者。诸如雅各布森(Jacobsen)、鲍德里亚(Baudrillard)、罗兰·巴尔特(Roland Barthes)、格雷玛斯(Greimas)、莫里斯(Morris)等,在此不作论述。

(三)基于符号学理论的土著知识解读

符号具有其原始意义,在文化生活中,人们又会赋予新的意义,而后者所包含的意义是要经过社会约定俗成的过程,才能成为全社会人们所理解的符号意义,才能为大多数人所认同,让人辨别出它和其他文化价值观互动所形成的衍生关系[250]。所以,应当从符号学的角度来理解土著知识。所有土著知识与其他文化要素一样都可以视为"符号"。因此,应将土著知识作为理解与体验的对象,而非一般意义的旅游消费对象来看待。这也是土著知识可以作为旅游资源的基本特征之一。按照符号学的观点,一个符号本身主要是为了指示或是说明另一事物而被设立的。因此也不难理解,土著知识本身并不是作为专门的符号而被创造出来的,只是因为其不可避免地承载了大量的历史信息与意义而在当下成了一种全新的符号。在旅游中,游客对土著知识旅游资源的向往或是参与土著知识旅游活动,主要是消费土著知识本身所负载的内容或意义,满足游客对其含义的理解和体验。对居住在都市的人们而言,热带季雨林山地的景观和原住民族的生活是充满魅力和诱惑的[251]。

1. 土著知识的符号性

著名的德国文化哲学家恩斯特·卡西尔(Ernst Cassirer)曾说过:"正是这种劳作,正是这种人类活动的体系,规定和划定了'人性'的圆圈。语言、神话、宗教、艺术、科学、历史等都是这个圆圈的组成部分和各个扇面。""但是,所有这些文化形式都是符号形式。因此,我们应当把人定义为符号的动物(animal symbolicum)来取代把人定义为理性的动物。只有这样,我们才能指明人的独特之处,也才能理解对人开放的新路——通向文化之路。"换句话说,人是符号的动物,其所创造的文化也是一种独特的符号。土著知识作为地域文化的重要构成要素,自然也具有了符号性。要了解土著知识的符号性,我们需要从以下三方面予以把握:

1)土著知识的符号内容在历史中沉淀并在时代发展的过程中更新

土著知识是土著族群或是特定地域的人类为了生存与发展的需要,与自身生态环境长期互动的产物,是一种历史的创造物。土著族群或是土著知识主体的日常生活中虽然还保留着许多"原生"的土著知识成分,但土著知识并非一成不变。随着生态环境的变化与族群文化间的不断扩散与交融，很多的土著知识都不可避免地要在某种程度上作出改变，甚至丧失其原有的内涵，并被赋予崭新的意义。也就是说，土著知识可以在其能指的层面上继续存在，但其形式已经在不同程度上从原有的象征关系中脱离出来，成为能够被赋予审美内容、艺术价值、历史价值、生态价值等的全新形式。在社会进程中，土著知识虽仍对其主体的生产与生活具有重要的实用价值和意义，但土著知识对其主体以外的人群却具有了实用性以外的价值，即符号价值。

2）土著知识的符号象征、价值和意义与社会发展存在共时性，是对主体某种缺失感的弥补

在旅游的世界里，只有当某事物与社会基本的价值观或伦理道德相适应，并被其主体以外的人审视，进而在被看做富有个性和特色的条件下，才可以为人们所接受，才真正地具有了旅游意义上的"符号意义"。土著知识符号象征、价值与意义的认可也是社会发展的结果。对土著知识主体而言，土著知识本身的价值和意义并没有太大的变化，其实用性的功能依然存在。但在社会发展的历程中，土著知识作为具有独特特色的符号，呈现在"外来者"或是土著知识主体眼中的"他者"面前时，他们难以避免地会按照自己的文化背景和心理个性与期待对土著知识作出自己的主观解读与体认，即使其解读的结果与土著知识本身相距千里。而且，需要注意的是，"外来者"对土著知识的解读往往表现为对自身某种缺失的弥补，即"外来者"所缺失的即是土著知识所具有的。例如，随着现代化进程的加速，城市病不断凸显，生态环境遭受了极大的破坏，人们的生活充满了混沌。当土著知识呈现在眼前时，他们很可能更关注"土著"二字，并把它想象成充满了原生态的和谐世界。在此，"土著"便具有了"和谐"、"原生态"等符号价值与意义。

3）土著知识与符号消费的时代背景具有契合关系

著名的人类学家吉尔兹（Geertz）认为，文化是使用各种符号来表达的一套世代相传的概念，人们凭借这些符号可以交流、延续并发展他们有关生活的知识和对待生活的态度。土著知识是地域文化系统中的理性部分，是地域文化系统的精华，通过族群间世代的口传心授得到不断的传承，并与族群的生存与发展存在着极为密切的关系。土著知识是当地族群的象征，蕴藏着特定族群古老的生命记忆，是活态的族群文化基因，体现着一个族群的精神、情感、认知、个性，是族群"活态"的文化符号。随着科学技术的发展与现代化进程的加速，许多土著知识都面临消亡的危险，土著知识的稀缺性不断凸显；恰恰也是因为土著知识的稀缺性，才使其具有了经济价值增值的可能，并成为最能体现地域文化特色的旅游资源。土著知识旅游也就成为最能体现旅游者个性的独特旅游方式。

2. 土著知识的符号价值表征

"要成为消费的对象，物品必须成为符号，也就是外在于一个它只作为意义指涉的关系。"[247] "在消费主义社会，物或商品不仅具有使用价值和交换价值，而且还具有第三种价值，即符号价值。它是指商品作为一个符号被消费时不是根据该物的成本或劳动价值来计算，而是按照其所代表的社会、权力和其他因素来计价的。"[252] 具体而言，一个商品之所以能够吸引消费者关注，关键在于作为商品的"物"所带有的符号意义是什么？当物所代表的符号意义与主体的需求存在契合关系时，其所具有的符号价值也就越大。土著知识之所以能够对旅游市场产生吸引力，也正是源于土著所带有的丰富符号意义。

1）土著知识旅游的隐喻

现代化的渗透与深入，引发了所谓的"城市病"，进而导致了麦肯内尔（Mac Cannel）所指出的人类群体对现代社会的"疏离感"。现代化进程与人类的"疏离感"之间呈现了正向的关系，即现代化越发展，人类的"疏离感"也变得越强烈，逃离或是摆脱"疏离感"的欲望与冲动也在瞬间强化。失落于都市，人们渴望从"前现代"的社会中寻求治愈现代化创伤的"药方"，寻回遁世已久的精神家园。渴望"回到"过去，并找到"真实"，以弥补自己的内心空洞。人们总是希望追溯这些古老的传统，放慢生命过程的"脚步"，寻求一种"最为可靠的、有据可循"的心理状态。土著在当下的符号消费时代具有多元化的符号象征与指向，隐喻着"更真实的"、"更生态的"、"更历史的"、"更传统的"、"更文化的"以及"神秘的"、"特异的"，等等。

2）土著知识对旅游者个体的意义

"体验就是主体带有强烈色彩的活生生的对生命之价值与意义的感性把握。"[253] 根据马斯洛（Maslow）的需求层次理论，人类最根本的需求在于自我的实现。通过旅游，人们往往能够获得某种归属感和认同感；通过旅游，人们可以赢得别人的尊重和认可。而且，旅游不仅是获得审美享受和增长见识的途径，也是主体发现自我、认识自我、表现自我和实现自我的一种方式。对土著知识的旅游消费可以彰显旅游者的个性。

六、土著知识旅游与社区参与

作为主要的利益相关者，在区域生态旅游发展中，目的地居民正逐步被视为旅游产品的核心，社区居民的支持对旅游业的成功开发具有举足轻重的意义。[254] 土著知识旅游作为区域生态旅游的重要组成部分，且土著知识作为一种意识形态的存在，必然依附于其所属主体，即土著居民。因此，要真正实现对土著知识的旅游开发，社区居民作为资源所有者和旅游资源构成要素无法"缺席"，社区参与也就变得顺理成章。

（一）社区参与旅游研究概述

社区参与旅游理论的产生具有其宏观的时代背景，即在大众旅游的过程中，旅游目的地的环境、文化等受到了旅游者极大的冲击与破坏，且社区居民作为旅游目的地的主体，时常作为开发的客体，不仅需要承担旅游的消极影响，且其利益难以保证。正是在常规旅游开发理念受到质疑的背景下，社区参与旅游孕育而生。社区参与是体现社区因素和居民意志的有效机制，包括了旅游规划、旅游经济活动、环境保护以及社会文化维护等方面的内容[255]。与传统的旅游开发理念相比，社区参与旅游更强调社区作为旅游规划和管理的核心，是一种新型的旅游发展模式和开发理念[256]。但社区参与旅游并非绝对完美。黎洁和赵西萍[257]认为，虽然社区参与旅游是一种有别于传统方法的政治决策过程，但这一过程并不能直接地、自动地给社区居民带来额外的收益。刘纬华[258]也指出，在实际中，除通过参与经济活动获取收入以外，由于民主意识淡薄、经济发展落后、知识水平有限和参与意识不足等多方面的原因，社区居民参与的程度受到了制约。

社区参与旅游在旅游研究和旅游规划中，经历了"从缺失到凸显"的过程[259]。自1985年墨菲（Muphy）在其著作《旅游：社区方法》一书中提出了"社区参与"的概念，学界开始从社区的角度研究和把握旅游[260]。从20世纪70年代，西方学者开始关注旅游对社区的影响，并对社区参与生态旅游进行了探讨，到90年代初，形成了关于社区参与旅游研究的高潮。进入20世纪90年代以后，国外对社区参与旅游的研究进一步增强，《旅游研究记事》（*Annal of Tourism Research*）、《旅游管理》（*Tourism Management*）都开辟了专辑对社区参与旅游进行讨论[261]。作为一种重要的旅游开发理念，社区参与旅游得到了国内外旅游学界极大的关注，但国内外关于社区参与旅游发展理念的研究尚处于初始阶段，理论还不成熟，研究的案例主要集中于发展中或是欠发达国家和地区的旅游目的地[262]。Petty[263]根据动机、方式等特征的不同，将社区参与划分为七种形式，从操作性参与（manipulative participation）到自发参与（self mobilization）等。1997年，世界旅游组织、世界旅游理事会（WTTC）与地球理事会（Earth Counil）颁布了《关于旅游业的21世纪议程》，明确提出将居民作为旅游业发展的关怀对象，并把社区参与作为旅游可持续发展的重要内容和环节[264]。社区参与是实现旅游可持续发展的关键要素，其在旅游业发展中的主体地位已经得到中外旅游研究界的普遍认同。但也有学者提出异议,认为社区参与旅游理念根植于西方文明,是西方民主政治的体现,是西方经济社会发展到一定阶段的产物,它源于西方公众参与理念,是公众参与理念在社区层面的实践,因此,对发达国家的社区旅游发展具有很好的指导意义,但是在很多发展中国家,社区在参与旅游发展的过程中,存在系列的操作障碍、结构障碍和文化障碍[265]。

(二)土著知识旅游社区参与的必要性

社区参与旅游开发已经得到了旅游学界的共识,大家都主张发展基于本地社区的旅游,这样不仅可以确保社区居民对旅游发展决策具有掌握权,也有利于旅游地的可持续发展。必须认识到,本地的社区居民作为土著知识的拥有者和传承者,是土著知识旅游资源的重要组成部分,也是土著知识旅游产品的有机构件。因此,社区居民应该得到应有的尊重,他们的想法、意见和建议必须得到旅游经营者的足够重视。这样做,一方面可以有效地强化土著知识旅游的魅力,增强土著知识旅游的体验性、参与性、认知性和丰富性;另一方面可以减少土著知识旅游对旅游地产生的负面社会影响。毕竟,如果社区居民能够自主决策自己的发展,那么他们就不会对旅游开发持反对或是批评的态度,对旅游开发所带来的不利影响也会有更高的容忍程度。土著知识旅游离不开社区参与,脱离社区参与的土著知识旅游不仅无法顺利展开,也背离了世界旅游组织的相关规定,不利于旅游区旅游业的可持续发展。首先,社区族群不仅是土著知识的传承者和保护者,同时也是旅游区重要的旅游资源;其次,土著知识具有非物质文化遗产属性,离开族群的支持与参与,土著知识的价值将很难被游客所认知和了解,土著知识旅游也将大打折扣,甚至趋于肤浅与虚伪;再次,世界旅游组织已明确规定,旅游区开发必须注重社区参与;最后,注重社区参与是旅游效益得以实现的基础与保障。

(三)土著知识旅游社区参与的内容

要实现土著知识旅游的经济、社会、文化和环境四大效益,就必须考虑土著社区居民的切身利益。在开发和利用土著知识的同时,促进社区经济的发展、环境的保护以及土著社区的全面进步和土著知识价值的传承。关于土著知识旅游社区参与的内容不外乎参与旅游发展决策、参与旅游开发所带来的利益分配和参与有关旅游知识或是技能的培训等。

1. 参与旅游发展决策

依据可持续发展理念，土著知识旅游地的开发要同时考虑代际公平和代内公平两个方面，即为所有社区居民（包括代际与代内）提供获得物质环境利益和社会文化利益的公平机会。土著知识旅游地的开发不仅仅是为了满足游客对土著知识的好奇心、使其获得精神世界的满足和生产能力的提高，也不仅仅为了地方政府税收的增加、旅游经营者利润的上升等，还要为社区居民带来系列的利益，包括经济、社会、环境等方面的利益，共同促进土著知识旅游的健康、持续发展。另外，根据对旅游资源内涵的科学把握，即除了自然景观和人文景观，社区的居民同样也是旅游资源的重要组成部分，尤其在非物质类旅游资源开发地扮演着积极重要的角色。国内外大量的相关研究已经表明，若能够在旅游开发中充分考虑并保障社区居民的利益，社区将会积极支持旅游开发，反之，则会对旅游开发产生消极影响。因此，在土著知识旅游开发中授权社区居民自主决定旅游发展目标，倾听社区居民对旅游发展的意见及建议是十分必要的。

参与旅游发展决策的制定意味着社区居民可以有机会就发展土著知识旅游表达他们的希望、意愿和担心。同时，由于土著知识的非物质性，社区居民可以利用自己所掌握的技巧和经验为土著知识旅游的开发提供强有力的支撑，从而取得与旅游开发商博弈的资本，并取得在旅游的组织与管理过程中拥有实际意义的发言权和参与权。更为确切地讲，土著知识旅游开发必须有社区居民的参与，必须与社区居民保持密切的联系，因为土著知识是社区居民长期的经验总结与智慧结晶，是社区居民的历史创造。况且，旅游开发或多或少都会带来一定的环境影响，为改善旅游开发所造成的环境破坏，旅游开发商必须非常重视吸取土著居民的生态知识和环境管理措施。毕竟，土著居民"世居"于特定的环境，他们所总结的地方性生态知识与环境管理措施往往会比普同性的知识或技术更加有效。在土著居民的意识里，他们并不认为自己与自然环境是截然分开的，而是认为彼此是相互关联的密切共同体，而且土著居民往往能够与自然环境和谐相处，其各种生活与生产方式都是具有可持续发展的资源管理方式。

就土著知识旅游地而言，社区居民参与旅游规划可以使本地社区有机会表达自己对土著知识保护以及向游客展示的具体方式的看法和意见。在选择把哪些土著知识开辟为旅游资源，哪些不应该向旅游者开放等方面，应该充分尊重土著社区的意愿，允许他们有足够的发言权，尤其是面对信仰类的土著知识体系，或是具有私密性的或保密性的土著知识时显得更加重要。能够让本地居民自己来决定如何向外界展示土著知识以及如何展示、展示哪些等现实问题，有助于培养土著社区的"文化自觉"，形成社区自豪感以及主人翁的地位。

2. 参与利益的分配

参与旅游利益的分配与参与旅游开发决策相辅相成。如果社区居民有机会参与到旅游开发的决策过程中，且参与的层面和程度有较大保障，其利益就能得到很好的保证。其利益主要包括：增加社区居民就业的机会；保证社区居民优先被雇佣的权利；旅游商品销售点优惠租赁；旅游商品主要由本地提供，采用本地材料等。

3. 参与旅游知识或技能的培训

少数民族的受教育水平相对较低，缺乏从事相关工作必要的知识和技能，参与旅游开发的能力较弱。为确保社区旅游的健康、持续发展，必须对社区居民进行相关的旅游知识与技能培训。一方面，由当地的旅游行政管理部门或行业协会牵头实施，其目的是为了提高社区居民的旅游开发意识；另一方面，为增强社区居民在区域旅游开发中的生存能力和技能水平而进行培训，如旅游服务接待、旅游经营方式等。

社区参与型生态旅游的增收效应

社区参与型生态农业旅游根据地区自然及人文等条件的差异，具有很多具体的实践形式。在城镇附近的山地丘陵地区适合布局以农家乐为主要旅游接待点、农家庭院及生态农业园为主要游览区的开发模式，这种模式具有促进农村产业生态化、产业多样化；推动农村新兴产业发展；增加农民收入、确保农村持续健康发展；改善农村环境（包括自然环境与基础设施等）、提高农村人口生活质量的综合效用；是将英国国际发展局（DFID）提出的"有利于贫困人口发展的旅游"概念应用于我国实际情况的良好途径，对于农村乃至整个地区都具有明显的增效增收作用。

苏州树山村位于苏州市西郊，在该地区社区参与型农业生态旅游项目开发上，企业和政府始终秉持"因地制宜，铸造品牌"的经营理念，走出了一条具有树山特色的技术路线。"因地制宜"即以保护和修复现有的自然生态、历史文化资源为基础，将乡村旅游与文化旅游紧密结合，以"生态、科技、景观"为主题，展现出生态村"幽、秀、野"的景观风貌。根据树山生态村的地形及资源分布情况，其旅游开发分为三大功能区域：一是以南部生态绿谷和山坞保护性开发的主题观光度假区,其按坡度布置了山顶水保林带、生物隔离带,并搭建了木栈道,形成高低起伏错落的良好景观外貌;二是以中部生态花果林为核心的农事体验区,在布局上突出茶果间种、春季赏花、夏季品果的旅游特色;三是以花溪景观带和西北部的山水休闲区为核心的现代休闲度假健身区,附有很好的道路系统及景观设计。"铸造品牌"表现在树山特色农产品以及对乐活(LOHAS)生活方式的诉求两个方面。逐步形成了以树山杨梅、茶叶和翠冠梨三大特色名牌农产品为核心的生态农业产业链。在树山生态村的开发建设过程中,政府和企业逐渐引入了 LOHAS 理念,即健康可持续的生活方式,既迎合了城市中人们对近郊原生态旅游的需求,提升了树山知名度,又带动了树山产品、树山文化价值的增长。在社区参与机制方面,树山村主要具备以下几个特点:①生态旅游区农家乐建设;②公司与农户相结合的模式;③生态旅游社区农户培训。2003~2007 年,苏州市农民人均纯收入从 6750 元增加到 10 475 元,增长了 155%;树山村人均纯收入从 8000 元增加到 15 000 元,增长了 188%,比苏州市平均水平高出 33 个百分点,2009 年更达到 19 000 元,增长了 2.375 倍。因此,无论从绝对量还是从增长率方面考察,树山村农民纯收入的增加都要远远高于苏州市农民人均纯收入水平。社区参与型生态旅游项目还在农业科技进步以及环境和基础设施改善等方面表现出了比较明显的增收效用。首先,先后承担了市区各级政府的相关科技攻关示范项目,如丘陵茶园节水灌溉示范项目、水土保持示范项目、梨茶间种示范项目、绿茶标准化不落地生产示范项目等,并且先后建成了果品挑选车间、冷藏库和标准化茶叶加工厂厂房。通过这些项目的建设,农业高新科技得到了很好的示范和推广,通过引领农户采用新型种植技术和田间管理方法,不仅使树山特色农产品增产增收,更重要的是,大大减少了农药化肥的使用,提升了农产品品质,真正达到了节能环保增收增效的目的,契合了 LOHAS 的生活理念。其次,是对环境的改善效用,在进行生态旅游开发的同时,疏通了河道,清理了沟渠和池塘,完善了灌溉排水设施,建立了水土保持体系,增修了森林防火带和生物隔离带,复绿了因采石产生的宕口……再次,是对资源利用的改善效用,主要表现在对荒废土地资源的有效利用方面。同时,也增加了当地就业岗位,增加了农民的收入渠道,有利于农村剩余劳动力向非农产业的转移。

资料来源:唐燚,杨扬.2010-02-08.http://news.xinhuanet.com/theory/2010-02/08/content12954726.htm

七、与土著知识旅游相关的几个概念辨析

（一）土著知识旅游与文化旅游

虽然关于文化的界定有上百种之多，但保罗（Paul）和格雷泽（Glazer）[266]认为，英国人类学创始人、著名人类学家爱德华·泰勒（Edward Tylor）对文化下的经典定义是"唯一一个能够为大多数人类学家所正确引用的，也是当其他定义被证明太过麻烦的时候人类学家可以回头求助的定义"。根据爱德华·泰勒的定义，"文化或者文明，就其广泛的民族学意义而言，是指这样一个复合整体，它包括了知识、信仰、艺术、道德、法律、习俗以及作为一个社会成员的人所习得的其他一切能力和习惯"。可见，文化是一个包罗万象的指代，也涵盖了知识的成分和要素。

关于文化旅游的概念，王明星[267]认为，文化旅游，狭义而言是指旅游者作为旅游主体，借助旅游中介和旅游目的地等外部条件，通过对信仰、精神、知识、艺术、语言、风俗、习惯、历史、传说和自然遗产、人文遗产等旅游客体的某一类或几类旅游资源的观赏、鉴赏、体验和感悟，从而得到一种文化享受和收获的旅游活动。马勇和舒伯阳[268]认为，文化旅游是以旅游文化为消费产品，旅游者用自己的审美情趣，通过艺术的审美和历史的回顾，得到全方位的精神上与文化上的享受一种旅游活动。郭丽华[135]将文化旅游定义为通过旅游实现感知、了解、体察人类文化具体内容之目的的行为过程。李巧玲[269]认为，文化旅游是旅游者为实现特殊的文化感受，对旅游资源文化内涵进行深入体验，从而得到全方位的精神和文化享受的一种旅游类型。张晓萍[270]认为，文化旅游是以参观或研究某种或某几种文化现象为主要目标所开展的一系列旅游活动。例如，把文化科学考察、参观名胜古迹以及民俗民风的田野考察等多层面的文化活动与旅游活动结合在一起，既达到文化研究的目的，又获得一定的旅游愉悦和享受。冯骥才[271]则直接指出，深度旅游就是文化旅游。除此以外，还有刘玉和杨达源[272]、王远坤[273]等学者都立足于自己的认识与研究的需要，对文化旅游作出了自己的界定。概而言之，文化旅游就如文化的概念一样是个抽象的概念，并没有人能够正确地了解其具体的对象与指向。文化旅游既可以指代一个概念、一种旅游产品，也可以是一种旅游活动、一种体验行为。因此，大家所标榜的文化旅游是笼统的，没有明确指向的，文化旅游存在明显的"以点盖面"现象，更多的只是选择地域文化系统中的某些显在要素，诸如民俗、饮食、节庆等进行开发。而这也正是文化旅游的吸引力所在——"没有人知道它是什

么，因此大家都希望明白它到底是什么"。

相较于文化旅游的无所不包和无所不在，土著知识旅游显得更为的明确与清晰。首先，土著知识旅游具有明确的主体或客体限制，即土著知识旅游依赖的是土著族群创造的知识或是特定区域土生土长的知识；其次，土著知识旅游具有明确的消费指向，即地域文化系统中的知识要素。

（二）土著知识旅游与遗产旅游

关于遗产旅游的概念，陈勇[274]曾作过归纳和总结：Fyall 和 Garrord[275]把遗产旅游定义为一种利用社会文化资源吸引旅游者的经济行为；Hollinshead[276,277]认为，当地传统和社区遗产能够成为吸引物，遗产旅游利用民间传统、艺术和手工艺、民族历史、社会习俗和文化仪式；Poria 等[278,279]认为，遗产旅游是一种基于观光者动机和感知而不是特定场所属性的现象；Zeppel 和 Hall[280]也强调了旅游者的动机，把遗产旅游看做基于怀旧情绪和希望体验多样化文化的景观和形式；Fisher[281]认为，遗产旅游的重要属性是原真性，或者说至少是对原真性的感知；对遗产旅游的发展而言，关注原真性是一个基本原则。

所谓遗产，即是先辈传承或是留给后代的有意义的事项。知识和经济层面的提升使得遗产一词的含义不仅是指具有历史意义的自然环境和人文环境，而且还涵盖物质文化的所有范畴、知识遗产（intellectual inheritances）和文化认同。土著知识具有遗产属性，更确切地说是一种"知识遗产"，因此，土著知识旅游也可归入遗产旅游的范畴，只是其有严格的主体和客体制约，即只能是土著族群或是特定地域内的知识类遗产。

（三）土著知识旅游与生态旅游

土著知识旅游与生态旅游主要在如下方面存在关系。首先，类似的旅游目的地。土著知识旅游与生态旅游的发展都依赖于相对原始的、极少受到人类破坏与干扰的自然环境。其次，类似的吸引物。生态旅游与土著知识旅游具有类似的吸引物，即近乎原始的自然环境与独特的文化。最后，土著知识可作为生态旅游环境教育的内容。生态旅游具有环境保护教育的内容，土著知识作为地域族群与特定环境互动的产物，其中包含了大量的土著生态知识，对社区自然环境的保护起到了积极的作用。因此，在生态旅游开发的过程中，土著知识可作为生态旅游环保教育的内容，教授旅游者该如何保护环境，传授环境保护的知识与技巧等。概而言之，土著知识旅游是深层次的生态旅游，其关爱环境，注重天人合一与旅游体验，并要求获取知识（表3-2）。

表 3-2　国内外关于生态旅游概念的代表性界定

国外生态旅游定义	国内生态旅游定义
谢贝洛斯·拉斯喀瑞[114] 生态旅游是带有研究、欣赏和品味自然风光、野生生物及当地文化特征的目的，去往相对没有被污染或破坏的自然区域的旅行活动	卢云亭[286] 生态旅游是以生态学原理为指针，以生态环境和自然资源为取向所展开的一种既能获得社会经济效益，又能促进生态环境保护的边缘性生态工程和旅游活动
Wight[282] 生态旅游是带有理解文化和环境的自然历史的目的去自然区域旅行，尽量不改变生态系统的完整性，同时提供经济机会，使对自然资源的保护有利于当地居民	王尔康[287] 生态旅游是人们以享受大自然和了解大自然为目的而进行的一种旅游活动，通过这种旅游活动可以使人们更加热爱大自然和更自觉地保护大自然
世界旅游组织[283] 生态旅游是以生态为基础的旅游，是专项自然旅游的一种形式。强调组织小规模旅游团(者)参观自然保护区，或者具有传统文化吸引力的地方	杨开忠等[288] 生态旅游既要满足游客对回归自然的需要又要保护好自然，因而它不是一般的自然旅游，而是可持续的关注地方文化的自然旅游，是自然旅游与可持续旅游的交集
Sasidharan[284] 生态旅游是旅游者到具有优美自然景色和丰富历史文化遗产以及相关未受干扰的自然地区了解和欣赏目的地的自然和社会文化的一种非消费性、教育性和浪漫的旅游形式	郭舒[289] 生态旅游是指旅游者在追求生态体验的同时承担生态责任的一种旅游活动
Herathe[285] 生态旅游是一种减轻大众旅游不利的生态和社会影响，并通过整合自然保护环境教育和旅游目的地社会的福利事业，促进可持续发展的旅游	赵新民[290] 生态旅游作为一种旅游形式，在满足游客需要的同时，必须使旅游者及其旅游业对生态环境的影响是积极的，即真正意义上的生态旅游参与者应该是具有环保意识和环保行为

（四）土著知识旅游与民族文化旅游

自1997年Smith提出民族旅游以来，国际上掀起了关于民族旅游（ethnic tourism）研究的热潮。民族旅游在国外也被称为aboriginal tourism[291]或indigenous tourism[292]。关于民族旅游的国内外代表性定义（表3-3）。由表3-3可知，国内的民族旅游指的是少数民族文化旅游，其指向的是少数民族群体；国外的民族旅游的指向则是主体民族以外的其他族群的文化。从主体的规定来看，土著是一种特殊的少数民族，因此，少数民族的传统文化也构成了土著知识旅游的核心内涵。但从客体的规定来看，一切产生于特定生态环境中的知识都可以称为土著知识，并没有类似土著或是少数民族之类的主体限制。简而言之，土著知识旅游是民族旅游的重要组成部分，但二者并不完全重合。

表 3-3　国内外关于民族旅游概念的代表性界定

国内民族旅游定义	国外民族旅游定义
谢世忠[293] 民族旅游，亦称异族观光，就是指到一个与自己文化、种族、语言或风俗习惯相异的社区或展示点参观他们，民族旅游除了看风景，更是把人当做重要的目的	Smith[298] 民族旅游就是把古雅的土著风俗与土著居民包装成旅游商品以满足旅游者的消费需求
潘盛之[294] 民族旅游是将游客和旅游对象分处于两种以上不同文化氛围之下的旅游活动	Butler 和 Hinch[299] 原住民观光（aboriginal turism）是一种以资源为基础的观光形式，以原住民文化为主要的观光吸引力，在研究类型上常被称为"异族观光"（ethnic tourism）
马晓京[295] 民族旅游是把古朴的土著习俗以及土著居民包装成旅游商品，以满足旅游者消费需求，是以少数民族文化为特色的观赏、娱乐、商品及服务	Smith[300] 民族旅游主要是以土著居民的奇特网络来吸引外国或外面的游客
光映炯[296] 民族旅游是旅游者通过对某一民族的独特文化或生活方式的参与、观察与体验，来实现审美需求的过程。民族旅游的本质也相应地体现为一种族际的交流或一种跨文化的观察与体验	Cohen[301,302] 民族旅游是针对在政治上、社会上不完全属于该国主体民族的人群，由于他们的生态环境或文化特征或独特性的旅游价值而进行的一系列观光旅游
刘晖[297] 民族旅游是游客被异域具有的独特自然生态和民族文化的少数民族所吸引，而前往"异文化"人群去体验异域风情的一种短暂旅游经历	Bruner[303] 民族旅游是外国或本国的旅游者在旅游中可以观察其他民族，这些民族不仅被认为有明显的身份特征、独特的文化和生活方式，而且被贴上种族、少数民族、原始的、乡下农民的标签

第四章
土著知识旅游供给

第四章 土著知识旅游供给

谈及旅游发展，供给是一个无法回避的问题。因此，旅游供给也就成为了中外旅游学界研究的焦点。Jansen 和 Lievois[304]在谈到遗产旅游供给时认为，如果在具体的环境中论述供给，比如说城市地区，那么就可以更为准确地确定供给包括第一类、第二类和第三类要素。其中，第一类要素以景点为核心，包括各类活动场所和休闲环境；第二类要素主要包括一个地区提供的各类服务，如住宿、购物和市场等；第三类要素则是那些把旅游者和景点联系起来的基础设施，如交通、信息等。土著知识旅游资源及其依托开发的产品和相关服务及设施等构成了土著知识旅游的供给。

一、土著知识旅游资源的概念、特征与分类

（一）土著知识旅游资源的概念

所谓旅游资源，是指能激发旅游者的旅游动机，对旅游者具有吸引力，并能在开发后产生经济效益、社会效益和环境效益的自然、社会和文化事物和现象。如何界定土著知识旅游资源？笔者认为，关键要把握以下几个事实。

首先，土著知识旅游资源要能够满足人类对美或愉悦或知识的需求并能对人们产生某种吸引力。任何可作为旅游资源的事物或要素必须具有自身的吸引力，吸引力是旅游资源的基本特征，没有吸引力意味着事物或是要素已经失去了可作为旅游资源的最基本条件。

其次，土著知识旅游资源是非物质文化旅游资源的一种特殊形态。土著知识旅游资源虽看不见、摸不着，但却有巨大的旅游价值。这种资源形态所吸引的往往是具有较高文化修养和丰富想象力的游客，因此需要特殊的开发路径。

再次，土著知识旅游资源作为一种无形的非物质性旅游资源形态，不管是以单体还是以复合体的形式存在，都必须依托于特定的族群及特定的空间环境与物质载体。土著知识旅游资源与物质载体紧密关联，不可分割。土著知识旅游资源会随着传承主体的离世而消失，同样也会随着生存环境的变化而失去适用性，其价值及意义会消逝。

最后，作为一种资源形态，土著知识旅游资源必须具有开发的潜力和空间。与其他的旅游资源类型一样，土著知识旅游资源根据其开发程度的不同也可分为两种：一种是对游客有吸引力，但是尚未进行旅游开发，没有转化为旅游产品的，如很多族群生态保护的知识、农业生产的知识等；另一种是在目前已经得到了初步的开发和利用，而且已经成为某些旅游产品的组成部

分，但是仍有较大的开发潜力的，如楚雄黑井的制盐、丽江纳西族的索玛理酒等。

基于上述认识，土著知识旅游资源可以定义为依附于特定的族群与特定的自然环境并客观地存在于一定的社会形态中，能够吸引游客前往某一特定地域感受与体验，同时又能借助游客实现其价值传播与扩散的各种土著知识。土著知识旅游资源是能够吸引旅游者前往目的地参与土著知识旅游的旅游资源。

土著知识旅游资源具有如下内涵：①土著知识旅游资源是相对于旅游主体而言的，处于旅游客体的位置。因为，土著知识是土著知识旅游活动中显示的客观存在，是旅游主体实践活动和认知活动所指向的对象。②土著知识旅游资源是人工创造的，是特定地域的人群在特定的历史时期生产、生活经验与智慧的结晶，它存在于旅游现象之前。③土著知识旅游资源并不是单一性的专门类旅游资源，而是复合型的专门类旅游资源，其复合程度之大，可以囊括生物资源管理、生产与生活技术等方面。④土著知识之所以能够成为旅游主体的实践对象和认知对象，是因它具备了旅游资源的核心属性，成为了主体的吸引物。⑤土著知识被旅游企业所利用、开发，将产生经济效益、社会效益和环境效益。

（二）土著知识旅游资源的特点

土著知识旅游资源是在自然、历史、文化、社会等因素的共同作用下而形成和发展、积累起来的，是一种极为特殊、稀缺的旅游资源，它具有如下特征。

（1）审美性。旅游是人类高层次的文化活动和综合性的审美实践活动，审美追求是旅游者最为普遍的出游动机。审美性是旅游资源区别于其他资源的首要特征。土著知识旅游资源也不例外。尽管土著知识旅游资源涉及的类别很多，范围甚广，但从审美对象而言，无外乎自然美、社会美和艺术美三大类，各式各样的土著知识旅游资源无不体现或表现出这三种美。土著知识旅游资源的审美性最为突出地表现在它的和谐美上，土著知识是特定区域、特定民族生产、生活的真实反映和本来面目，是人们适应自然的结晶。在特定的时空领域，人与自然天人合一，构筑了和谐、统一的胜景。

（2）区域性。土著知识旅游资源在空间分布上具有明显的区域特征，即不同的土著知识旅游资源都具有其生存的特殊条件和相应的地理环境。文化生态学和人类生态学认为，人类文化是对生态环境的适应体系，作为文化构成要素的知识自然也不例外。复杂多样的生态环境是丰富多彩的土著知识旅游资源得以生成与生存的基础，同时也是决定旅游者空间流动差异的要素。

(3) 多样性。土著知识旅游资源的多样性与区域性是相辅相成的。不同的地域具有不同的文化特性，也就有了不同的土著知识，即便是同一民族，由于生存环境的不同，也具有相异的土著知识，这使得土著知识旅游资源呈现出异彩纷呈的状况。土著知识旅游资源是一个内涵非常丰富且外延极其广泛的集合概念，任何能够激发土著知识旅游者旅游动机、能够为旅游企业带来效益的事项皆可被认为是土著知识旅游资源。

(4) 综合性。土著知识旅游资源各要素之间是相互依存、相互作用的，共同形成了一个有机的整体，并构成了土著知识旅游的对象和场景。一般来说，一个地区的自然环境要素种类越多、越复杂，所生成的土著知识就越丰富、越奇特，并最终构成"自然环境（基础素材）—土著知识（技巧、经验、技能）—地域景观（成果）"的双向链形模式。

(5) 稀缺性。"越是民族的，越是世界的。"[30]对这句话的经济学解释就是：一个民族的所长、特色，正是其他民族的所短和所缺；"民族的"在"世界的"资源配置中具有稀缺性，凭借这种"民族的"稀缺性，能够在"世界的"资源配置中获得配置效率和市场竞争机会或优势[305]。土著知识不仅作为"地域的"稀缺性，还作为"民族内部"的稀缺性，其在旅游开发中，能够作为一种可供利用的市场资源和群众交往的内在或外在符号，其被看中和强调的部分主要是"地域身份"，即由"地域身份"所代表的"地域特征"。

(6) 易逝性。这里的易逝性包含了两层意思：一是作为与现代科学知识相对的知识体系，土著知识始终处于被侵蚀、被冲击的境地。二是指土著知识旅游资源在开发和利用的过程当中，因种种原因很容易遭受破坏，甚至消失。其主要表现为：一是对某一具体的土著知识旅游资源的开发、利用不当，造成其质量下降、意义丧失和吸引力降低；二是将土著知识旅游资源与特定区域的生态环境相互分离，造成土著知识"失真"，使其不再具有长效性和永续利用的价值。

(7) 真实性。土著知识作为特定区域人群生产、生活经验的总结与结晶，深深关乎他们实际的生存。因此，对土著知识旅游资源的开发是真实生产与生活技术、经验等的真实显现，具有真实性。

(8) 民族性。由于受多因素的综合作用，不可否认，现存的土著知识主要集中于少数民族地区，是作为某个民族生产、生活经验的总结，是某个地域、某个民族内部所传承的，生活于其中的，不能脱离其生活的"生活知识"。

(9) 人本性。文化是人类环境的人造部分，文化遗产则是人类历史环境的人造部分。土著知识作为一种与人类的生产、生活发展历史同生共衍的传统文化形态，在创造与传承方式上有着一个最为鲜明的特点，即对人体的依附，尤其是生产技术等表现得更为明显。

（三）土著知识旅游资源的分类

"无论从哪个角度对旅游资源进行分类，都只是相对而言的。"[306]对土著知识旅游资源的划分也存在同样的问题。从传统的旅游资源分类方法看来，土著知识旅游资源涉及自然旅游资源、文化旅游资源和社会旅游资源。其中，自然旅游资源指的是土著知识保留地区的自然条件和自然风光，即能够使游客产生美感体验的自然环境与地域物象组合。从字面意义上看来，土著知识与自然旅游资源毫无干系，但土著知识孕育于特定区域人群与自然环境的协调过程中，是土著知识形成的载体与基础。作为一种旅游资源，自然旅游资源不仅能满足游客自然审美体验的需求，更是游客了解土著知识形成的关键，即为什么这样的土著知识会存在于这样的地域及这样的自然景观是怎样形成的；人文旅游资源泛指特定区域人群在历史进程中所创造和积累起来的文明成果，是物质财富与精神财富的总和。人文旅游资源是土著知识旅游资源和核心要件，是对地方性土著知识的集中展现，作为载体，它将回答土著知识是如何被利用、如何发挥作用等问题；社会旅游资源是特定地域中对旅游者产生吸引力的特殊人群及其与之相关的事物或活动。作为土著知识旅游资源的构成部分，它能够吸引游客的关键在于掌握特殊知识的特殊人群，他们将向游客展示自己独特的生产、生存技能。

目前，国家标准《旅游资源分类、调查与评价》（GB/T18972—2003）主要是对观光旅游资源的分类及评价，鲜有休闲与度假资源的分类及评价，更没有专门的土著知识旅游资源类别。从旅游资源的类别看，土著知识属于人文类旅游资源，但是在人文类旅游资源类里，也仅包含了小部分的相关类别，无法涵盖丰富且多样化的土著知识旅游资源。为此，在结合既有国家标准的基础上，我们也尝试性地构建了一个土著知识旅游资源的分类系统表（表4-1）。需要说明的是，土著知识旅游活动也包括了对社区自然景观的观光，因为土著社区自然景观的特色及其形成是土著知识反作用的结果，其中必有土著知识的印迹。土著知识已经渗透到了社区生活的方方面面，纯粹的自然景观几乎不存在。因此，我们并没有单列自然景观类的土著知识旅游资源。另外，作为一种非物质的存在形态，我们并无法直接感知土著知识旅游资源，土著知识旅游为游客解答的是"为什么？是什么？怎么做？谁做？"等问题。因此，我们所列的都是一些与土著知识有关的物质载体，它们几乎都是土著知识的反映，或是土著知识利用的成果，游客只有通过它们才能真正了解、感知土著知识。换句话说，土著知识正是隐含在如下的载体中。

表 4-1 土著知识旅游资源系统分类表

类	主类	亚类	基本类型	主要资源单体例举
人文景观	F 建筑与设施	FA 土著宗教旅游地	FAA 宗教信仰体系中的祭祀场所	神山、神湖、神林、寺庙等
		FB 单体活动场所	FBA 各类土著手工艺品和生产工具制作所	纺织作坊、制陶作坊、盐井、造纸作坊等
		FC 土著社区	FCA 土著社区传统建筑	彝族土掌房和木楞房、纳西族木楞房、傣族竹楼等
	H 人文活动	HA 民间习俗	HAA 节庆	泼水节、特懋克节、剽牛节、木脑纵歌等
			HAB 舞蹈	鼓舞、刀舞、弦子舞、面具舞等
			HAC 语言和文字	东巴文、贝叶经、彝文、瑶文等
			HAD 信仰	万物有灵与原始宗教信仰
			HAE 科技	纺织和印染技术、建筑技术、造纸技术、农业生产技术等
			HAF 娱乐和体育	爬树、爬绳、磨秋、荡秋千、射箭等
			HAG 服饰	阿昌族服饰、哈尼族服饰、景颇族服饰、普米族服饰等
			HAH 朴素的哲学思想	创世史诗、原始崇拜、宗教哲学等
			HAI 饮食	菠萝饭制作、坨坨肉制作、酸蚂蚁蛋汤制作、花饭制作等
			HAJ 交通	溜索、龙舟、竹篾桥等
			HAK 生产活动	农耕、采集渔猎等
			HAL 医药	傣药、彝药、藏药、蒙药等
			HAM 文学	叙事诗、传说、歌谣、民间故事等
			HAN 工艺技术	木雕工艺、扎染工艺、刺绣工艺、织锦工艺等
	G 旅游商品	GA 地方旅游商品	GAA 传统手工艺品	木雕、石雕、刺绣等
			GAB 农林畜产品	各类水果、家畜及野菜、野味等
			GAC 特色饮食	菠萝饭、花饭、竹虫、花蜘蛛等
			GAD 中草药	野山参、茯苓等

土著知识旅游资源的内容异常丰富，包含的内容十分广泛，几乎涉及土著族群或土著知识主体生产生活中的各个层面。上述的分类法有利于土著知识旅游资源的调查、研究和开发管理。为便于操作，特将部分内容展开说明。

1. 建筑与设施

"建筑是凝固的音乐"，体现着土著族群的聪明才智和高度的创造性。丰富多彩、各具特色的建筑生动直观地呈现着不同地域、不同族群的土著知识，不仅是人类认知自然、利用自然的成果，也是土著族群或是土著知识主体生存智慧的集中体现。

1) 土著宗教旅游地

土著宗教旅游地是土著知识认知体系、技术系统和信仰系统共同作用的结果，尤以土著社区形态各异的神山、神湖或是神林最具代表。土著知识中信仰体系的形成与土著族群长期从事农业生产息息相关。在长期从事农耕生产实践的过程中，土著族群往往根据生态环境的特点和自己的经验与认知，分别建立并形成了适应各自地区生态环境的生产知识与技术。同时，在各自不同的实践活动中，土著族群关于自然界中各种事物的知识也得到了不断的积累，并逐渐形成了对自然界万物充满敬畏的朴素感情。其中包含了他们的世界观、价值观和人生观，并在其后对他们的实践产生着制约的作用，尤其以他们对生态环境的保护意识最为明显。

2）单体活动场所

在与独特的地理环境长期互动的过程中，土著族群或是土著知识主体创造了极其繁多的生产工具，它们不仅是土著族群或是土著知识主体历史的见证与说明，也是他们生产生活智慧的结晶。例如，云南有丰富的水资源，当地的土著族群在适应生存环境的同时也积累了丰富的充分利用水资源的技术并制造了相应的工具，如水碾、水磨、水车、筒车等；各具特色的纺织工具，如佤族、景颇族、怒族、傈僳族、彝族和拉祜族等至今仍在沿用的腰机踞织；苗族特有的桩架机织，即在一端打桩并拴上经纱，中间放置活动架，另一端拴在操作者身上的纺织技术；白族、纳西族、瑶族和阿昌族等使用的木架机织等；还有一些日常生产生活中的特色工具，如禄丰彝族的榨油石碾、傣族古老的榨糖装置、勐海傣族浇纸法造纸的作坊、云龙县诺邓村历史悠久的盐井、西双版纳玉勐家的慢轮制陶作坊等。

3）土著社区

从某种意义上讲，土著社区即是某一土著族群聚居的较大区域或村寨。长期生活在特定的自然环境中，他们积累了丰富的土著知识，并在日常的生产与生活中不断地利用。因此，土著知识也在社区中表现得更加鲜明、直接和自如，也因为如此，土著社区往往充满了和谐与原生态的氛围。这种特殊的人文景观具有不可移动性，是土著族群或是土著知识主体所创造土著知识展现的"画板"，也是游客体验、认识和了解土著知识的空间。土著社区中最直观的景观即是特色鲜明的建筑。例如，芭蕉掩映的傣家竹楼、纳西族古拙大方的木楞房、雄伟庄重的藏族民居、简洁朴素的彝族土掌房、精美别致的白族庭院等。它们不仅是土著族群或是土著知识主体充分适应其生存环境的结果，也是他们精湛建筑技术的真实体现。

哈尼族奇特的蘑菇房

云南省的哈尼族一般都将村寨建在海拔近1000米的山坡上，其与哈尼族开垦的梯田以及村寨周边的自然环境共同构成了一幅惟妙惟肖的山水和谐画卷：村寨在中间，村后是茂密的原始森林，村前是延绵不断的层层梯田。哈尼族的居所由于外形类似蘑菇而被称为蘑菇房。据说，以前哈尼族居住的并不是蘑菇房，而是"鸟窝房"，当他们迁徙到一个叫惹罗的地方时，看到蚂蚁等昆虫都利用漫山遍野的大蘑菇躲避自然灾害。哈尼祖先突发奇想，按照蘑菇的外形建造了实用美观、冬暖夏凉的蘑菇房，并把它当成是哈尼族的骄傲。

资料来源：段炳昌，赵云芳，董秀团．2000．多彩凝重的交响乐章——云南民族建筑．昆明：云南教育出版社：84-85

形式多样的彝族建筑

从地理环境看，彝族多居住在山区，村寨大多坐落在地势较为平缓的山坡上或是山间的小盆地。虽都属于彝族，但由于彝族内部分支的复杂性与自身生境的差异性，各地彝族具有不同特色的住宅。例如，居住在四川大凉山地区的彝族，其住房多为一长方形的双斜面平方，即"棚屋"和"瓦板屋"，居住在小凉山地区的彝族则多为"棚屋"，上盖芧草或是树皮，并以竹篾为墙；居住在滇南干热河谷地带的彝族住宅多为"土掌房"，原因即在于该区域便于取土，并能够防止酷暑和严寒，利于防火，又可将房顶作为晒场，是一种冬暖夏凉、适应当地建材来源和气候条件的有效选择；居住在滇西高寒山区的彝族住宅则多为"剁木房"，即四周全用横木剁成，屋顶为双斜面并用细木片覆盖，原因是当地多森林，砍伐木材比取土更为容易，并能够适应当地严寒的气候，其中也含有族群间相互学习与模仿的成分；而在滇南临近广西的部分彝族地区，则多采用"干栏式建筑"，楼上住人，楼下则饲养牲畜，这即是适应当地气候的选择，也是当地族群间文化交融与扩散的结果。

资料来源：段炳昌，赵云芳，董秀团．2000．多彩凝重的交响乐章——云南民族建筑．昆明：云南教育出版社：63-84

2. 人文活动

1）节庆

土著族群的节庆活动不仅仅只是一场简单的娱乐活动，它还记录着族群的历史变迁、社会发展和文化传承，积淀着族群对于自然界及自身的认识。节庆还是土著知识旅游资源的载体，并与天文、历史、农耕、舞蹈、音乐、饮食、劳动等密切相关，体现着土著族群特有的个性，是他们意识的形象化与生动化表达。例如，傣族长期居住在气候炎热的坝区，且主要以种植水稻为农业生产方式，因此，水对他们而言具有特殊的意义。傣族过泼水节也正是出于对水的崇拜和张扬。从内容上看，土著族群的节庆活动异常丰富，有辞旧迎新含义的，如傣族的泼水节、藏族的藏历年、僾尼人的嘎汤帕节、基诺族的特懋克节即"打铁的日子"、傈僳族的阔时节等；有祭祀性的节日，如纳西族的二月八节（朝白水）、彝族的密枝节和虎节、独龙族的卡雀哇等；有农事节日，如彝族的火把节、景颇族的农尚格罗节、僾尼人的耶苦扎、哈尼族的苦扎扎等；有娱乐节日，如景颇族的目瑙纵歌即"大伙跳舞"、彝族的马樱花节（插花节）、白族的绕三林、傈僳族的澡塘会、德昂族的采花节等；有宗教节日，如回族的开斋节、傣族的开门节和关门节、藏族的格东节等。

独特的"男人节"

云南省红河州金平县者米乡下新寨村的傣族除了过泼水节等傣族传统节庆以外，还在每年春节后的第一个月举行一个当地特有的传统节日，即"男人节"。据说，当年村寨中的男人为了抵抗外敌而奔赴前线，错过了过新年的机会。当他们凯旋后，一方面为了庆贺男人荣归，另一方面为了弥补男人没过上"春节"的遗憾，妇女们便举行了欢迎仪式。此后，这一节庆被延续下来，成为了当地独特的"男人节"。当天，妇女们不仅要把村寨打扫干净，举行"英雄凯旋"的欢迎仪式，还要毕恭毕敬地"伺候"男人，如加菜、盛饭、倒酒等。因此，"男人节"被认为是当地男性最风光、最自豪和最骄傲的日子。

资料来源：和少英.2006.云南特有族群社会文化调查.昆明：云南大学出版社：32

2）服饰

绚丽多彩的土著族群服饰是土著知识旅游资源的重要组成部分，它不仅是美的代表与象征，而且承载着特定族群的历史信息与他们关于自然界万物的认知。服饰的原初意义在于保暖，因此在自然环境中气候对服饰的特色产生着深刻的影响。从地理环境的角度看，不同的服饰是对不同自然环境适应的结果。不同的族群具有不同的服饰，即使是同一族群往往因居住自然环境的差异或是支系间的不同而有着各具特色的服饰。气候条件的差异对族群服饰产生着直接而明显的影响，使服饰在形式和用料上出现了与客观环境相适应和协调的，具有地域特色的不同类型。使用筒裙、宽管裤是为了便于下水劳作，适合生活在多水生态环境中的族群。例如，傣族长期居住在水边，需要经常从事与水有关的活动，而且当地湿气较重，容易感染各类疾病。因此，为方便生产与生活，并有效地预防疾病感染，傣族的服饰经常是用自织的土布和棉缝制的。土布和棉一方面较为厚实，能够有效地抵挡蚊虫的噬咬，另一方面透气性较好，能有效地防止寒气和湿气侵入。而且傣族男子的裤管都较宽，便于其下水劳作；女子喜欢穿筒裙，便于过河和参与稻作生产。穿着羊皮等毛类服饰是为了抵御寒冷，主要为高山地区的族群所喜好。例如，居住在滇西北维西县和德钦县的藏族服饰就是利用保暖性很好的动物皮毛制成的，而且内外有数层，能够应付当地恶劣的气候环境。

从某种意义上说，土著族群的服饰中还包含了自己族群的特殊历史，凝聚了族群特殊的文明发展历程以及他们关于自然界事物的独特认知。服饰最基本的作用在于保暖，但是各族群的服饰在产生与发展的演变过程中，也深深地记录了土著族群不同时期的历史，是族群历史的真实见证。例如，傣族认为，自己的筒裙和鳝骨形银腰带是祖先留给子孙的纪念品；景颇族华丽的服饰织的是关于"天下的事"；瑶族服饰中的花纹描述的是自己族群由南而北的迁徙历史；苗族的服饰中包含了自身族群特殊的历史境遇；佤族认为人类是从葫芦里走出来的，因此他们的服饰上布满了葫芦纹；为了纪念蜜蜂的恩德，布朗族的头上一直带着插满野花的包头；出于对水的崇拜和赞美，阿昌族的服饰上布满了水流和水珠的图案；为了留住整天在天上飞的德昂族妇女，德昂族的男人在她们的腰间绑上了腰箍；在壮族的认知世界里，螺蛳象征着丰收，也就成为了他们的崇拜对象，自然也就频繁地出现在壮族的服饰上；布依族认为白色代表干净、真诚和吉利，蓝色代表风调雨顺和平安，出于对大自然和家乡的热爱和赞美，他们的包头都是白色的，衣裳和裤子则都染成蓝色；水族居住在多水的地方，自然其服饰中也充满了水的痕迹，如花边就是流水的样子，蓝色则代表着水的颜色，此外，由于其居住地多湿气，蚊虫滋生厉害，为防范遭受伤害，他们缠包头、绑裤腿，还在鞋子、裤脚等处绣上彩色的花草图案，以"克"蚊虫叮咬；出于对坚贞爱情的信仰，基诺族把代表至死不渝爱情象征的月亮花绣在了族群服饰上最惹眼的位置；为表达对家乡的热爱，傈僳族用条纹的图案表示家乡的山水、田地、道路等。如此案例不胜枚举。

彝族衷情马樱花

彝族的服饰上有着琳琅满目的刺绣图案，但仔细辨认便可发现马樱花是他们选用最多的图案。究其原因，一方面是因为马樱花色彩鲜艳；另一方面是因为马樱花对彝族而言具有特殊的意义。马樱花在彝语中称为"咪依鲁"，是传说中与恶魔斗争并拯救过彝族妇女的女英雄的名字。为了纪念"咪依鲁"，每年的农历二月初八，彝族都会采集很多的马樱花并将其挂在家中。在制作刺绣时，也会将马樱花绣在最显眼的地方，以便时常怀念、歌颂"咪依鲁"。可以说，马樱花已经成为了彝族心目中无所畏惧的符号象征。

资料来源：玉腊.2000.百彩千辉——云南民族服饰.昆明：云南教育出版社：33-38

奇特的独角苗

在苗族的服饰中，最特别的莫过于背上所绣的呈四方形的独特方绣和头顶的独角。相传，方绣中包含了苗族的历史信息。据说，以前苗族一直居住在北方，并建立了自己的国家。后来由于政治原因，苗族被迫南迁。为记住自己的历史，永世不忘苗疆故地，他们从衣服上撕下布块，并把自己的家乡和都城绣在上面。其中，红色和绿色的波纹代表着江河；大花代表着都城；交错的条纹代表着田埂；朵朵小花代表着谷穗、水井、水塘和道路等。可以说，苗族背上的方绣已经成为标识自己历史和经历的独特"记号"。

苗族独角发髻作为一种独特的发式，具有特别的魅力，也有一段动人的故事。相传，古时候苗族女子的头发也是挽在脑后的，后来因为政治原因被迫迁徙。苗族的男人们为了抵挡追捕，便将粮种拿给妇女保管。起初，她们把粮种放在包里，但过河时粮种会被浸湿；放在袖筒里，饥饿的孩子看见了会偷吃；放在脑后的发髻中，背上的孩子也会偷食。为了确保粮种的安全，她们便将发髻从脑后移到了脑门。这样不仅可以防止粮种变潮，也能有效地防止小孩偷食，还不易被人察觉。独特的独角发髻，不仅保存了粮种，也延续了族群的存在。为纪念祖先的功绩，苗族的独角发髻一直流传至今。

资料来源：玉腊.2000.百彩千辉——云南民族服饰.昆明：云南教育出版社：114-118

披星戴月的族群

纳西族不仅有神秘的东巴文化，而且有极具特色的服饰，尤以七星羊皮背饰最为鲜明。它由带毛的羊皮或毡片制成，表面加一层棉布或平绒、灯芯绒，再用毛褐做面子，再在面上缀饰七个彩绣的圆形片，称之为"七星"。其中，圆形片上用五彩绣线绣出的多层齿纹，代表"光晕"；圆心垂下的两条系皮带，代表"光芒"；分列两行的"七星"，上面大的两个表示"太阳"和"月亮"，下面五个小的表示"星星"。日月星辰齐聚一处，不仅仅只是简单的装饰图案，在纳西族的世界里它具有特殊的意义，代表着光明、吉祥和勤劳。

资料来源：玉腊.2000.百彩千辉——云南民族服饰.昆明：云南教育出版社：43-48

3）饮食

土著族群拥有丰富的野菜采集知识和技术，并有极强的识别能力，对哪些可以直接食用，哪些必须去毒，什么时候可以采集哪类野菜或野果，他们了如指掌。云南省的傣族、哈尼族、瑶族、基诺族、拉祜族、傈僳族、苗族等土著民族拥有丰富的采集和食用野生可食植物的经验和知识。他们采集和食用的野生植物种类繁多,仅西双版纳就多达 120 余种,包括蕨菜、补充食物、水果和其他类型。傣族和哈尼族甚至根据他们自己的经验和知识,还采用形态特征和利用相结合的原则对野生或其他植物进行分类。这种分类经验和知识反过来促进了物种多样性的保护和利用[307]。例如,生活在西双版纳的傣族经常说:"进山采野菜,下河捞青苔。"凭借多年的经验总结以及对水生植物的认识,他们可以很容易地从社区周边的河渠中采集到水青苔和水木耳等傣族喜好的野菜。因为生态环境的差异,不同的土著族群对周边生态环境中要素的利用技术也是各有所长。例如,独龙族、拉祜族和苦聪人等都生活在块根类植物丰富的生态环境中,但是由于块根类植物的多样性,各土著族群所擅长利用的块根植物及其相应的技术也不尽相同。独龙族生活的地区葛根类植物丰富,因此他们擅长提取葛根淀粉,并形成其独特的制作技术与使用方法。拉祜族和苦聪人生活的地区棕榈科植物比较丰富,因此他们擅长提取董棕粉并将其作为食物。

云南十八怪中的"吃"

云南由于其独特的地理风貌,特殊的气候状况,多彩的民族风情,奇特的风俗习惯,产生了许多不同于其他地方的奇异现象,随着远来的游人在这片神奇的土地上留下短暂的足迹之后,他们所耳闻目睹的那些奇闻逸事也逐渐流传开来,并每每被冠以"怪"字,因而出现了"云南十八怪"、"云南八十一怪"等说法,其中涉及的内容主要有如下一些。

糍粑被叫做饵块:云南产大稻米,特别香糯,把大米蒸熟舂打后,揉制成长条形的半成品,可炒吃、煮吃、蒸着吃,颜色白如雪,像内地做的白米粑,被当地人称做饵块。

蚂蚱能做下酒菜:云南许多地区的人都有吃虫的爱好,变害虫为佳肴,化昆虫为美味,所以蚂蚱、蝗虫等,都因为油煎之后焦脆鲜香,而成为了美味的下酒菜。

四个竹鼠一麻袋:山区竹林很多,有繁茂的竹笋。食竹笋的鼠多肥硕,形状与家鼠有很大差异。用这样的山珍待客真是赛过鸡鹅。

过桥米线人人爱:滚烫的鸡汤配以生肉、生菜和用米浆做成的一种"线",构成了云南最有名的风味——"过桥米线"。

云南十八怪中有好几怪都是关于吃的方面的。云南虽然没有拿得出手的大菜,可来过云南的人都不得不承认:"云南好玩的地方多,好吃的东西更多。"这不是做广告。云南人在吃的方面是非常富有创新精神的,能把普通的大米做成饵块、饵丝、米线、米糕、粽子、元宵、米肠、粉蒸、卷粉、凉宵、米凉粉……足以看出云南人在吃的方面是多么的富有智慧!

资料来源:佚名.2009-10-24. http://blog.sina.com.cn/s/blog6249ea0301oogano.html

4)信仰

土著族群具有特殊的宗教信仰,尤其推崇万物有灵。例如,彝族认为高山是神灵的居所,是通向天上的途径和撑天的支柱,具有灵性,因此加以崇拜;普米族认为社区周边的山由山神主管,为祈求山神的保佑,每年阴历的九月初五和三月十五都要携带祭品对山神进行祭祀;居住在宁蒗彝族自治县永宁地区的摩梭人认为,当地的神山不仅主宰着人口的兴衰、农业的丰歉,而且对妇女的身体健康和生育起到影响,因此,每年阴历的七月二十五,他们都身着盛装,对神山进行公祭;傣族崇拜水,究其原因就在于在他们的认知中水是最纯净的,它能沐浴人类的灵魂,驱逐人们身上的污秽和邪恶,给人们带来幸福,另外,傣族世代种植水稻,他们相信通过祭拜水源,能获得水神的保佑而使水源充足,确保粮食的丰收;普米族、藏族、纳西族认为崖穴下流出的幽泉可以治疗妇女的不孕之症,通过对其崇拜可以赐予人类生育能力和神力。土著依赖于其所存在生态系统,并与其始终有着亲密的联系,因此,依赖自然资源和环境生存的土著,是保护生物多样性的最佳人选。

5)工艺技术

工艺技术不仅反映着各个时代不同族群的生活方式与思想意识,而且是各土著族群不同历史进程的具体、有形的见证,是土著族群伟大的历史创造和智慧结晶。例如,据《华阳国志·南中志》和《后汉书·西南夷列传》记载,东汉时永昌郡(仅保山市隆阳区)盛产"兰干细布"的苎麻织品和木棉花织成的"桐华布";唐朝时期的《通典》也说,大理的"河蛮"(白族祖先)有麻纺织的技术和工艺,能织出"幅广七寸以下"的麻布。土著族群的工艺有别于一般意义上的纯美术形式,其与特定族群的日常生产与生活密切相关,是实用性、艺术性和功能性的统一体。很多土著族群的工艺品不仅风格独特,种类繁多,而且技艺精湛,别具特色,是土著知识旅游资源中极具体验性、参与性的构成部分,并以与众不同的艺术魅力和特殊的制造技术吸引着游客的关注。例如,傣族姑娘系在腰间的鱼尾箩,独龙族姑娘随身斜挎的小箩包以及傣锦、景颇锦、瓦锦、壮锦、大理鹤庆县的银器技术,白族的石雕和木雕,傣族特有的慢轮制陶,等等。土著族群的工艺品还具有特别的象征意义。例如,傣族喜欢金,认为金可以辟邪驱鬼;彝族喜欢银,认为银可以驱鬼辟邪;白族喜欢玉,认为玉代表纯洁,是辟邪之物。

古老的制陶技术——玉勐和傣族慢轮制陶[308]

傣族的手工制陶保留了很多原始制陶的特点，尤以慢轮制陶最具特色。玉勐在青年时期就随母学艺，后又跟随制陶名师岩帕学习，较全面地掌握了傣族传统制陶工艺。她主要制作傣族生活用具和佛寺里的祭祀用品，形制取材于傣族民间传统，有土罐、土锅、水壶等11个品种。经历30余年的实践，玉勐的制陶技艺不断成熟，声名鹊起，其制作的陶器供不应求，在境内外很受欢迎。美国、德国、日本等国家的学者经常登门造访，珍藏她的作品并与她研讨技艺。1996年7月，玉勐应邀赴日本参加"世界陶艺博览会"，进行了一个月的傣族制陶工艺表演，烧成20余窑600余件陶器，备受好评。傣族的手工制陶工艺，即慢轮制陶已经被国务院公布为第一批国家级非物质文化遗产。如今，随着时代的进步，尤其是科学技术的不断渗透，慢轮制陶的技术已经逐渐被遗弃，但玉勐仍在坚持使用这项傣族传统的制陶技艺。

我国原始造纸的活化石——傣族的制纸技术

傣族的传统手工造纸技术是在古代传统造纸术基础上发展演变而成的一门手艺，堪称我国原始造纸的活化石。临沧市耿马傣族佤族自治县孟定镇遮哈村芒团寨的玉勐嘎是该项技术最杰出的传承人。历经40余年的历练与实践，玉勐嘎熟练掌握了造纸的技术。对造纸过程中的采料时间、拌灰分量、蒸煮火候、漂洗、浇纸等关键环节把握得非常到位。

资料来源：向俊昌. 2011-12-13. www.news.yninfo.com/yn/dzxw/index_14.htm

6) 文学

土著族群在其漫长的历史发展进程中创作了许多辉煌灿烂的文学作品，它们是各土著族群土著知识的重要组成部分，展现了土著族群丰富多彩的历史内容和思想情感，是他们富于诗性的智慧成果，其中还包含了他们对人类历史、族群历史等的见地。例如，根据自己对世界与自身的认知，彝族在历史上创作了很多内容丰富的书籍，如《玛木特以》、《阿莫尼兹》、《尔比尔吉》等，它们不仅描述了彝族先民的历史，还表达了彝族朴素的哲学观点，并记录了彝族先民对宇宙和人类起源的认知；阿昌族的《遮帕麻和遮米麻》、拉祜族的《牡帕密帕》、佤族的《司岗里》、基诺族的《阿嫫腰白》等创世史诗都详细地描绘了天地、自然万物和各土著族群历史演进的壮丽图景，是各土著族群土著知识的教科书，对他们的生产与生活产生着深远的影响。

哈尼族的《十二奴局》

《十二奴局》是长期流传于哈尼族中的一部口头文学，意思即是"十二路歌"。《十二奴局》内容丰富，可以说是一部有关于哈尼族的百科全书，上至天文地理，下至虫草鸟鱼、传说、风俗、节令以及生产生活等，这里都有生动形象的记录和描述。

资料来源：佚名. 2009-07-29. http://www.china.com.cn/culture/aboutchina/hnz/2009-07/29/content_18230807.htm

7) 语言和文字

语言和文字是人们交流思想情感和社会发展的工具，是土著族群或是土著知识主体展示其土著知识的重要载体之一。对于长期接触母语的游客而言，某种具有异域色彩的语言和文字将能够有效地激发他们的好奇心与求知欲。除此以外，语言和文字更是土著族群智慧的结晶，纳西族的象形文即是最好的例证。他们利用形象的"符号"或是"图案"来描述自己的认识，可谓奇特。还有一些语言不仅只是一种简单的称呼，而且还具有特别的意义。例如，基诺族在他们的语言里即是"猎虎的民族"；普米族是"白色的民族"，等等。

8) 生产活动

在历史上，自然环境是人类生存和繁衍的物质基础，并在相当长的时间内主宰着人类的生存与发展。受生态环境及其传统文化的制约和影响，土著族群的生产与生活仍然依赖大自然的赋予，通过采集和渔猎获取种类繁多的植物和动物。由于各自所处生态环境的差异，不同的族群根据不同的生态环境及其外部条件形成了各具特色的、适应特定生态环境的生存方式，并由此得以不断地生息与繁衍。由于分别居住在自然条件不尽相同的地方，各地区的人们艰难地寻求着发展的方法，在长期的生产、生活实践过程中，各土著族群的先民们不断地总结经验和教训，创造性地形成了适应各自生活地区特殊自然环境的土著知识。全球各地各具特色的土著知识与它们各具特色的谋生方式以及自然环境等的多样性是密不可分的。正是由于需要分别适应各自所处的特殊自然环境及受不同传统文化的影响，各地也逐渐地形成了风格与方式各不相同的土著知识。具体而言，居住在不同地区的不同族群、居住在不同地区的同一族群、居住在同一地区的不同族群都有着不尽相同的土著知识。例如，在云南省，哈尼族、彝族、拉祜族、基诺族、独龙族等长期居住在山区，为适应其自然环境，他们主要从事的是山地农耕，或刀耕火种，或梯田灌溉，种植各种农作物成为他们谋生的主要方式；白族、壮族和傣族等生活在坝区的族群则主要从事灌溉水田的稻作农业及固定的旱地耕作。为了适应不同的自然环境，各种农作物在耕作制度、作物种类以及耕作技术等方面都存在明显的差异。

生活在西双版纳的傣族、基诺族、哈尼族等族群能够轻松地辨别哪些植物可以食用和生长在什么地方，因此可以很容易地获取所需的生活材料，进而延续着族群的生存与发展。采集和渔猎作为最基本和最古老的谋生手段，被几乎所有的土著族群不同程度地保留着，且由于各族群所处生存环境、自然条件以及社会结构等因素的影响，采集和渔猎的技术也在不同的族群间呈现得千差万别。很多土著族群的采集渔猎技术充满了奇情异趣，堪称"社会生活的活化石"。例如，居住在滇西北怒江州的独龙族和居住在红河州拉祜族分支的苦聪人有着令人叹为观止的古老植物采集和加工技术。直到今天，他们还在使用削尖的木棒或竹签来采集植物的根茎。类似的生存技术还有很多，丽江市宁蒗县的纳西族还在利用号称中国最古老的木质鱼镖捕鱼；傈僳族和布朗族还在利用植物的刺或是大型鱼类的鱼刺制作鱼钩；佤族和怒族等仍然坚持利用弓弩狩猎。

"愿者上钩"——奇特的钓鱼术

云南的土著族群具有各具特色的钓鱼技术，有的不用鱼竿，有的不用浮漂，更有甚者连鱼钩都不用。例如，西双版纳巴达、西定等地区的小溪中生活着一种被称为"红尾巴鱼"的小型鱼类。生活在当地的布朗族和基诺族为了捕获溪中的鱼类，经过长期的实践与经验总结，他们发现这种鱼类咬钩极猛，一旦其咬住鱼饵便不轻易松口。因此，当地的人们就利用这种鱼类的特性，不用鱼钩垂钓也能将其轻易捕获，确实有点"姜太公钓鱼，愿者上钩"的意思。

资料来源：中共云南省委宣传部.2000.活在丛林山水间——云南民族采集渔猎.昆明：云南教育出版社：69-70

闻所未闻的"鱼房子"捕鱼术

在槟榔江流域，生活着多种不怕急流险滩，但对光极其敏感的鳅科鱼类。为了获取生活的资料，当地的土著族群充分利用槟榔江沿岸盛产的竹类，并结合江中鱼类的生活习性，创造性地发明了"鱼房子"捕鱼技术，即利用竹篾选择在水流平缓的河中围成面积约2~4平方米的"鱼房子"，上盖些许树枝和稻草，尽量遮蔽鱼房的光线。槟榔江中的鳅科鱼类为躲避阳光，会纷纷进入"鱼房子"躲避，也就进入了当地人精心布置的捕鱼陷阱中。

资料来源：中共云南省委宣传部.2000.活在丛林山水间——云南民族采集渔猎.昆明：云南教育出版社：51-52

充满生态智慧的"刀耕火种"

刀耕火种的耕作技术至今仍在普遍地使用一些简单的竹木工具和金属复合工具,但这并不代表着刀耕火种的落后性,而是特定的族群为适应特定的自然环境,并充分考虑生态环境因素的产物。从隋唐开始,云南的彝族、哈尼族、傈僳族、拉祜族、景颇族、阿昌族、怒族、基诺族、佤族、布朗族、德昂族、苗族、瑶族等民族便开始了刀耕火种的传统农业生产[309]。受学校等机构普同性知识的教育,在很多人的意识里,刀耕火种的农业生产方式是落后的,而且对自然环境有着极大的弊端。然而事实证明,很多土著民族的刀耕火种不仅能够维持自身的基本生活,而且对自然环境保护具有积极的意义。例如,傈僳族、独龙族、德昂族等土著民族在点播作物种子后,一般要种植速生类乔木水冬瓜或其他的木本植物。种植方法通常是将水冬瓜种子与荞麦等作物种子混合撒播,或将水冬瓜种子培育成幼苗或直接从林地中采集幼苗移栽于"懒火地"(即刀耕火种地)中。这种懒火地一般只耕1~2年,然后抛荒轮歇7~15年,让植被自然更新,恢复地力。7~15年后,种植的水冬瓜可砍伐,林地可再次耕种。这种刀耕火种的传统农业生产方式在重视民族自身发展的同时,保护了植物遗产资源,同时也保护了生态平衡。居住在云南省南部山地的基诺族也实行轮歇种植和刀耕火种。他们将林地划分为若干片,轮流种植,从而确保每片林地至少有若干年的轮歇周期,在当地优越的自然条件下,经过若干年的轮歇,土地又可以被林地覆盖。这样,当地的生物多样性并没有因为刀耕火种的落后生产方式而被破坏,反而对区域的生态环境保护和生物多样性的延续具有了积极的意义。

资料来源:王东昕.2000.衣食之源——云南民族农耕.昆明:云南教育出版社:74-86

芒人独特的篾编技术

芒人生活在云南省金平县金水河镇西南的原始丛林里,是一个至今未确定归属的特殊族群。从历史渊源看,芒人也是古代"百濮"部落的后裔,他们自称为"芒"。由于长期生活在原始的森林里,过着极其"自然"的采集渔猎生活,他们也就在其特殊的生态环境中练就了利用篾类编制各类生产用具的精巧手艺。在芒人的社区里,个个都称得上是能工巧匠,他们利用当地生境中生长的篾类编制各种日常的生活用具,种类繁多,造型优美,做工精细,柔韧耐用,富有浓厚的地方色彩和族群工艺技术。芒人的篾编用具,如篾凳、篾箱、篾桌、篾席等,既有实用价值,又可以美化生活,显示了芒人独特的生存智慧。

资料来源:和少英.2006.云南特有族群社会文化调查.昆明:云南大学出版社:117-139

9）娱乐和体育

在多样化的生态环境中，土著族群创造了极其丰富的娱乐活动，囊括体育、竞技、游戏等。土著族群的体育活动是各族群在特定的自然条件、地理环境及其生产生活方式中创造、发展和提炼出来的，具有鲜明的地域性。尤其在恶劣的生态环境下，土著族群为了维持自身的繁衍，就必须采用更具地域特色的生产手段，因此也积累了大量的运动技能知识。例如，哈尼族长期生活在高山密林中，多有爬树的特殊技能；傣族多生活在坝区的水边，善于泅水；怒族、景颇族等长期采用渔猎的生产方式，自然擅长在丛林深处活动。除此之外，如摔跤、射弩、陀螺、吹枪、抢花炮等体育活动也是各具特色，并充满了娱乐性。

云南少数民族体育旅游

云南的少数民族体育是各少数民族在不同的历史发展进程中，为适应生产和生活的需要而创造的，民族特色浓郁，内容丰富多彩，形式新颖多样。仅以不同名目的体育活动项目进行统计，就达226项之多。随着旅游业的蓬勃发展，体育旅游已被越来越多的旅游者所喜爱，突出表现在：一是外出进行体育旅游的人数增多了，如全国钓鱼爱好者增加；二是各种体育设施的拥有量迅速增长；三是投资于体育项目和经营体育旅游的企业迅速发展。民族体育具有突出的娱乐性、艺术性和可观赏性，而且对于本民族以外的大多数人来说，又表现出"新、奇、特"的优势，使之受到了旅游界人士的关注。云南的许多旅行社则充分发挥少数民族体育活动项目繁多的优势，开展了许多民族体育旅游活动，如组织游客观看傣族"泼水节"中的划龙舟比赛，或者是组织旅游者参加彝族的"阿细跳月"、斗牛，白族"三月街"的赛马、霸王鞭等民族歌舞体育项目，从而丰富了旅游产品的内容，增强了对游客的吸引力，带来了良好的经济和社会效益。

云南不仅有"植物王国"、"动物王国"、"有色金属王国"的美称，其实也是"民族体育王国"。各少数民族由于所处的地理环境的差异和发展进程的不同，各少数民族创造出来的体育项目也具有不同的民族气息和地方特色。

综观云南少数民族体育的旅游价值，主要体现在以下方面：①健身价值，云南各少数民族的体育活动，如白族的"霸王鞭"、拉祜族的"射弩"、佤族的"打陀螺"、纳西族的"东巴跳"、苗族的"吹枪"、景颇族的"目瑙纵歌"等，都具有显著的健身价值。②娱乐价值，欢快的体育活动是各少数民族在闭锁的自然与社会环境中休闲娱乐的方式之一，如彝族人民的跳乐就体现出典型的娱乐功能。人们常说"三弦响，脚板痒"、"一个歌手唱歌，能给全寨带来欢乐"、"山歌本是古人留，留在世上解忧愁"。再如苗族的"踩鸡蛋"，表演者边唱边跳，运气功把全身重量压在鸡蛋上，而鸡蛋竟然不碎，这项活动更是引人入胜，妙趣横生。其他的像怒族的"跳竹"、基诺族的"踩高跷"、佤族的"百戏"、拉祜族的"阿莫朵"、布朗族的"布朗球"等，都具有很高的娱乐价值。它们可使游客在体育活动和歌舞中，享受到体育的欢娱，一旦起舞，忧愁皆忘，情动于中，其趣无穷。③观赏价值，云南各少数民族的传统体育活动，许多都融体育、音乐、舞蹈于一体，体现出独特、优美、粗犷等特点，能使人耳目一新，乐于观赏。景颇族每逢节日，都要举行刀术表演，在鼓声和笛声中，男人们表演着各种刀术，其动作刚劲优美、舒展大方，刀法以砍、劈、撩、刺、抹等为主，花样甚多，身步灵活。④参与价值，少数民族体育活动多源于各族人民的日常劳动和娱乐健身活动，往往与他们的生产、生活、宗教祭祀、节庆、婚丧习俗等联系密切，具有简单易学的特点，游人能很快模仿并参与其中，非常适合于开发成参与性较强的旅游活动项目。例如，哈尼族的坐骑磨秋，秋杆两端坐骑人数相等，一边坐骑的人只需以脚着地猛蹬，秋杆便迅速起落旋转，荡荡悠悠犹如一轮巨大的磨盘不断地起落飞旋，既惊险又壮观。⑤文化价值，在各少数民族的传统社会生活中，体育活动处处充当着复合文化的角色。诸多体育项目的表现形式，包括隐含于内的民族性和显形于外的身体运动，无不含有各个民族的宗教信仰、传统风俗、历史源流、舞蹈艺术、神话传说、伦理道德、民族情感等多重含义。例如，傣族在泼水节举行的划龙舟比赛，是为了祭拜雷雨之神；而龙舟竞渡时，那喧天的锣鼓，快速而有力地击响江面的桨叶，表现了傣族人民坚忍不拔、自强不息、团结协作的民族精神。当我们透过龙舟竞渡的宗教面纱，去探究它的真正源头时，就会发现它与傣族的农业生产的密切联系。傣族庆祝泼水节时，我国内地已是"清明时节雨纷纷"，农民已投入春耕高潮。而云南由于受西南季风的影响，此时还处于干旱期。正是在这种自然背景下，傣族人民以赛龙舟的方式向水神、雨神求雨，保证农业生产不误时节，保农业丰收。⑥科研考察价值，通过对民族体育项目的科学考察，可以了解各少数民族的起源迁徙、政治变迁、农业生产、文化艺术等诸多内容，如哈尼族的跳的活动，其中的许多内容不仅反映了这个民族早期的狩猎生活，而且也反映了他们的农耕生产，跳者在身体两侧划"8"字舞动，身体随之向上移动，名为"糊田埂"；脚向前做"踩步"，向后做"小退步"，意为"把肥料踩入田中"；还有跳者向前跨步跳跃为"跳河沟"

等，都与哈尼族今天的农耕动作是相一致的。⑦教育价值，各少数民族在进行传统体育活动时，十分注意利用其内含的思想教育的内容，对下一代进行社会道德规范教育，以形成人们良好的思想品质和民族心理素质。例如，彝族的摔跤，武术艺人在传授武功时，也时时注重武德和武风的教育，借此培养艺者的正义感。⑧史学价值，少数民族体育中每一具体项目的产生和发展，都与特定民族一定历史时期的经济、文化、政治、教育和军事等有广泛的联系，是一定社会背景下的各民族的发明和创造。开展民族体育旅游，有助于对少数民族传统体育的产生和发展的历史进行研究，对我们研究民族的经济史、军事史、文化史等诸多内容，认识民族文明的进步轨迹以及人类的文明发展史都具有极为重要的参考价值。⑨审美价值，如傈僳族汉子表演的"爬刀杆"则透射出一种让人从惊奇、危险的境界中突然解脱的撼人心魄的惊险美。此外，少数民族体育中还有融诙谐、幽默、情趣、妙趣于一体的谐趣美。

资料来源：刘坚，王德义，明庆忠.2000.云南民族体育旅游资源与产业化研究.昆明：云南科技出版社：34-45

10) 土著科技

多样化的生态环境孕育了土著族群异常丰富的科技知识，并对他们的生产生活产生了重要的影响，如天文历法、农业生产方式、造纸技术、纺织技术、医药学知识等。在长期的农业生产中，人们通过观察自然环境及气候的变化、动植物生长周期中所表现出来特点等的基础上，积累起了丰富的关乎自然环境、气候以及各种作物生长习性的知识，并结合具体的农业生产过程，不断地总结生产中的经验和教训，以此更好地指导农业生产，又在具体的实践中不断地检验所总结的知识的合理性。虽然，受制于主客观等多重因素的制约，他们并不能对所总结的知识进行抽象的概括、归纳，并形成系统性的理论阐述，而且由于这些知识与原始宗教的关系，使得它们总是充满了神秘感。但终归而言，这些知识都是特定的族群千百年来生产经验与智慧的结晶，人们也一直在利用这些知识指导着族群的生产与生活实践。例如，长期生活在云南省怒江州的怒族以花草、果木开花以及鸟鸣来判断节令，以指导农事生产，当看见树发新芽、桃花开，他们便开始耕田，看见野姜花开、黄泡果成熟，他们就开始播种，看见高山上的树叶变黄，他们就开始撒播小麦；主要居住在云南省独龙江流域的独龙族则根据月圆、月缺、花开和鸟鸣来计算年历；生活在云南省怒江流域的白族以山花开放、山鸟鸣叫、草木的枯荣等自然现象的变化划分季节；生活在云南省西双版纳的傣族根据每月气候特点的变化安排其农事活动；居住在云南省红河州的哈尼族根据事物生长习性和气候变化形成了自己的气象知识体系；

生活在滇西南景洪地区的德昂族可以根据鸟类及昆虫的活动情况对天气变化作出准确的预测。

3. 地方旅游商品

1) 传统手工工艺品

传统手工艺品是土著知识旅游资源中地方特色旅游商品的重要组成部分，是土著知识技术体系的成果。例如，精美绝伦的雕刻工艺品，如木雕制品、石雕制品、竹雕制品、玉雕制品；富有民族特色的纺织品，如德昂族的彩色条纹麻棉织带、傣族的铜钱暗纹布、纳西族的牛肋巴花带、藏族的氆氇、彝族的织毯、独龙族的独龙毯和怒族的条纹布等；绚丽多姿的首饰工艺品，如彝族的鸡冠帽、哈尼族的银泡、佤族的卷丝垂须银耳坠、藏族的玛瑙珠海螺项链、壮族的银披肩、哈尼族的臂镯等；质朴的生活类器具，如建水紫陶、傣族黑陶和红陶、藏族的木餐具、彝族的土漆餐具、傣族的竹木餐具等。

独特的无釉磨光技术造就的建水紫陶[310]

建水紫陶采用当地得天独厚且蕴藏丰富的红、黄、紫、青、白五色土配制。色调为红底白花和黑底白花或白底红、黄、蓝花等。装饰上采用刻画雕填，既有粗犷豪放、大笔、大块的书法，又有写意国画和民族图案，且画面用笔潇洒，刀法流畅，无论是刻画飞禽走兽，还是花草虫鱼，均栩栩如生，给人以古色古香、高雅而不俗之感。建水紫陶在生产工艺上采用无釉磨光的技术，即坯体上不上釉，烧成后只需打磨、抛光，产品就可清新光洁，可谓"体如铁、色如铜、音如磬、亮如镜、光照鉴人"，实乃"陶坛一秀"。制成后的建水紫陶具有耐酸、抗碱、透气、防潮和保温等特点，因而茶壶泡茶不变味，茶缸储茶不变色；花盆栽花不烂根，花瓶插花经久不腐花常鲜；器皿盛食隔夜不馊，尤其是汽锅蒸食物，营养充分保存，味道鲜美可口。

他留人的火草纺织工艺

云南省丽江市永胜县他留人利用当地的"火草"编织而成的火绒土布被称为真正的、名副其实的土布。勤劳聪明的他留人撕下"火草"背面的绒棉，将其捻成火绒线，并将其织成柔软保暖的衣裤和毯子。由于原材料的缺乏以及技术的流失，他留人的火绒土布成为了当地难得买到的奇货。

资料来源：佚名. 2011-10-07. http://news.163.com/11/1007/06/7FOB7AK400014AED.html

2）农林畜产品

土著知识旅游资源中的农林畜产品主要包括土著族群或是土著知识主体所驯化或饲养的家畜以及在长期的生产生活中从自然界所获取的可食性材料。例如，具有地方特色家畜，包括独龙江流域的大额牛、迪庆藏族自治州的牦牛、彝族的小尾绵羊、迪庆的藏猪、藏族的尼西鸡、盐津的乌骨鸡、西双版纳等地的茶花鸡等；源自生态环境中的生态农林产品，包括水青苔、竹虫、蚂蚁、蜘蛛、野生菌、蚂蚱、芭蕉花、竹叶菜、藿香、仙人掌、地参、鱼腥草、马蹄菜、茨头菜、羊奶菜、柴花、苦刺花、木棉花、雪莲花等。

3）特色饮食

不同的居住环境具有不同的饮食特色，可以说特色饮食是土著族群或土著知识主体利用自然的成果，体现的是土著族群或是土著知识主体的生存经验与智慧。例如，傣族的酸笋鸡和香茅草烤鱼、白族的乳扇和砂锅鱼、回族的凉鸡、苗族的狗肉、藏族的糌粑和油炸虫草、壮族的三七炖鸡和烤乳猪、普米族的红烧琵琶肉、哈尼族的五香芭蕉花和芭蕉花炒狗肉、蒙古族的煮全羊、南涧彝族的羊皮煮肉、沾益花山彝族的带皮黄焖羊肉、纳西族的酿猪肺、傈僳族的清水煮猪肉等。

奇特的琵琶肉

琵琶肉，又称为"猪膘肉"或是"琵琶猪"，是丽江市宁蒗县泸沽湖和永宁坝摩梭人及普米族特有的一种腊肉制品，在国内具有很高的知名度。在隆冬时节，他们把洗拨干净的肥猪开膛，取出内脏和骨骼，并在猪的腹内抹上椒盐后缝合，放置在屋内通风的阴凉角落里并用石板压上，待风干后便成为了形如琵琶的腊猪。经久制成的琵琶肉味道十分香美，令人垂涎，是宴友待客的佳品。

资料来源：李群育.1999.丽江冈物志.昆明：云南人民出版社：257

大理石锅鱼

长期居住在大理的白族的鱼类食法和烹饪技术别具特色，尤以石锅鱼最突出。可以说，大理白族的石锅鱼汇集了白族鱼味的精华。他们把从洱海中捕获的新鲜黄壳鲤鱼洗净后，用精盐腌制10分钟，其后放入大理特制的石锅中且放在木炭火炉上清炖，并加入泡豆腐、火腿、肉丸、玉米片、猪蹄筋等多种配料及调味品。煮熟后的大理石锅鱼色、香、味俱全且营养丰富，被誉为"十全大补品"。

资料来源：薛林.1999.大理冈物志.昆明：云南人民出版社：366

> ## 佤族水酒
>
> 　　云南省临沧市的佤族喜欢以酒待客。他们以小红米、玉米、高粱、小麦等为原料，将其炒黄蒸煮后，凉冷，放入适量的酒曲搅拌，并用野芭蕉叶包裹后放入火塘边的竹篓或其他容器里发酵。饮用时先倒入凉开水浸泡，再将凉开水过滤后便成水酒。据说，佤族的水酒有清凉解毒、健胃健脾、舒筋活血、提神补气等功效。
>
> 资料来源：王子华，汤亚平．2000．彩云深处起炊烟——云南民族饮食．昆明：云南教育出版社：74

4）中草药

土著社区良好的生态环境中蕴藏着丰富的野生植物资源，尤以种类繁多的中草药最具代表，如虫草、天麻、三七、贝母、当归、黄连、黄芪、草乌、何首乌、砂仁、牛黄、山楂、龙胆草、苏木、重楼等。

4. 少数民族传统文化是土著知识旅游资源的核心内涵

从土著的主体指向看，土著知识旅游产品实质上是以文化旅游资源，尤其是少数民族的文化旅游资源为主体资源的旅游产品，通过对土著知识类旅游产品将旅游消费者与旅游供给者联系起来，形成旅游活动，并由此构成了独具特色的土著知识旅游产业。因此，区域特色文化，尤其是少数民族传统文化构成了土著知识旅游资源的核心内涵。其缘由包括如下几点。

（1）从旅游者的需求来看，土著知识旅游本身就是文化交流的活动，就是透过本地的、本土的文化氛围去审视和观察异国、异地、异族文化的新奇特质与品性。土著知识旅游资源之所以能够吸引旅游者，关键就在于土著知识所蕴涵的文化内涵满足了人们求新、求异、求奇的精神文化需求，从而激发了旅游者的旅游动机。

（2）从土著知识旅游资源的形成来看，其事实上就是特定文化，尤其是特定少数民族文化的运作过程与运作产物。没有千差万别的地域文化，尤其是丰富多彩的少数民族文化的客观存在，就绝不会有多种多样土著知识旅游资源的存在。此外，土著知识旅游资源的人文要素和自然要素是相互渗透的两个方面——土著知识在人类与生态环境的相互作用中生成，并对生态环境起到改造作用。因此，一切自然要素都不可避免地要被特定民族、特定地域的文化赋予一定的社会含义，在土著知识旅游过程中并不是单纯的自然要素对游客产生作用，而是按照特定地域、特定民族文化的理解和诠释、加工和改造赋予其特定的娱乐和消遣价值。

(3)"地域和文化的差异性是旅游产生的核心动因。"[311]受当下多重因素的综合性影响,土著知识残存于某些特定的区域、特定的少数民族文化中已是不争的事实。云南省十余个特有少数民族在漫长的历史发展进程中创造的异彩纷呈、各具特色的地域文化、民族文化,满足了众多旅游者体验异文化的精神文化需求,激发了旅游者潜在的旅游动机。少数民族传统文化是土著知识旅游的核心吸引物,少数民族文化特质的传承与发扬,是土著知识旅游得以可持续发展的根本基础。

二、对与土著知识旅游资源几个相关概念的理解

土著知识旅游资源与文化旅游资源、少数民族文化旅游资源、民俗旅游资源等是不同的概念,它们有着各自不同的内涵和外延。

(1) 文化旅游资源与土著知识旅游资源。"文化旅游实际上就是去亲自接触异质文化,了解异地人的生活方式、艺术工艺品、文化遗迹等。因为这些东西真正代表了东道国和地区的文化及历史,换句话说,文化旅游的目的就是去接受教育,扩大知识面和开阔眼界,但同时又获得了许多的乐趣,满足精神生活的需求。"[69]可见,所有的文化要素都是文化旅游资源的重要组成部分。而土著知识旅游只是在文化旅游的知识层面上进行深入,它只关注区域文化中的知识要素,其他方面很少涉及。例如,盐文化,作为盐文化旅游,游客关注于一切与盐有关的东西,包括盐的制作、运输、历史、意义等方面。但将"盐"作为土著知识旅游开发,我们更关注的是不同地域盐的制作方法、技巧、工具等。简而言之,土著知识旅游资源只是文化旅游资源中的某部分。

(2) 少数民族文化旅游资源与土著知识旅游资源。少数民族文化旅游肯定发生于少数民族地区,土著知识旅游也主要以少数民族聚居区为主,但并不等同于两者所依赖的旅游资源是重合的。少数民族传统文化是土著知识旅游资源的核心内涵,但因为土著知识的广泛存在性决定了土著知识不仅存在于民族地区,同样也存在与其他非少数民族地区。

(3) 民俗旅游与土著知识旅游。"民风即民间风俗,指一个国家或民族中广大民众所创造的、享用和传承的生活文化。"[312]所谓民俗旅游,即是以一个国家或地区的民俗事物或民俗活动为开发对象的旅游类型。土著知识旅游则是以某一特定区域文化中的知识要素为旅游资源,利用土著知识开发旅游项目,更依赖的是技术类的民俗,即一个群体通过经验积累、不断改造的一整套操作技能和技术[313]。

如上所述，无论少数民族文化旅游、民俗旅游还是土著知识旅游都属于文化旅游的范畴。但在开发对象上，文化旅游的开发对象是对旅游者具有吸引力的"异域文化"，包括特定地域内一切的文化构成要素，如宗教、风俗、社会环境等；少数民族文化旅游的开发对象是对旅游者具有吸引力的"少数民族文化"，包括少数民族特有的风俗、文化及其生活的社会环境和自然环境；民俗旅游的开发对象是对旅游者具有吸引力的"民间风俗"，包括民俗活动、民俗事物等；土著知识旅游的开发对象则是特定地域文化系统中的知识部分，包括土著的生产方法、技巧、工具等。从发生地域上来看，文化旅游与民俗旅游、土著知识旅游是重合的。因为在我们看来，民俗、知识是地域文化系统的重要组成部分，因此有文化必有民俗和知识要素。但少数民族文化旅游则不然，因为"少数民族"决定了少数民族文化旅游只能够发生在少数民族聚集区，其在空间范围上比文化旅游、民俗旅游和土著知识旅游小得多。

三、土著知识旅游资源的调查与价值评估

（一）土著知识旅游资源的调查方法

土著知识旅游资源的调查，主要可采用文献搜索法、田野调查法及两者相结合的方法，目的在于弄清、掌握、确定一个族群或一个地区土著知识旅游资源的整体情况，包括数量、规模、类型、分布及其特点等。

1. 文献搜索法

土著意味着土生土长，意味着族群具有悠久的历史。其传统的文化，包括土著知识大量地保存在古籍文献之中，即便是没有文字的族群，其土著知识也会被其他族群，抑或是历代的探险家、地理工作者所记载。一些具有特殊的历史文献，诸如地方志等还保留了一些族群已经消失的文化，自然也囊括了土著知识。因此，关于土著知识旅游资源的调查，首先应该借助文献进行搜索，包括各类古籍文献，尤其是民族志、地方志、地理志、文化史、风物志、民俗史、风土记、游记、诗文集等。在占有大量相关历史资料的基础上，按照土著知识的分类系统，将相关知识及技能摘录，并整理成为潜在的土著知识旅游资源文献资料，作为田野调查的基础、调查与访谈内容的依据。

2. 田野调查法

要摸清土著知识旅游资源的家底，必须借助人类学家的田野调查。因为作

为"活态的文化",土著知识存在于活生生的族群内部,并且以口传心授的方式在族群内部不断传承。因此,在对某一族群或某一地区土著知识旅游资源进行调查时,还应该借助人类学家田野调查的方法,通过深入的实地调查,并结合半结构访谈、知情者访问、参与观察等途径,搜集现实中遗存的土著知识,确认文献中关于土著知识的记载,并初步感受其可能作为土著知识旅游资源的氛围与特色。在此基础上,首先,根据土著知识的识别原则,努力筛选、发掘当地的土著知识旅游资源点,确定当地土著知识旅游资源的数量和规模;其次,依据土著知识的分类原则,确定土著知识旅游资源的存在形态和范围;再次,根据土著知识旅游资源的空间分布,对土著知识旅游资源进行空间分布分析和划分,并利用主体资源进行命名,形成该土著知识旅游资源的区划;最后,根据调查的结果,分析、总结该土著知识旅游资源在数量、规模、类型、分布、区划等方面的特征,并完成关于该地区土著知识旅游资源的调查报告。

3. 文献搜索与田野调查结合

文献搜索法受制于某些因素,并没能记录所有的土著知识,且随着时空转变,对所记载土著知识的存在与否并不能清晰明确地显示,所获得的土著知识旅游资源在现实性、全面性等方面会存在问题;田野调查法受制于时间和精力,并不一定能够对所有的土著知识进行调查,且可能部分土著知识已经消失,田野调查并不能给予把握和认知,因此所获得的第一手资料在系统性、准确性等方面会存在偏差。可见,文献搜索法和田野调查法相辅相成、相得益彰,两者的结合可以较好地弥补对方的不足与缺陷,从而对土著知识旅游调查形成一个比较全面、客观、准确的调查结果。

(二) 土著知识旅游资源的价值评估

1. 市场调查评价法

主要通过问卷调查的形式,了解旅游者对族群、族群社区及族群土著知识资源的选择倾向、开发意见等。

2. 比较分析评价法

比较分析评价法,即是将当地的土著知识旅游资源与周边其他的旅游资源类型以及异地同质的旅游资源进行对比,也可以将当地的土著知识旅游资源与本地及周边的异质旅游资源进行对比分析。前者指出,尽管别的地方存在同样类型的土著知识旅游资源,但当地主要的土著知识旅游资源或在品质上、或在

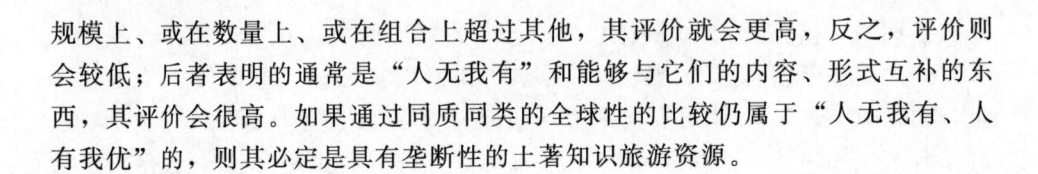

规模上、或在数量上、或在组合上超过其他，其评价就会更高，反之，评价则会较低；后者表明的通常是"人无我有"和能够与它们的内容、形式互补的东西，其评价会很高。如果通过同质同类的全球性的比较仍属于"人无我有、人有我优"的，则其必定是具有垄断性的土著知识旅游资源。

3. 列级评价法

有关资源的等级反映出有关专家和部门对一个族群或是地区土著知识的看法与评价。所谓列级土著知识旅游资源评价法，是指通过有关权威机构或是部门公布的土著知识等级，对土著知识旅游资源的价值进行评价，诸如国际级、国家级、省级、市县级等。

4. 专家评价法

所谓专家评价法，是指专业的旅游研究者、专项的旅游开发者以及专门的旅游者对于旅游资源的评价。由于上述的"专家"长期从事旅游研究或是旅游实践，虽然其评价通常是定性的，但通过其独特的眼光，对土著知识旅游资源进行系统的理论思考与判断，具有一定的预见性和超前性。相对于普通的人群而言，旅游专家对旅游资源评价具有天生的敏感性，能够及时地、准确地洞悉潜在旅游资源的价值，对潜在的旅游资源具有敏锐的知觉。同样，专家也可以包括长期从事旅游开发的经营者、导游、前期的探险者，甚至是人类学家、文化学家等。

5. 综合评价法

所谓综合评价法，就是充分利用上述方法的优点，通过不同方法间的配合，扬长避短，克服其不足之处，全面协调旅游者、专家、政府、企业等旅游活动参与者的意见与建议，对土著知识旅游资源进行全面的客观评价。因为"智者见智，仁者见仁"，旅游者所关注的可能更多的是基于本位主义的旅游资源价值，诸如表象、内涵、娱乐元素等实际需求；旅游企业为的是追求利润的最大化，可能对利益更感兴趣；政府对旅游资源价值的评价可能由于"缺位"而带有较大的主观性，往往或是夸大了旅游资源的价值，或是漠视了旅游资源的价值等；一般看来，专家对旅游资源的评价比较深远、理性，但也可能出现固执于偏颇。在关涉众多相关利益者的情况下，通过综合评价法，整合各方的观点，得出综合分析评价的量化数据，是相对而言较有说服力的办法。

四、土著知识旅游产品

(一) 土著知识旅游产品设计

1. 土著知识旅游产品设计的目标

按照旅游可持续发展的理念，在参与、体验、教育与旅游的多向互动共赢关系基础上，认为土著知识旅游产品设计的终极目标在于促成土著知识传承与保护的同时，构建人与自然、文化和环境和谐共生的格局。其具体的设计方向即是让游客在差异化体验和活动参与中追求身心的愉悦感、满足游客对土著知识的认知欲与好奇心，并为其构建难以忘怀的经历、感受和回忆；让土著社区居民在获得旅游经济效益的同时，形成自身的文化自觉，力求土著知识的传承与保护；让旅游地开发商在为游客提供体验机会和认知性消费中，获得更为宽阔的发展空间和更具竞争力的发展优势，维持旅游地发展的持续性。

2. 土著知识旅游产品设计的原则

以市场为导向，根据"资源、市场"两极对应，"资源-产品-市场"三位一体的产品开发原则，土著知识旅游产品开发的设计需要把握如下几大原则。

1) 整体性原则

土著知识与其生态环境水乳交融、密不可分，作为活态的非物质文化遗产，土著知识的完整性只能在其存活的生态环境中才能得到把握。关于土著知识完整性开发的原则包括了两层意思：其一是生态环境的完整性。这是由土著知识的特殊性决定的，它生成并适用于特定的环境，因此，要求对其进行开发时不能只顾及该事项本身，而必须连同与它生命休戚与共的生态环境一起开发。其二是知识系统的完整性。土著知识的认知体系、技术体系和信仰体系是统一的整体，都是族群精神情感的衍生物，具有内在的统一性，是同源共生的知识体。土著知识虽然呈现出不同的形式与表现形态，但特定主体的土著知识是一个完整的体系，具有内在的一致性。因此，要求对土著知识的开发利用，不仅不能脱离其生成的自然环境，还要保持土著知识结构层次的完整性，这样才能让旅游者真正明白"为什么这里会是这样的"。地域的独特自然环境是土著知识生成的基础，离开特定的自然环境，土著知识不仅将失去其意义，游客也将无法了解土著知识的内涵与价值。例如，在贵州省荔波县，当地政府为了进行旅游开发，在没有充分地评估自然生态资源与民族文化资源之间的平衡关系的情况下，对诸如喀斯特地貌、崖洞葬俗、凿壁谈婚等进行了旅游项目开发，其结果是有些独具特色的民族文化伴随着现代旅游的进入迅速地发生了变化，有的甚至很快消失[314]。

2）活态性原则

非物质文化遗产的核心特征即是其鲜活的生命力。作为一种非物质文化遗产，土著知识也自然具备了活态性的特质，也就是说，土著知识并不是历史遗留下来的"文化化石"，而是土著族群抑或是土著知识创造主体在与自身的社会环境和自然环境相互作用中产生，并在自然、社会、历史和人文环境的变化中不断"创新"，具有延续性和变化性的活态存在物。"活"主要指的是土著知识本质上仍然能够参与到其主体现在的生产生活中，能够通过特定的技术、工艺、过程表现特定主体的生存历史和心灵状态，反映特定主体的集体精神与心理，集中体现特定主体的生存智慧。简而言之，土著知识最大的特点即在于其不脱离主体特定的生产生活方式，是其主体个性、技术、审美等的"活"的体现。其依托于主体本身而存在，以实物、声音、技术或是形象等为表现手段，并在主体间以口传心授的方式得以不断延续，是"活"的历史，且与固化的历史残留物不同，土著知识还将继续存留下去，是一种生动鲜活的非物质文化遗产。

3）真实性原则

土著知识是特定族群与自身自然环境长期互动的智慧结晶和经验总结抑或是某一特定区域土生土长的知识，它们不仅在历史上，在现实中亦对其主体具有极其重要的作用和意义。知识作为一种有意义的信息，必须确保土著知识的真实性，防止异地嫁接或是异族群之间的模仿。

4）体验性原则

旅游市场对旅游活动中的体验性具有较强的需求，包括娱乐性、知识性、参与性、刺激性和成就感等，它们共同构成了土著知识旅游产品设计的体验性原则。

5）差异化原则

土著知识旅游资源的各种物质载体和基质，即各类具有差异化的自然化境和人文景观都可转化为土著知识旅游产品，包括建筑、服饰、饮食、交通工具、特色商品、节庆、体育活动、风物特产、语言、历史传说、生产与生活技术等。

云南手工造纸术

东巴纸是纳西族在充分吸收汉、藏等造纸文化的基础上创造出来的且有自己浓郁特点的一种传统工艺，是我国少数民族长期生活实践中创造出

> 来的丰富多彩的非物质文化遗产，是纳西族智慧与文明的结晶，是中华民族智慧与文明的结晶。纳西东巴纸作为一种古老的传统手工造纸技艺已被收录入第一批国家级非物质文化遗产名录图典。其制作技艺较为独特，纸张色白质厚，不易虫蛀，可长期保存。现存于迪庆藏族自治州香格里拉县三坝纳西族乡的白地村。白地（即白水台）是纳西族东巴文化的发祥地，东巴纸是东巴最重要的写经用纸，在滇西北各族中久负盛名。东巴纸的原料采自当地独有的植物原料"阿当达"，经鉴定为瑞香科丽江荛花。其造纸过程由采集原料、晒干、浸泡、蒸煮、洗涤、舂料、再舂料、浇纸、贴纸、晒纸等工序组成，主要工具有纸帘、木框、晒纸木板、木臼等。东巴纸的活动纸帘较为特殊，晒纸过程明显受到浇纸法的影响，又有抄纸法的痕迹，融入了一些中原造纸的方法，是中国造纸术与印巴次大陆造纸法兼容并蓄的结果，是多元文化交汇的产物，又是研究我国手工造纸的难得实例。在丽江古城四方街的"东巴纸坊"有"东巴纸"系列产品销售，如《纳西纸书》、《茶马纸书》、《东巴纸典》，还有一些笔记本、明信片、纸张等旅游纪念品。
>
> 资料来源：东巴协会. 2010-11-18. http://baike.baidu.com/view/1168156.htm

3. 土著知识旅游产品设计的步骤

为满足游客体验性、认知性、娱乐性等需求而将土著知识旅游地的各种资源要素整合更新，提炼出适宜的产品主题，并构建出具备特殊意象的场景和活动项目，从而实现土著知识的物质化和载体化，设计出系列新颖的土著知识旅游产品，其具体步骤包括如下几个方面。

1) 凝练主题，构建核心产品

土著知识作为一个综合的体系，内部包含了众多的内容。因此，应选择一个合适的、最具优势的要素，并加以构思，形成旅游地产品主题。该主题来源于土著知识旅游地各种差异化的要素表现，并富有当地特色，具备较好的感召力和实践性。好的主题不仅可以突显旅游地的优势和竞争力，还能够强化旅游者对旅游产品的认识，并容易留下深刻的印象，提高旅游产品的活动品位和体验价值，形成旅游地的核心旅游产品。

2) 营造场景，设计产品氛围

在确立旅游产品主题以后，为游客搭建具有真实性的场景或"舞台"，为游客提供真实的土著知识旅游环境将变得异常重要。例如，针对傣味的主题旅游产品，不仅要为游客设计傣味食材的采集、制作、品尝等环节，还需要有竹楼、傣族文化元素等的映衬。

3）活动设计

活动设计即根据旅游地旅游主体和营造的场景，设计体验剧场，策划对应的活动项目，为游客打造一个高品质的体验过程，如针对娱乐元素，利用傣族的慢轮制陶技术设计一个"慢轮制陶"的活动项目，为游客提供专门的利用慢轮制陶的体验机会，从设计、制模、捏造到烧制都让游客亲自动手，并可开展制陶大赛等活动，还可增加一些陶类的历史知识和使用知识等。

4）意象塑造

土著知识旅游产品要讲究意象塑造，只有赋予土著知识旅游产品以形神兼备的意象，才能激活旅游者内在心理空间的积极性和主动性，并引发强烈的反响。

5）完善产品体系

土著知识旅游地要善于挖掘和发挥土著知识的内涵，最大化地实现土著知识的旅游价值。在形成旅游地核心产品的同时，也应当强化其他土著知识旅游产品的设计和推出，形成旅游地完善的一体多元旅游产品体系。

斑铜工艺品

斑铜制品分为"生斑"、"熟斑"两种。生斑，即采取天然斑铜矿石加工而成。熟斑，是经过独特的冶炼熔铸加工而成的。其造型或从生活取材，如珍禽异兽、花卉山水、花瓶香炉，无一不生色发光；或从神话传说中汲取，如仙山玉阁，无不神采飞扬。

斑铜工艺品是云南独有的民间传统工艺品，至今已有300多年的历史了。斑铜的工艺制作复杂而严格，它采用高品位的铜基合金原料，经过铸造成型，精工打磨以及复杂的后工艺处理制作而成，它"妙在有斑，贵在浑厚"，因褐红色的表面呈现出离奇闪烁、瑰丽斑驳、变化微妙的斑花而独树一帜，堪称金属工艺之冠。

云南斑铜工艺品在造型上不仅继承和发扬了传统的特色，还吸取了云南青铜和中原青铜文化的宝贵艺术营养，并结合现代雕塑手法和先进工艺，在充分显示斑花特色的前提下辅以简洁洗炼的装饰图案，使其达到艺术的完美和统一。目前已形成包括人物、动物、花卉、瓶罐、炉尊、壁饰、器皿等六大类的斑铜系列产品。其浑厚古朴、典雅富丽、熠熠生辉的艺术效果，令人爱不释手，实为中、高档陈设玩赏之工艺美术佳品。

资料来源：佚名.2009-02-26. http://www.ctrip.com/Destinations/action/xcxtxsc/cjbjzs.asp? id＝659

（二）土著知识旅游产品化的转型模式

1. 博物馆模式

博物馆以收藏、展示、研究、宣传各类文物为主，采用综合手段全方位地展示某个国家或者地区不同历史时期的自然和社会特征[315]。土著知识博物馆是收藏和展示某一特定地域或是某一特定族群土著知识的空间场所，是旅游者了解某一特定地域、某一特定族群生产与生活的窗口，也是以记录或是其他载体的形式保存和展示土著知识的主要方式。土著知识作为一种非物质文化遗产，旅游者并不能直接、直观地对其有感知和体验。要让游客真正地了解土著知识的魅力和价值，有必要依托某些物质的实体进行展示和解说，以达到形神兼备的目的，同时也强化旅游者对土著知识的解读和感知。一方面，土著知识是人类生产与生活智慧的结晶，自然有很多可供依托的、静态的生产与生活工具实体用于展示土著知识。这为土著知识的旅游产品化提供了基础。另一方面，土著社区内部经济发展存在着非均衡性，由此造成了土著知识在社区内部分布的非均衡性。换句话说，并不是所有的社区成员都掌握了同样数量或是质量的土著知识。因此，土著知识博物馆按照其建造的方式主要有两种方式。

1）社区综合土著知识博物馆

社区土著知识博物馆以社区为单位，通过对社区土著知识的挖掘、梳理，综合性地展示社区所具有的土著知识载体，包括一切有关于其日常生产与生活的工具、实物等，是一种综合性的土著知识博物馆。

2）特色家庭土著知识博物馆

特色家庭土著知识博物馆是展示某一类或是某几种土著知识的博物馆，即是一种主题性或是专题性的土著知识博物馆。这主要是基于土著知识在社区内部分布的非均衡性以及为强化土著知识的特色而考虑的。一方面，社区经济发展的非均衡性决定了土著知识存续的不平衡性，为激发社区参与土著知识旅游开发的热情，可遴选具备条件的家庭开设以家庭为基本单元的、具有特色的土著知识博物馆。另一方面，由于土著知识的丰富性和系统性，单独的家庭难以全面系统地为旅游者提供全方位的土著知识展示。由此可在基于博物馆理念的基础上，以家庭为单位，实施"一户一特"的土著知识博物馆建设。

2. 实景展现模式

土著知识博物馆作为一种静态的土著知识展示方式，虽能在一定程度上满足旅游者对土著知识的认识和体验需求，但土著知识博物馆在展示土著知识的过程中仅仅扮演着一种类似于"前台"的角色。作为一种活态的文化要素，要让游客真正地了解土著知识还需要借助具体的实践活动，需要实景的面对面展示，并为旅游者提供可参与的机会。这里的实景展示模式分两种情况。

1）依托博物馆空间的实景展示

将静态的土著知识博物馆与动态的土著知识实景展示结合为旅游者深入了解土著知识提供了一个较好的平台。旅游者既可以通过静态的展示了解土著知识，也可以通过实际的参与体验强化对静态土著知识的了解与认识。但依托博物馆空间的土著知识展示在一定程度上脱离了土著知识生成的自然环境与母体，而且由于空间的约束，难以为旅游者提供较为全面的土著知识体验机会，往往难以形成综合性的吸引力，甚至可能遭受"失真"的质疑与抨击。

2）以社区现实生活场景为空间的实景展示

土著知识源于生活，是其主体生存智慧的集中体现。为向旅游者展示更为真实、生动的土著知识，可突破博物馆的空间限制，以社区的现实生活为舞台，直观地展示土著知识。旅游者可以在社区中自由徜徉，选择自己感兴趣的土著知识，并通过与社区居民的面对面互动，深入体验土著知识。以社区现实生活场景为空间的实景展示比起依托博物馆空间的实景展示更加真实，也能够顾全社区土著知识的丰富性和系统性，同时还增强了旅游者的自由度，没有任何的规制约束，他们可以自主选择自己感兴趣的土著知识，这对很多"久在囚笼里"的旅游者而言是非常重要的，也是激发旅游者主动参与体验的有效手段。

云南运用人类学建六大民族文化生态村

云南省具有无可比拟的多样性的民族文化资源。它正充分利用这一优势，全力开发打造民族生态文化村，旨在进一步保护和传承民族文化，并促使民族地区的社会经济得到良好的发展。此次展出的六个民族文化生态村包括和顺文化生态村、仙人洞彝族文化生态村、巴卡基诺小寨、月湖民族文化生态村、南碱傣族民族文化生态村、可邑彝族民族文化生态村。据介绍，民族文化生态村是以民族文化传习馆及博物馆为中心，向外界展示独特的民族文化，并倡导当地人学习当地民族文化，从而进一步实现对民族文化的保护，还能从中获得相应的经济价值，以帮助民族地区脱贫致富。

尹绍亭称，其实早在20世纪70年代，欧洲就已经出现了将社区文化和生态进行整体保护和展示的"生态博物馆"。而云南打造的民族文化生态村是在中国当代市场经济和全球化背景下形成的一种以文化为中心的乡村和谐发展的理论和开拓探索的实践,其最终目的是追求人类社会的和谐与可持续发展。

资料来源:保旭.2009-07-30.http://www.chinanews.com/cul/news/2009/07-30/1796394.shtml

(三) 土著知识旅游产品的分类

从属性上说,土著知识产品可以归属于文化旅游产品类别、遗产旅游产品类别、非物质文化遗产旅游产品类别等。而从旅游产品的一般属性和分类的方法来看,我们可以将土著知识旅游产品从功能属性上进行不同的划分,大致可分为观光类土著知识旅游产品、科普类土著知识旅游产品、体验类土著知识旅游产品和购物类土著知识旅游产品等四类。需要注意的是,对土著知识旅游产品的划分并不是绝对的,它们之间存在着千丝万缕的联系,是一个统一的整体。

1. 观光类土著知识旅游产品

土著知识作为一种非物质的存在形态,其观光类土著知识旅游产品是土著知识利用的结果,是指以土著族群聚居地自然环境和社会环境及其他有价值的土著知识旅游资源为主体,开发供游客观光、游览、欣赏土著社区自然风光和人文景观的旅游产品。其主要包括土著社区根据自身的信仰体系而保护的自然环境,如神山、神湖、神水等以及土著社区利用土著知识的技术体系创造的丰富异彩的人文景观,如建筑、服饰、首饰、生活与生产工具等。

1) 观光类土著知识旅游产品的特点

在一般意义上,观光类的旅游产品都需要依托一定的物质实体来满足游客观光的需求,并主要以自然景观和人文景观为主,推出可供游客游览、欣赏和观光的旅游产品。观光类的土著知识旅游产品不仅与一般观光类旅游产品类似,且由于其非物质性等特质,具有与一般的观光类旅游产品不同的特征。

(1) 科普教育性强。一般的观光类旅游产品主要以旅游地优美的自然环境为卖点,吸引游客进行旅游消费,从开发的初衷和角度来讲并不带有科普教育的意义。而土著知识作为一种"草根性"的地方性知识体系本身就是地方生产与生活经验和智慧的结晶。观光类的土著知识旅游产品本身就蕴涵了对产品的一些基本知识的介绍,如神山为什么至今保护得如此完整、神湖为什么不能侵犯、族群服饰为什么选用如此图案、哈尼族为什么能将梯田经营得如此之好、傣味是怎么制成的、各具特色的陶器如何制作等。游客在进行土著社区自然环境与人文景观观光的同时不自觉地增加了对土著知识的了解程度,深化了对非普同性知识的认知,相较于一般意义上的观光类旅游产品,观光类的土著知识旅游产品具有更深的教育意义,尤其以生态知识教育与族群生产与生活技术教育最为明显。

(2) 文化意义与历史意义浓厚。土著知识属于特定的族群文化或地域文化系统,是其文化系统中的重要构成要素之一。游客对观光类土著知识旅游产品的消费并不仅仅是满足感官的需求,而是在体验、了解一种独特于自己的惯常认知,是有别于主流文化的"另类"或是"他者"的文化,而且土著知识是在漫长的时空背景中逐渐形成,并与其主体的历史发展紧密相关,是其历史进程的说明。对土著知识旅游产品的消费过程也是对其历史进程的了解过程,两者具有同步性。

(3) 受交通条件制约性大。受现代化不断渗透与扩展的影响,土著知识生存空间受到了极大的压缩,其仅残存于某些边远的偏僻角落或是边缘型的族群社会。这些区域或是社区受制于自然条件的制约,经济发展程度较为缓慢,基础设施显得尤为薄弱,这将在很大程度上影响土著知识旅游地的可进入性。而且,很多的土著族群是为了躲避战争而被迫迁徙的,他们往往选择那些近乎原始的,具有庇护作用的自然环境作为自己的栖息地,再加之他们原始宗教意识中对万物的崇拜与敬仰,使得他们往往与世隔绝。

(4) 季节性制约因素较弱。很多观光型的旅游地都面临季节性的尴尬,但对于观光类土著知识旅游产品而言,季节性不仅没有削弱其吸引力,甚至在某种程度上是强化了观光类土著知识旅游产品的吸引力。因为,人类在不同的季节会有不同的生产与生活方式,土著知识产生于人类与自然环境的互动中,从季节的角度讲就是对变化着的季节的适应。变化着的季节为人类的生存提供了不同的原材料,自然也就积累了季节性的土著知识。换句话说,游客在不同的季节可以观光到不同的土著知识。

2) 观光类土著知识旅游产品的类型

确切地说,文化要素已经渗透到了人类生活的所有角落,几乎所有的事物都带有文化的印迹,都与文化有着某种程度的关联。因此,将土著知识旅游中的观光类旅游产品划分为自然环境观光和人文环境观光是有失偏颇的。为了更好地说明问题,我们摒弃了传统意义上观光类旅游产品的划分,而将观光类的土著知识旅游产品划分为土著知识"结果"的观光和土著知识"过程"的观光。

(1) 土著知识"结果"的观光。土著社区可供观光的纯自然环境几乎是不存在的。毕竟,出于"万物有灵"和图腾崇拜的宗教意识,土著社区的一切自然事项都成为了族群顶礼膜拜的对象。所谓土著知识结果的观光,即指对一切土著知识利用结果的观光，包括因信仰体系形成的神山、神湖、神林等，因技术体系形成的建筑、服饰、饮食、手工艺品、生产用具等。

（2）土著知识"过程"观光。所谓土著知识过程观光，指的是对土著知识利用过程的观光，包括特色饮食制作过程、纺织技术过程、陶器制作过程、信仰对象的祭祀过程等。

梭嘎生态博物馆

1995年，中国第一座生态博物馆落户于贵州六枝特区梭嘎乡，这也是亚洲第一座生态博物馆。它的建立，是我国保护少数民族文化的新尝试。不过，这个从欧洲空降过来的新事物，从一开始，便处在两种相反观点的争论中。

20世纪80年代初，贵州省文物部门对全省3个民族自治州和7个民族自治县进行了一次调查，获得22个民族村寨的调查材料60余万字，拍摄了大量珍贵照片。从征集的4000多件民族服饰中，文物部门深深感到其中的人文价值面临消失的危险。

1986年，博物馆学家苏东海先生来贵州考察。身为贵州省文物保护顾问的他，对陪同考察的人员说："建设生态博物馆也好，建立民族村寨博物馆也好，都是目前博物馆界的尖端，如果贵州办一个这样的博物馆，那是全国第一。"

苏先生所倡导的生态博物馆，诞生于1971年的法国。不同于传统博物馆，生态博物馆没有围墙，而是将保护范围扩大到文化遗产留存的区域，并引入社区居民参与管理，同时寻求文化遗产在未来的延续和发展。它们在全世界约有500座，是一种世界流行的文化遗产保护形式。

但是，在资金仍然匮乏的时期，这一计划也只能停留在美好的愿望中。

1994年，国际博物馆协会年会在北京举行。同为国际博物馆协会学术委员的苏东海和挪威著名生态博物馆学家约翰·杰斯特龙教授参会。其间，两位学者就生态博物馆与民族文化遗产的保护和利用进行过深入的探讨，并将目光共同投向了贵州。

第二年，杰斯特龙乘坐的越野吉普就出现在了进出梭戛的唯一通道上。山寨里的一切让他感到震惊：村寨仍处于男耕女织的自然经济状态，没有文字，刻竹记事，有独特的婚嫁、丧葬和祭祀仪式、音乐舞蹈等。他不愿按原计划离开，一定要在这里住一个晚上。这下可忙坏了乡里的干部，忙着派人去山下买被子。但这些被子最终没派上用场。按照杰斯特龙的意思，他们在一块空地上点了一堆火，全寨的男女老少都自发地穿着盛装赶来，围着火堆又唱又跳。杰斯特龙彻夜未眠，用摄像机拍下了那个难忘的夜晚。

1995年4月，在苏东海和杰斯特龙等中挪博物馆学家以及贵州文物工作者组的共同努力下，一份《在贵州省梭嘎乡建立中国第一座生态博物馆的可行性研究报告》正式出炉。

在初建梭戛生态博物馆时，苏老与挪威博物馆学家约翰·杰斯特龙先生之间就有一场很有意思的争论：长角苗女孩该不该读书。杰斯特龙先生怕现代知识污染了这个完美的文化；苏先生则认为应该让她们获得现代知识，让她们开阔眼界，从而提高保存自己文化的自觉性。

再后来，是当地人引不引入自来水的争论。外国专家认出，长角苗妇女由于长期背水，为保持身体平衡，有着独特的站姿与走姿，不应引入自来水；而中国学者认为，不能因为要保持当地妇女婀娜的身形，而要她们长此以往地背水。

虽然这些争论都过去了，但是封闭与开放、保护与开发的争论却从来没有停息过。最终各方形成一个共识：中国第一座生态博物馆是在一个仍然封闭落后的苗族社区建设起来的，兴起于欧洲的生态博物馆理念要在中国生根，必须要符合中国的实际，走中国特色之路。

1997年10月23日，国家主席江泽民和挪威国王哈拉尔五世、王后宋雅在北京人民大会堂出席了《挪威合作开发署与中国博物馆学会关于中国贵州省梭嘎生态博物馆的协议》（以下简称《协议》）签字仪式，中国国家文物局局长张文彬和挪威外交大臣沃勒拜克分别代表两国政府在协议上签字。中国和挪威合作在贵州创建了中国第一座生态博物馆。

1998年10月31日，梭嘎生态博物馆资料信息中心在陇嘎村内建成开馆。"中心"建设面积420平方米，按要求配有档案室、展览室、视听室等，濒临消失的有形和无形文化遗产被储存在这里。同时，用传统工艺、传统材料、整体维修保护了村内10幢百年以上极具特点的民居，初步解决了村内水、电、路问题，新建了希望小学，编写了10万多字的《中国贵州六枝梭嘎生态博物馆资料汇编》。

梭嘎苗族生态博物馆的开馆，填补了中国乃至亚洲在"世界生态博物馆运动"中的空白，海内外媒体作了专题报道。

随后，中挪双方又相继在贵州省合作建设了镇山布依族生态博物馆、锦屏隆里古城生态博物馆和黎平堂安侗族生态博物馆等三座生态博物馆，贵州省成为我国唯一拥有生态博物馆群的省份。

目前，我国已有11个生态博物馆，分布在贵州、云南、广西和内蒙古等地区，保护着苗族、瑶族、蒙古族等民族丰富多彩的文化活标本。

资料来源：牛志男.2009.梭嘎生态博物馆.中国民族，(21)：112-113

2. 科普类土著知识旅游产品

科普类土著知识旅游产品，是指以土著知识为主题，以土著社区某一领域的特色技术、生产工艺为载体，开发的具有科普教育功能的旅游产品。

1) 科普类土著知识旅游产品的特点

科普类土著知识旅游产品与一般的科普类旅游产品在概念上虽然近似，但在性质上却截然不同。事实上，目前在旅游市场上推出的科普类旅游产品主要是依托现代社会的高新技术发展起来的，具体而言，现代的工业企业是科普类旅游产品生成的关键，属于工业类科普旅游产品。土著知识旅游中的科普旅游产品与工业社会绝缘，两者之间并没有任何的联系。科普类的土著知识旅游产品并不是由工业企业生产，而是作为独特的知识体系存在于非工业的社会当中。具体而言，科普类的土著知识旅游产品有如下特点。

(1) 知识性。相较于一般的旅游产品，科普类的土著知识旅游产品内含极强的知识性，且这种知识独立于工业社会，具备自身的独特性。一方面，科普类的土著知识旅游开发依靠的是土著族群与生态环境长期互动的经验总结和智慧结晶，其科技虽不具备工业社会的系统性、理论性，但其仍对土著族群的生产与生活产生着积极的深远影响。科普类土著知识旅游产品的开发是对土著族群技术的利用，自然具有明显的知识性。另一方面，科普类土著知识旅游产品开发的主要目的是让游客了解土著知识，了解其生产过程，了解其中的高超技艺，进而宣扬土著知识的价值和意义。科普类土著知识旅游产品是对土著知识的利用，天然具有知识性，同时，知识性也是土著知识旅游吸引游客的重要特征之一。

(2) 寓教于乐。旅游活动在某种意义上也是一种特殊的户外教育过程，但想要充分调动游客参与学习的热情与主动性，必须提倡寓教于乐，或是其产品带有寓教于乐的特质。土著知识作为一种丰富的地方性知识体系，自然具备了向游客提供寓教于乐活动的潜质。丰富的土著知识为游客选择自己感兴趣的对象提供了可能，由此吸引游客亲自实践来体验并掌握相关知识。在学习中得到娱乐，在娱乐中获取知识是科普类土著知识旅游产品最显著的特点。

(3) 具有针对性。科普类土著知识旅游产品的针对性包含了两层意思：其一，对象的针对性。某一类的土著知识是针对某一具体的对象出现的，如关于生态环境保护有专门的土著知识，关于饮食亦有针对性的土著知识。其二，客源市场的针对性。科普类土著知识旅游产品强调知识性，因此，其客源市场很大部分针对的是青少年受众。相对而言，青少年不仅拥有旺盛的精力，而且对学习新的知识带有极强的欲望。

（4）教育意义突出。教育的对象即是知识。科普类土著知识旅游产品突出的教育意义主要体现在：首先，游客选择购买科普类土著知识旅游产品的目的即在于获取相关的知识，并从中获得教育。对一直生活在普同性知识的世界里，不断接受着各种不同方式的普同性知识教育的人群来说，能够接触并学习到另一类与普同性知识截然不同的知识体系是很有意义的事，也将极大地激发游客的购买欲望与冲动。其次，科普类土著知识旅游产品来源于土著知识，必然会使产品的教育目的更加的明显。最后，科普类土著知识旅游产品开发的目的即在于向人们进行土著知识教育，包括土著知识的价值、意义和功能等。

2）科普类土著知识旅游产品的类型

总的看来，科普类的土著知识旅游产品开发一般有两种类别，即静态的土著知识科普旅游产品和动态的土著知识科普旅游产品。

（1）静态的土著知识科普旅游产品。所谓静态的土著知识科普旅游产品，即是利用博物馆等设施主体，静态地集中展示某一特定区域一切有关土著知识事项的旅游开发形式。通过特色博物馆或是家庭实景展示等方法和手段，将某一特定土著知识的历史、发展历程、特征、成果、内容、流程、技术、功能等，以实物、图片、文字等手段进行全方位的展示，让人们获得关于该土著知识的综合了解。

（2）动态的土著知识科普旅游产品。动态的土著知识科普旅游产品，是以土著社区某一土著知识利用的现场作为资源开发主体的一种旅游开发形式。以家庭为单位，或在社区开辟专门的土著知识利用现场，通过面对面的交流与互动，向游客展示或是传授某一类的土著知识技术。

热带雨林民族文化博物馆

西双版纳地处祖国西南边陲，是北回归线附近迄今尚保存有大面积热带雨林的地区，也是以傣族为主的多民族聚居地。在历史发展过程中，各民族的日常生活、医药卫生、生产活动、文学艺术和宗教信仰等无不与热带雨林以及其中的生物资源相互作用、相互影响，形成多样而独特的民族森林文化，也正是这种优秀传统文化的存在，维持了这个地区人与自然的和谐相处、协调发展。

> 本馆建在中国科学院西双版纳热带植物园园内，面积2000平方米，外观体现了傣族建筑的风格。馆辖热带雨林、民族森林文化展厅和热带雨林民族文化研究中心等，是一个具有公众教育、科学研究和文物保存等功能的专业性博物馆。
>
> 资料来源：科普信息中心．2009-08-14．http：/www.cas.cn/kxcb/kqdt/201005/t201005102841974.shtml

3. 体验类土著知识旅游产品

体验类土著知识旅游产品，是指以体验土著知识体系中某种对象的生产过程为主要目的，让游客获得知识和享受的旅游产品。体验类的土著知识旅游产品，多以某一特定的产品生产过程为依托，以游客参与其中以实现体验过程为形式。诸如傣族的傣味体验，游客从采集傣味食材开始，并学习制作到最终品尝的全过程，能够让游客获得傣味制作的基本知识，得到亲自参与的乐趣。

1) 体验类土著知识旅游产品的特点

"体验经济"是目前经济学领域的热点话题。所谓"体验经济"，根据派恩（Pine）的理解，就是一种以商品为道具，以服务为舞台，通过满足人们的体验而产生经济的经济形态，是一种最新的经济发展浪潮。体验经济的时代已经来临，其与旅游结合而成的体验类旅游产品正成为旅游市场的宠儿，并满足着体验时代旅游者追求新意、新奇，追求个性化，追求体验与参与的需求。具体而言，体验类土著知识旅游产品呈现出如下特点。

（1）个性化强。随着旅游市场的不断成熟，旅游经验的不断积累，旅游市场已经呈现出了嬗变的趋势，个性化、自由化等旅游需求不断强化。在体验时代的宏观背景下，旅游地必须为旅游者提供个性化的旅游产品。与其他类的旅游产品相比，由于土著知识自身鲜明的地域性决定了体验类土著知识旅游产品独特的个性，其能够通过土著族群掌握的生产与生活技术，让游客的体验过程、方式、内容和程度更加的深入、多元，也更具有意义。

（2）内容丰富，参与性强。体验类土著知识旅游产品的开发依赖于土著社区的空间场域以及掌握特定土著知识技术的社区主体。作为一种非物质的存在形态，许多利用于族群日常生产与生活的土著知识及其载体可以以另一种身份表现出来。由于土著知识与土著族群生产与生活的密切联系，是其日常生活的真实反映，这使其与其他类的体验类旅游产品存在较明显的区别。而且，由于土著知识的技术体系，可以为游客提供丰富的、多元化的体验与参与机会。诸如学习陶器制作、学习特色饮食制作、参与捕鱼、采摘野菜等。

（3）教育功能突出。土著知识的非物质性，决定了体验类土著知识旅游产品必须依托某些物质载体，并借助相关的技术呈现。不同的土著知识具有不同的呈现方式和实体依托，游客在参与土著知识体验的同时，可以获得多方面的知识，使体验更加的深入。例如，傣味制作的体验过程，首先将教会游客分辨可食用野菜与不可食用野菜；其次，教会游客判断可食野菜的生长地；最后，教会游客制作傣味的具体技术。在整个过程中，游客以体验傣味制作为核心，并汲取了有关傣味配料、可食野菜与不可食野菜判别、野菜生长地选择等知识。

2) 体验类土著知识旅游产品的类型

(1) 美食旅游。多元的地理环境差异，造就了形态万千、各有特色的地方饮食，尤其是独特的地理环境和气候条件造就的多样化的食物来源和独特的饮食特色。例如，傣族的火烧干巴和撒撇、纳西族的琵琶肉、佤族的鸡肉烂饭和牛肉酸菜、怒族的咕嘟饭、苗族的酸猪肉、白族的酸肝、彝族的剁猪糁、瑶族的罐腌猪肋骨、布朗族的骨头糁、拉祜族的血鲊等。甚至出现了一些在选材上极其怪异的饮食特色，如青苔、花蜘蛛、蚂蚁、蚂蚁蛋、花卉、野菜等。

(2) 特色居住。一般说来，各族群所处的生态环境差异就基本决定了其建筑，尤其是民居建筑的特色。可以说，有什么样的生态环境，就有什么样的适应生态环境差异的建筑。生态环境中的地形、气候、降水等因素对族群建筑的选址、布局、取材、结构方式、造型设计等都有着极大的影响，因而也就形成了不同形式、不同风格的族群建筑，尤以民居建筑最为突出，也最为丰富多彩。自然环境的多样性直接影响到了民族建筑的多样性，民居建筑是人们积极适应周边环境的结果，自然环境的多样性造就了多样化的民居建筑特色。

(3) 交通体验。居久性的少数民族从强烈的地理环境差异和恶劣的生活环境中总结生存的经验，创造出了系列极其特异的出行工具，如藤索桥、竹索桥、铁索桥、溜索桥等。

(4) 旅游购物。土著知识具有极强的审美价值，也有众多可供销售的旅游商品。各地所推崇的地方特色也是土著知识的成果，如大理的扎染、剑川的木雕、鹤庆的银器、建水的陶器、阿昌族的户撒刀等。

(5) 特色娱乐。在特定的自然条件、地理环境、文化氛围及其生产与生活方式中创造的土著知识中含有大量的娱乐活动，而且各族群的娱乐活动因地域的差异，呈现出鲜明的地域与族群特征。例如，生活在高原地区的藏族喜欢赛马、射箭、跳锅庄等娱乐项目，体现的是高原族群的游牧的生活特色；生活在山区或半山区的苗族则喜欢爬杆、斗牛、射箭等娱乐活动，展示的是农耕族群的特色；生活在坝区的傣族，由于临近河流、湖泊等，擅长龙舟、游泳等具有水乡特色的娱乐活动。在薄弱的物质条件下，土著族群创造出了丰富多彩的娱乐活动，尤以节庆为主，如白族的"三月街"、哈尼族的"长街宴"、傣族的"泼水节"、德昂族的"木脑纵歌"、彝族的"火把节"、傈僳族的"阔时节"等，还包括土著族群极具趣味性的体育项目，如秋千、梭镖、射箭、丢花包等。

白族三道茶

早在唐代《蛮书》中就有记载，1000年前的南诏时期，白族就有了饮茶的习惯。明代的徐霞客来大理时，也被这种独特的礼俗所感动。在他的游记中这样描述它"注茶为玩，初清茶、中盐茶、次蜜茶"。所谓"注茶为玩"，就是把饮茶作为一种品赏的艺术活动，也即是后人所称的茶道。

每道茶的制作方法和所用原料都是不一样，寓意也不同。

第一道茶，称之为"清苦之茶"，寓意做人的哲理："要立业，先要吃苦。"正如孟子所言："天将降大任于斯人也，必先苦其心志，劳其筋骨，饿其体肤，空乏其身，行拂乱其所为。"第二道茶，称之为"甜茶"，寓苦去甜来之意。第三道茶，称之为"回味茶"，喝起来甜、酸、苦、辣，各味俱全，回味无穷。它告诫人们，凡事要多"回味"，切记"先苦后甜"的哲理，要做到"顺境不足喜，逆境不足忧"。

中国是茶的故乡，中国茶道既是饮茶的艺术，也是生活的艺术，更是人生的艺术。民族地区由于自身的生活习俗形成的特殊饮茶方法，亦是中国传统文化的重要组成部分。

资料来源：李清.2009－08－11.http：//www.ctsgz.cn/utilpage/articledisplay.do? bh＝20090811151944

4. 购物类土著知识旅游产品

购物类土著知识旅游产品，是指直接供给旅游市场，让游客直接进行消费的物质性土著知识旅游产品，是土著知识利用的成果结晶之一。购物类的土著知识旅游产品，多以某一旅游地的特色购物品、特色旅游商品为主要表现形式。例如，西双版纳傣族的筒裙、大理的乳扇、呈贡斗南的鲜切花等。

1）购物类土著知识旅游产品的特点

购物类土著知识旅游产品与一般的商品在概念上近似，更多时候只是附带了旅游的影子，但在性质上却截然不同。购物类的旅游商品相较一般市场上流通的商品而言，更具有地方特色，是对地方性技巧、宗教信仰、地理环境等文化、非文化因子的集中呈现，更具有文化魅力，其所深含的价值也会更加的多元与丰满。概而言之，购物类土著知识旅游产品主要呈现出以下特点。

（1）文化性。由于土著知识的文化属性，因其而生的购物类土著知识旅游产品自然带有极大的文化特色，是一个地域或是某一族群最鲜明文化符号的象征与隐喻。例如，三塔模型之于大理白族、木鼓之于佤族、葫芦之于拉祜族等。

（2）价值的多元性。作为一种特色的旅游购物品，依托土著知识所生产的购物类土著知识旅游产品呈现出价值的多元性特征，既具有美观的视觉体验，又会同时具备或娱乐、或食用等多元价值。

（3）特色性。地域性的土著知识孕育除了别具特色的土著知识旅游购物品，使其具有空间范围的限定性与文化特色的彰显性等。例如，花腰傣紧分布于新平县及其周边区域，自然关于花腰傣的土著知识旅游购物品也与其族群的分布呈现出极大的一致性。

2）购物类土著知识旅游产品的分类

根据土著知识的属性与特色，购物类的土著知识旅游产品主要囊括衣、食、器等几大方面。衣，即服饰。例如，白族服饰、彝族服饰、藏族服饰等。食，即是各个地区、不同族群最具代表性的特色餐饮。例如，佤族的鸡肉烂饭、彝族的坨坨肉、藏族的酥油茶、纳西族的腊排骨等。器，包括装饰性的器物和生产型的器物两大方面。前者主要以小型的手工艺品为主，如耳环、手镯、簪子等。后者则主要是一些可用于日常生活的大型器物，如竹篾编织的凳子、桌子，大理石制成的茶几等。

第五章

土著知识旅游需求

第五章　土著知识旅游需求

旅游需求在过去的 20 年里迅速增长，如今，旅游需求以各种方式影响着世界上几乎所有的地方。随着旅游需求呈现多元化与个性化，土著知识旅游将依托自身的特质取得长足的发展。与生态旅游、文化旅游、遗产旅游以及其他类型的特色旅游一样，土著知识旅游必将在不久的未来成为全球旅游业中发展最快的旅游活动类型之一。

"需求"一词通常被用来表示市场。土著知识旅游需求则表示土著知识旅游地和土著知识旅游景区（点）市场。土著知识旅游市场可以被划分为被动型土著知识旅游者和主动型土著知识旅游者。

所谓被动型土著知识旅游者，是指那些以参观、游览为消遣或是把参观土著知识旅游景区（点）当做次要或附带目的的旅游者。例如，文化旅游者就属于被动型的土著知识旅游者，他们虽然会在旅游过程中参观某些土著知识旅游景区，抑或是体验某些土著知识、技巧，但游览这些景区并不是他们的主要动机。

主动型土著知识旅游者是指那些为了寻求某种土著知识体验的旅游者。获得教育体验或是满足对异文化的体验更有可能是他们选择土著知识旅游的主要动机，而被动型土著知识旅游体验者游览土著知识旅游景区主要是为了亲眼目睹通过多元化媒介了解到的土著知识。土著知识旅游可以说是文化旅游抑或是遗产旅游的主题化，而这也是符合旅游业近年来向利基旅游方向发展的趋势。

一、谁是土著知识旅游者

不同的游客具有不同的文化层次，不同的职业经历与文化背景的差异性，导致了旅游者对体验要求与角色的千差万别。参与土著知识的人当然可以被认为是土著知识旅游者，但由于人类出游动机的多元性，即使在同一次旅游活动过程中可能也会存在多种动机，再加之土著知识的文化属性、遗产属性及其与生态旅游、乡村旅游等的重叠，所以到底谁是土著知识旅游者是个难以回答的问题。如果按照以往的经验，根据资源的类型或是出游的动机来判定旅游者类型的话，随着旅游资源外延的不断扩展，旅游者的类型将是个永远难以明确的不解之谜。土著知识旅游者也就可以被称为文化旅游者、遗产旅游者、生态旅游者、乡村旅游者等。要划分旅游者的类型，我们需要回溯旅游本质属性。旅游被认为是在寻找一种差异与新奇，而且其中隐含着对惯常环境的依附。因此，我们认为 Cohen[316] 关于旅游者角色的划分是具有借鉴意义的。Cohen 认为，旅游体验结合了一定程度的新奇感和一定程度的熟悉感，结合了旧习惯带来的安全和变化带来激动，并指出新奇感和熟悉感的各种可能组合构成了一个连续带，游客的类型根据新奇感—熟悉感的不同组合，形成了四类旅游者角色分类，即团队大众旅游者（organized mass tourism）、个人大众旅游者（invididual）、探索者（expiorer）和漂泊者（drifter）。团队的大众旅游者自始至终都躲在自己的"环境气泡里"，他们更多需要的是熟悉感而不是新奇感。因此他们被认为是最缺乏冒险精神的，他们的旅游活动已经事先全程做好了准备，只需程序化的运行即可。个人的大众旅游者与团队的大众旅游者相比，虽然其行程也是旅行社安排的，但是不同之处就在于他们对自己旅游活动的行程与时间安排具有一定的自主性，可以在一定程度上自主安排行程和时间。同时，对新奇感的要求也强于前者。通俗地讲，他们都属于制度化的旅游者。探险者被认为是那些自主安排远离大众旅游线路，对新奇感充满了向往，但始终难以摆脱其文化影响，仍然需要舒适的住宿条件和交通条件的旅游者。漂泊者是最富有冒险精神的旅游者，他们是完全冲着新奇感而来的，而且不需要任何的熟悉感，敢于远离常规的旅游线路，并能够完全地沉浸在旅游地的文化氛围中，做到真正的"入乡随俗"。漂泊者是最典型的非制度性化的旅游者，对旅游设施的依附也是最薄弱和松散的。

根据Cohen对旅游者角色类型的划分，土著知识旅游者明显更符合"探险者"或是"漂泊者"的角色定位，土著知识旅游者具有与"探险者"或是"漂泊者"某些类似的特质与特点，更确切地说是外向型的专职漂泊者或是外向型的业余漂泊者。这主要是因为如下一些原因。

（1）他们都与"反主流文化"紧密地联系在一起，不愿意安于沉闷的生活状态或是一成不变的都市生活，反而对简单的、前现代的、乡村的生活方式与存在状态有更多的向往。放弃普遍接受的准则和传统的生活方式，主动放弃现代技术社会的安逸生活，寻求感官和情感体验被认为是"反主流文化"最显著的特点。土著知识是与占主导地位的现代科学知识存在较大差异与势差的特殊知识体系，而且仅残存于特殊的地域或是土著族群的社区里，选择土著知识旅游即是对前现代文明的一种认可与体验，希冀借助带有前现代属性与特色的土著知识弥补现代化对主体的某种危机。

（2）他们都具有最高的新奇感。土著知识对于很多人而言是陌生的，即土著知识充满了新奇性。新奇性，一方面是对土著知识客观属性的反映，即相较于普同性的知识，土著知识具有鲜明的地域性、可靠性和特异性，它并不包含在现代知识系统中，是一种实践性的知识而不是抽象的理论概括。另一方面，新奇感是游客对土著知识的主观感觉。对长期接触并接受普同性知识的游客而言，土著知识是一个鲜明的字眼，他们会利用普同性知识对土著或是土著知识介绍的零碎片段构建出自身主观感觉的土著知识新奇性。

（3）他们都面临强烈的跨文化差异，并能够真正地融入社区的文化。漂泊者选择特殊的旅游线路,并与常规的旅游线路相回避,他们选择的都是一些几乎无人访问的封闭社区。土著知识与现代知识的强烈势差必将导致两者间的跨文化差异,再加之土著社区的传统性与土著知识的前现代性,其与日新月异的现代知识"差距"将被无限放大。因此,无论是漂泊者还是土著知识旅游者都将在旅游活动中面临强烈的跨文化差异。从体验的角度说,漂泊者和土著知识旅游者选择旅游消费的原因都是为了对异地进行体验。因此,为了能够真正体验到异地的特色,他们会尽量克服跨文化的障碍与传统文化的制约,将自己融入社区的日常生活。也正是因为如此,他们才敢于选择远离常规的特殊旅游地和进入"土著"社区。

要回答谁是土著知识旅游者,另外一个可供借鉴的旅游者角色分类是莫斯卡多(Moscardo)等[317~319]关于旅游者的分类方法,他把游客划分为思考型游客与非思考型游客两类(表5-1)。他认为当人们开始思考时,会对周围的环境更加关心,并表现出愿意接受外部信息并以不同的视角了解和认识世界的状态。土著知识旅游依托的基础是作为人与自身生态环境长期互动而创造的土著知识,是一种非物质的存在形态,游客无法通过直接的感官认识土著知识。因此,土著知识需要游客思考,如果游客不能对其进行相应的思考,将无法了解土著知识的内涵和价值。当游客在土著知识旅游过程中处于思考状态时,他会对周围的环境变得更加的敏感,会更加主动积极地吸取土著知识的信息,能够更好地亲自处理旅游中的各种情况,从而能更好地了解和珍惜土著知识。相对于思考型的游客而言,非思考型的游客则不喜欢了解新的知识和信息并且不希望改变他们认识事物的视角与观点。这类游客参与土著知识旅游可能仅仅只是为了表明"我曾来过",除此基本没有任何的额外收获,甚至可能因为其固定的认识事物视角而引发"民族中心主义"。土著知识的价值和意义也会被他们所误读、曲解甚至贬低。

表 5-1　思考型游客与非思考型游客的主要特征[317~319]

内容	思考型游客	非思考型游客
主要特征	愿意接受新知识; 留意周围环境; 开发新的思路	依赖于现有的知识; 不注意周围的环境; 依赖于惯例
环境	新的和不同的环境; 控制与选择; 不同的和变化着的环境; 具有个人意义	熟悉的环境; 很少的控制与选择; 相同的环境; 与自己无关
结果	具有控制感; 具有成就感; 具有满足感; 能够解决问题; 获得新知识并能够记住	感到无助; 感到无能为力; 感到不满足; 解决问题的能力有限; 没有获得新知识或难以记住

二、土著知识旅游市场的含义及调查方法

尽管市场调查并不是万能的，甚至还可能因为制约因素的影响出现偏差，但是，作为一种研究方法与策略，市场调研能够在很大程度上帮助土著知识旅游开发抉择者和开发商避免盲目与冲动，降低投资的风险。

（一）土著知识旅游市场的含义

学术界关于旅游市场的界定存在着很多的观点。在结合众多观点的基础上，笔者认为土著知识旅游市场有广义和狭义之别。在狭义上，土著知识旅游市场是指土著知识旅游产品交换的空间场所；广义的土著知识旅游市场，除了指代土著知识旅游产品交易的空间场所以外，还指对土著知识旅游商品的需求——土著知识旅游市场是土著知识旅游产品卖方和买方力量的集合，是土著知识旅游产品流通的领域，是土著知识旅游产品交换关系的总和。本书主要遵循的是旅游市场卖方的概念。从旅游营销的角度讲，土著知识旅游市场的影响因素有人口、购买方和购买动机等。

（二）土著知识旅游市场的调查方法

学界一般认为，旅游市场调查是针对特定的旅游营销问题，运用科学的方法和手段，有目的地、系统地收集、整理和分析与旅游市场有关的信息，进而作出结论和提出建议，为旅游营销决策和旅游市场预测提供科学的依据和参考。关于土著知识旅游市场行之有效的调查方法包括统计资料分析法、问卷调查法、半结构访谈法、知情人访谈法、现场观察法以及网络调查法等。

1. 统计资料分析法

由于统计资料最主要的价值在于其内容上的真实性、时间上的连续性和形式上的完整性，并借助对比分析和抽样调查等手段，在一定程度上能帮助我们正确地分析和科学地使用旅游市场的统计数据。因此，各级政府所统计的旅游市场数据，仍然是我们分析和预测当地旅游市场状况的重要资料之一。尽管有些统计数据比较笼统，并不是十分明确，还可能由于统计口径缺乏统一性及认知上存在的偏差，或重复或遗漏，但统计数据还是能够为我们提供关于旅游市场发展的宏观情况与趋势。虽然土著知识旅游早已有之，但其在现代旅游活

动中总是"掺杂"在文化旅游、遗产旅游、生态旅游、民族文化旅游，甚至是乡村旅游、怀旧旅游等旅游形式当中，土著知识旅游并没有被当成独立的旅游活动类型，因此关于土著知识旅游市场的资料还缺乏专门的统计。但我们可以从既有的统计数据中离析出某些关乎土著知识的旅游活动作为我们进行市场预测的依据。

2. 问卷调查法

关于土著知识旅游市场的问卷调查，主要是借鉴社会学的问卷法，既可以收集到土著知识旅游者的心理特征和行为倾向，即态度，又可以收集到土著知识旅游者对土著知识旅游的意见，还可以收集到一些关于土著知识旅游市场的基本情况。问卷调查最主要的价值在于如果问卷调查真实有效的话，可以帮助我们认知和了解土著知识旅游市场的情况，尤其是潜在的需求。但需要注意问卷设计的方法与技巧。

3. 半结构访谈法

少数民族喜欢在闲暇时聚到一块，或唠家常或制作民族饰品，再加之文化程度较低，问卷调查的方法针对他们可能很不适用。半结构的访谈法是相对于访谈法的结构化、统一化、标准化、全面性和系统性而言的，其要求调查者笼统地或部分地提出问题，并突破访谈提纲的限制，给被访谈者更大的思考和交谈的空间。通过半结构的访谈法，主要是为了解游客对土著知识旅游资源的偏好。

4. 现场观察法

所谓现场观察法，即指调查者在土著知识旅游区（点）对土著知识旅游者的流量、规模的视觉印象，又指调查者在土著知识旅游区（点）对土著知识旅游者行为、感受的直接观察。但在独立的土著知识旅游未推出之前，想要了解土著知识旅游的市场状况，可通过对生态旅游、文化旅游、民族文化旅游等旅游形式中旅游者对"掺杂"土著知识的偏好与消费情况，了解潜在的土著知识旅游市场需求。

5. 网络调查法

在独立的土著知识旅游没有被正式推入市场以前，通过网络调查的方法了解旅游市场对土著知识旅游的认知与偏好显得十分重要，也格外具有优势。因为，网络调查尽管还存在这样或是那样的不足与缺陷，但其在样本数量、反馈信息的速度等方面具有无可比拟的优势，且由于土著知识旅游隐含探险、神秘的符号意义，最先能够引起年轻一族的关注，选用网络调查也就变得更为实际。

上述关于土著知识旅游市场的调查方法，各有利弊、相互补充，综合运用各种方法，会帮助我们对土著知识旅游市场有更为全面、深刻的认知，进而引导我们对市场前景进行客观预测。对各种调查方法的综合运用，定性的分析是十分重要的，对土著知识旅游资源市场的定性分析关系到旅游市场的发展方向、本质和特点，这是定量分析做不到的。同时，定量的分析方法同样不可或缺，因为它关系着事物发展的基础、部件和系统，支撑并影响着事物的发展。问卷调查法、知情人访谈法和网络调查法的核心在于问题如何设计，每一个问题的提出，其目的必须明确，且不能相互重复。换言之，需要获得什么样的资料就应该设计对应的问题来收集。此外，问卷设计应该有技巧讲究，问题的表述应该言简意赅，尽量口语化；半结构的访谈法样本的选择应该具有代表性，需要包括社区居民、旅游者、旅游经营者、导游等。

创新旅游产品，满足消费者多样性需求

市场经济的发展，带来了经济的繁荣和人们生活水平的提高。现在的人们，工作更加努力，可支配收入越来越多，闲暇时间人们更向往享受和感觉，即体验尽可能多的美食美景。美国经济学家约瑟夫·派恩二世认为，所谓体验就是指人们用一种从本质上说很个人化的方式来度过一段时间，并从中获得过程中呈现出的一系列可记忆事件。他和詹姆斯·吉尔摩在《体验经济》一书中进一步阐述体验经济是继产品经济和服务经济之后的一种新的经济形态，是一种以商品为道具，以服务为舞台，为提供体验作为主要经济价值提供品的经济形态。这一切决定了旅游产品具有如下几大消费特点。

(1) 由旅游经历向旅游体验转变。现实经济的发展已经进入了能够普遍地、大规模地满足马斯洛所说的最高需求层次——"自我实现"的阶段。体验经济时代的游客，不再满足于被组织、被安排的旅游产品，较多地开始自己组织、自己安排、自己组装，甚至自己参与的旅游产品，以达到在旅游活动过程中实现情感需要和自我实现需要，实现不断学习、沟通、体会，充分享受亲身参与带来的快乐和愉悦。

(2) 由概念阶段向实质内容延伸。知识经济的迅速发展，促使旅游者消费观念和消费方式发生了深刻变化，也使旅游者消费需求的结构、内容、形式等发生了显著的变化。现实的旅游者完全不同于以往任何经济时

代的旅游者，其消费习惯和生活方式表现为注重享受和自我发展，追求时尚与形象展示，对旅游产品的需求逐渐向休闲化、个性化和参与性变迁，人们开始追求新颖独特、具有丰富个人经历和感受的旅游活动。旅游需求正在由概念阶段逐渐向实质内容延伸，观光旅游的主题与深度、休闲旅游的健身与轻松、乡村旅游的人文景观与人文关怀和追求野趣与奢华等多样化需求渐成时尚。

（3）由观光旅游向文化旅游发展。在具有深厚历史文化传统的中国，这一切都表现出现代人强烈的历史文化兴趣和历史文化情结。特别是曹操墓的发现，不但在中国内地引起公众广泛兴趣，而且在韩国、日本也引发众多议论，这正是文化传统和心理的共振现象，也与目前较为流行的"那些以人文资源为主要内容的旅游活动，包括历史遗迹、建筑、民族艺术和民俗、宗教等方面"的文化旅游密切相关，由此也说明富有文化内涵和深度的文化旅游已成为当前旅游消费者的一种风尚。

（4）低碳概念促进生态旅游发展。社会进步和文明程度的提高以及由环境恶化导致的人类生存质量的下降，提醒了全社会对环境质量的普遍关注，令旅游者拥有强烈的环保意识和对自己所生存环境的珍惜，倡导生态旅游方式，反对资源掠夺性开发和使用，已成为旅游业可持续发展的主题。特别是现阶段各国正在实行或将要实行的低碳经济发展模式助推了生态旅游业的大发展。"所谓低碳经济，就是以低能耗、低污染为基础的绿色经济。其核心是在市场机制基础上，通过制度框架和政策措施的制定及创新，形成明确、稳定和长期的引导及鼓励，推动提高能效技术、节约能源技术、可再生能源技术和温室气体减排技术的开发和运用，促进整个社会经济朝向高能效、低能耗和低碳排放的模式转型。"

资料来源：颜娟. 2010. 当代经济（下半月），(9)：32-33

三、土著知识旅游市场的动机、细分与定位

（一）土著知识旅游市场的动机

一般认为，土著知识旅游者受到两种比较宽泛的动机的驱使：获取知识以及体验异文化。土著知识旅游者具有较强的求知意愿以及在旅游中的求知过程是区别土著知识旅游者与文化旅游者、遗产旅游者、生态旅游者最为关键的因素之一。在土著知识旅游者寻求知识的过程中，了解异文化与自然以及一般意

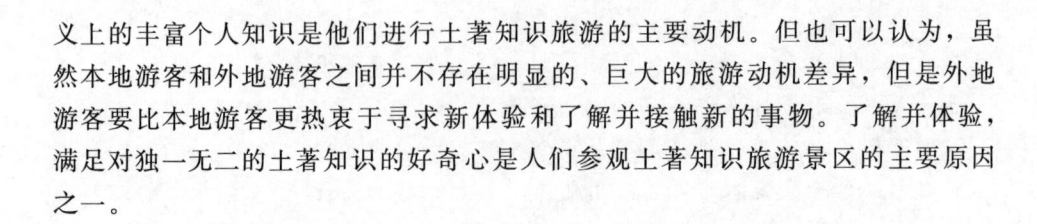

义上的丰富个人知识是他们进行土著知识旅游的主要动机。但也可以认为，虽然本地游客和外地游客之间并不存在明显的、巨大的旅游动机差异，但是外地游客要比本地游客更热衷于寻求新体验和了解并接触新的事物。了解并体验，满足对独一无二的土著知识的好奇心是人们参观土著知识旅游景区的主要原因之一。

（二）土著知识旅游市场的细分与定位

20世纪50年代中期，美国著名的市场学家温德尔史密斯（Wendell smith）提出了市场细分的概念，他指出可以按照购买者所需要的个别产品或是营销组合，将一个完整的市场依据不同的变量划分为不同的购买者群体，并描述出他们的轮廓。如今的市场细分概念是指营销者通过详细的市场调研，依据消费者的需要和欲望、购买行为和购买习惯等方面的差异，把某一产品的整体市场划分为若干更小规模消费群体的过程。每一消费群体就是一个单一的细分市场，每一细分市场内部具有类似的消费倾向。之所以对土著知识旅游市场进行细分，主要是因为土著知识旅游资源本真的丰富性、土著知识旅游资源市场的异质需求、土著知识旅游经营者自身具备的优势以及细分市场有利于其开发营销目标市场的选择、制定对应的营销策略、发掘市场机会，有利于集中人力、物力投入目标市场，提高经济效益。

就土著知识旅游市场本身而言，它就是旅游市场的一个细分市场，更确切地说是一个文化旅游市场，抑或是民族文化旅游市场的一个细分市场。因为无论是在大众观光的客源市场中，还是在文化探秘的客源市场中，均有一部分人或现实或潜在地热衷于土著族群、土著族群社区或是土著知识。他们有的是国际游客，有的是国内游客，但总体看来，他们多来自于现代化的都市，以中青年为主，并接受过良好的教育，多从事教育、科研、文化等中高收入职业，享受法定的假日和带薪休假，对"他者"具有强烈的好奇心、求知欲和探索心理；他们期盼能够接触到真实的、原生态的知识系统，并与社区的居民进行面对面的互动交流；关于住宿、餐饮等，他们并不要求豪华与奢求，而是希望可以感触到有别于惯常环境的特色。

旅游经营者和旅游营销人员通常都是根据旅游者的人口统计特征、地理分布特征以及消费心理特征等来为其产品和服务划分市场的。人口统计特征有助于了解参加土著知识旅游的旅游者类型，其中受教育程度、性别、年龄、收入水平以及工作类型是土著知识旅游管理者需要了解的最重要的旅游者因素。上述的因素有利于土著知识旅游经营者和营销人员根据所总结出来的规律来确定消费者的意愿和需求；一般而言，地理分布细分通常是根据旅游者居住的地点来加以划分；消费心理特征认为人类的行为受到其态度的影响，而人类的态度是基于个人生活的方方面面所形成的，如生活方式、社会阶层等。

1. 地理分布

可以根据客源地或是居住地来划分土著知识旅游者。第一类旅游者是周边的居民，他们居住在旅游景区点附近的城市或是县城，其游览通常都属于一日游；第二类游客是国内旅游者，他们通常来自于某一特定区域内的发达地区，并在参观土著知识旅游景点的过程中以某种形式住宿；第三类游客是国际旅游者，他们通常受异文化的吸引，通过长距离的旅行，并克服文化障碍在某一土著知识旅游景区停留并参观游览该景区。无论是国际游客，还是国内游客，都受制于经济要素和闲暇时间，土著知识旅游市场相对集中分布于发达的都市地区，即欧美等主要发达国家以及我国的东部沿海地区。这些地区不仅经济较为发达、城市化水平较高，而且普遍接受过高等教育，获取旅游咨询的途径及速度都较快。

2. 人口统计特征

受教育程度高，具有较高的素质是土著知识旅游者所具有的最主要的特征之一。因为土著知识的隐在性以及分布空间的狭小性决定了土著知识并非"一目了然"，而是需要借助某些现代科技。感知土著知识本身及其存在空间，况且，如前所述，土著知识旅游者属于思考型游客类型，这自然对游客的受教育水平提出要求，因此，可以认为，土著知识旅游者的平均受教育程度要高于一般公众。教育可以被视为是一种可以提高人们对时间、地点、人物和事件兴趣和了解程度的机制，而这种兴趣与了解程度的提高正是促使人们前往土著知识旅游地的重要原因。由于土著知识旅游者的受教育程度较高，所以他们在经济状况方面高于普通的民众并且拥有收入较高的工作；就性别而言，参观或是游览土著知识旅游景点的男性要多于女性，这很可能是受身体素质方面的影响，同样也不能忽视男性相较于女性有更为广泛的兴趣和爱好。但也不可否认，由于土著知识大量涉及的都是生产与生活的技巧，女性占有或是掌握的土著知识要多于男性，这也会激发女性旅游者的土著知识旅游动机。在年龄方面，土著知识旅游市场一般来说比较年轻，这很可能是缘于年轻人对惯常环境以外事物的关注与好奇，他们希望在参观游览的过程中接触到更多有别于自己生活环境的事物，获得更多的乐趣。

3. 消费心理特征

普罗格（Plog）[320,321]认为，旅游目的地之间的发展差异是由其所吸引的旅游者类型所决定的，并认为可以根据消费心理范畴把旅游者分为两种极端的类型，即保守稳妥型旅游者和冒险探索型旅游者。所谓保守稳妥性旅游者,即那些喜欢舒适的家庭生活和自己熟悉的环境并趋于在离家不远的地方进行旅游的人;冒险型的旅游者则喜欢去遥远的地方旅游,寻求刺激和具有挑战性的体验。土著知识旅游充满了冒险的元素,因此,土著知识旅游者也更符合冒险型的旅游者。

四、对土著知识旅游阻碍因素的分析

或许,关于土著知识旅游最重要的需求类型之一就是未得到满足的需求或是潜在的需求,即土著知识的潜在游客人数与实际的土著知识旅游者人数之差。土著知识旅游的潜在需求可以被看做是那些从来没有参与和从来没有考虑参与土著知识旅游活动的人以及那些希望参与土著知识旅游活动,但却由于或主观或客观方面的限制性因素而最终没能成行的人。虽然要确切地得出不参与土著知识旅游活动的人数具有极大的难度,但开发土著知识旅游就必须了解这一类人,以便确定如何招徕新游客,并使那些不曾参与过土著知识旅游的人们前来参与,积极扩展土著知识旅游市场份额。

制约人们参与旅游活动的因素可以说是多种多样的,包括结构性的制约因素,即那些阻碍人们将自己的意愿转化为行动的因素,主要指的是可自由支配的收入和足够的闲暇时间;个人制约因素,即那些与个人需求、以往的社交经历,个人能力以及参照群体的态度相关的问题和错误的认知,这些会致使人们选择放弃休闲活动。就土著知识旅游而言,主要的限制因素包括如下几点。

1. 无法进入或是可进入性差

就旅游而言,一般存在着两种类型的可进入方式,即实际进入和市场进入。所谓实际进入,是指能够实际到达某一旅游地,造成旅游者无法到达的原因主要有地理障碍、缺乏基础设施、交通不便、恶劣的自然环境等;而市场进入只是一种认知的概念,其并不是一些实际的制约因素,而是一些无形的障碍,主要指的是没有足够的闲暇时间和充足的可自由支配收入。更进一步讲,这些无形的障碍可能是由于繁忙的工作、繁重的家务劳动、低收入的工作机会或者是失业造成的。正因为如此,很多人在面对旅游机会时往往显得"心有余而力不足"——自己有参与土著知识旅游的动机与欲望,却碍于高昂的交通费、旅行费、门票以及无暇分身的恼人工作而不得不放弃出游的机会。

还有一种情况是可进入性差,即进入土著知识旅游景区的实际障碍,最集中地体现在旅游地的基础设施上,包括可进入的交通条件和旅游地提供的服务设施等。一般而言,土著社区都位于主体社会的边远和边缘地区,生活在那些自然环境极为恶劣的区域，没有直通的公路与汽车，这可能已经让很多潜在的游客望而却步了。再者，边缘与边远的历史境遇造成了土著社区极为贫困的经济状况，由此也会令很多的潜在游客担心不已——旅游服务设施是否完善、卫生、安全。尤其，当今旅游市场的主体来自于城市地区，习惯了城市生活的旅游者在为异文化吸引的同时，是否能够真正地"入乡随俗"是值得土著知识旅游经营者深思的现实问题。因此，缺乏便捷的可进入条件或是可进入条件差，很可能将是阻碍土著知识旅游开发的主要障碍之一。

2. 旅游者生理因素的制约

生理方面的制约因素也是那些选择不去参与土著知识旅游的社会群体的一个重要原因。克劳福德和戈比[322]认为有三种制约因素阻碍了人们参与遗产旅游景点在内的各种休闲旅游活动，这同样也适用于土著知识旅游。

首先是内在障碍（intrinsic barriers），是指那些限制人们行动的因素，其中包括生理残疾、智力障碍和认知障碍以及制约人们参观旅游目的地和景点的若干情境：①能力差距，能力方面的不足有可能使人无法享受到某些乐趣；②对于他人或器械的生理依赖性；③健康问题；④社交场所的限制性（social ineffectiveness）；⑤不了解有关休闲场所或设施的信息，因此无法作出恰当的选择。

其次是环境障碍（environment barriers），这主要涉及制约旅游者的外部因素，包括：①其他游客对于不同人士的不友好行为；②不便于残疾人士行动的建筑结构；③自然或地形方面的障碍，如丘陵、岩石、积雪和树木等；④缺乏充足并且便于使用的交通设施；⑤经济障碍，如低收入和高额费用等。

最后是信息传播障碍（communications barriers），即信息发送者和/或信息接受者之间缺乏有效沟通。

3. 心理刻板印象的制约

旅游是一种跨文化的体验活动，由于土著知识的独特性和特异性，土著知识旅游者将面对更大的文化差距，由此也将对土著知识旅游中的跨文化行为产生直接的影响。一般而言，客源地与旅游地之间的文化差距越大对潜在旅游市场的吸引力也越大，但与此同时，强烈的文化势差也会让处于"环境气泡"中的游客望而却步，突出地表现在消费者对事物的传统认知与刻板印象上。

所谓刻板印象，是指以某些共同点为基础，面对某些特征、符号以及人们的知觉进行归因[124]。当人们面对某种新的情境而又缺乏对其的了解时，刻板印象就将发挥作用。著名的学者 McCannell 早在 1984 年就指出："旅游者和东道主都容易受到刻板印象的伤害，因为刻板印象能够轻易地就影响旅游者与东道主的相互知觉，甚至对旅游访问的有关问题起决定作用。正面的刻板印象可以吸引旅游者。"一直以来，土著知识都是个陌生的概念，直到最近才引起了学术界的注意，更何况普通的受众。相较于土著知识，人们却对另一个有关的信息，即"土著"有着或多或少的了解。通过一些传统的传媒手段，世界各地的土著纷纷进入人们的认识世界，他们充满了"落后"、"野蛮"和"暴力"。诸如亚马逊流域的"食人族"，美国西部的印第安人以及撒哈拉以南的黑人等。对土著这种消极刻板印象的认知会延伸并影响到消费者对土著知识的形象的构建，"落后"、"野蛮"和"暴力"等也会被消费者嫁接到土著知识上。正因为如此，潜在的旅游市场一方面可能因为对土著的积极印象，如原生态性、文化性、民族性、传统性等而促成土著知识旅游活动；另一方面，对土著的消极印象，可能会让潜在的游客对土著知识旅游产生抵触心理，或担心自身的旅游安全，或对与当地人的交往存在忧虑。

同时也可能存在对"知识"的刻板印象，尤其对一些仍在接受学校教育的学生而言，这种情况可能会更加突出。学生接受学校教育的对象即是不同学科的知识，由于对土著知识的不甚了解，他们可能仅仅把土著知识看做是一种换了称谓的普同性知识，或是将土著知识旅游看做是在异地进行的又一次正规教育过程，进而对其产生反感情绪。

4. 缺乏足够的教育准备

知识是一种教育的载体，因此，认为自己缺乏足够的教育准备可能是许多人不选择参与土著知识旅游的原因，尤其对那些还在接受学校教育的学生而言，"知识"可能使他们产生某种心理阴影，认为土著知识旅游仅仅只是一种变相的户外教育方式。也有学生群体可能由于土著知识与自己在学校所学习到的普同性知识的巨大差异，而难以接受土著知识，形成对土著知识的抵触心理。其实这并不是土著知识本身的缘由，而是因为主体社会对普同性知识的宣扬和对土著知识的歧视造成的，是社会价值观作用的结果。

对更多的潜在游客而言，土著代表着另一个不属于自己的世界，是一个充满了"野蛮"、"无知"、"未开化"的蛮荒世界，弥漫着残酷性。因此，对于那些没有接触过土著知识，不明白土著知识价值与意义的人来说，土著无疑是一个令人感到陌生的未知世界。而且很多时候，旅游经营者，尤其是主管营销的部门，往往忽略了一个非常重要的事实，即对于他们或是土著族群来说是通俗易懂的东西，而对普通的游客来说，却可能十分费解。旅游营销者，包括导游将所有的游客置于同一认知起点，采用同样的方式、媒介或是途径向游客传达或是讲解土著知识很可能是要付出代价的。相反，对那些曾经以不同的方式，或在不同的场合，通过不同的途径接触过土著知识的人而言，非正式的教育经历会降低他们对土著知识旅游的忧虑感。

土著居民

20世纪80年代末,联合国开始讨论设置一个永久的、高级别的机构来关注与土著人相关的问题,并需要他们的积极参与。2000年7月,经济和社会理事会决定建立土著问题常设论坛,该论坛就经济和社会发展、文化、环境、教育、保健和人权等问题向理事会提交报告和作出建议。除了向理事会提供咨询意见之外,论坛还需要在联合国系统内增进对土著问题的认识,促进有关活动的结合和协调,并编写和散发有关土著问题的资料。每年将举行一次为期十个工作日的会议。各国、联合国各组织和机构、政府间组织和非政府组织以及土著人组织均可作为观察员参加。

组成该论坛的16名成员并非通常所谓的代表,他们作为独立专家以个人的身份发挥作用。正如设立该论坛的决议所规定,理事会主席在与各区域集团和土著人组织协商之后,任命八位土著成员。另外八位由政府提名并由理事会选出。所有成员的任期为三年,可连选连任一次。

早在1990年,联合国大会宣布1993年为世界土著人民国际年。1993年,联合国大会又宣布了自1994年12月10日开始的世界土著人民国际十年。世界土著人民国际十年的目标是促成国际合作,以解决土著人民在诸如人权、环境、发展、教育和卫生等领域所面临的问题。2003年12月,大会通过一项决议,鼓励各国政府采取以下行动支持"十年":研究办法让土著人民对自己的事务承担更大的责任,并在影响他们事务的决定上具有有效的发言权。大会鼓励设立有土著人民参与的国家委员会或其他机制,以确保在与土著人民充分合作的基础上规划与执行十年的目标和活动。

2005年12月16日,大会通过《第二个世界土著人民国际十年行动纲领》,并通过第二个十年的主题——"携手行动维护尊严"。大会呼吁整个国际社会以向第二个世界土著人民国际十年自愿基金捐款等方式向第二个十年行动纲领提供财政资助,并促请各国政府和有关土著组织采取一切必要行动,协助尽快通过联合国土著人民权利宣言草案。

资料来源:佚名.2012-05-20. http://www.un.org/chinese/esa/indigenous.htm

第六章
土著知识旅游开发分析

一、土著知识旅游开发的目标

土著知识具有科研、文化、教育、审美等重要价值。发展土著知识旅游，从供给方面说，主要是为了让人们认知土著知识的价值，培育人们的土著知识保护意识，并且追求其经济价值，实现其价值的增长；从需求方面说，除了迎合人们对原生态、"他者"的兴趣以外，土著知识旅游的体验性、参与性、知识性和差异性等特点也满足了现代旅游者求新、求异、求知、求乐的动机。

结合供需两个不同的视角加以考虑，开发土著知识旅游的目标具有多维性特点，既包括对土著知识价值的认知与保护，也包括为公众提供优质的休闲旅游产品，还包括促进土著知识旅游地自身的可持续发展。

1. 保护土著知识价值

土著知识具有异常重要的价值与意义，但由于价值观、地理环境等因素的影响，其价值并没有为最广大的受众了解。旅游作为一种典型的跨文化交流行为，对土著知识的旅游化利用将使更多的人了解土著知识的价值与意义，实现其价值与意义的转换与传播，并形成关于土著知识保护的集体意识。

2. 为公众提供优质的旅游产品

通过旅游开发，将土著知识在其生成过程中所凝结的全部历史、科学、文化、教育、审美转化为旅游资源，并贯穿到食、住、行、游、购、娱、学等要素中，形成核心吸引力，使旅游者得到身心愉悦的体验过程。

3. 通过土著知识保护与旅游发展的互动作用，促进土著知识旅游的可持续发展

虽然土著知识旅游也应以增加游客数量、实现利润的最大化为发展目标，但在其发展过程中，要坚持高起点、优布局、功能全、可持续的原则对土著知识地进行旅游规划，并遵循不断更新的发展理念，拓展土著知识旅游的科学教育价值，使旅游者在体验旅游的同时增长知识、开阔眼界，最终实现土著知识旅游持续健康发展。

联合国《二十一世纪议程》之

第 26 章　确认和加强土著人民及其社区的作用

方案领域

行动依据

26.1. 土著人民及其社区与他们的土地有着历史渊源并且一般来说是

这些土地原有居民的后代。在本章范围内，"土地"一词包括有关人民历来居住的地区的环境。土著人民及其社区占全球人口相当大的百分比。他们世代相传，发展出与其土地、自然资源和环境有关的整体传统科学知识。土著人民及其社区应享有充分的人权及基本自由而不受阻挠或歧视。但由于种种经济、社会和历史因素，土著人民在其土地上充分参加可持续发展实践的能力受到了限制。鉴于自然环境及其可持续发展与土著人民的文化、社会、经济和物质福利的相互关系，全国和国际执行无害环境和可持续发展的努力应确认、容纳、促进和加强土著人民及其社区的作用。

26.2. 本方案领域的目标和活动所固有的本旨已经载入国际法律文书，例如，劳工组织的土著和部落人民公约（第169号），将纳入联合国土著人民工作组正在编制的土著人民权利世界宣言草案中。大会1990年12月18日第45/164号决议中所宣布的世界土著人民国际年（1993年）是进一步调动国际技术和财政合作的适时的机会。

目标

26.3. 在同土著人民及其社区充分合作方面，政府在适当情况下包括政府间组织，应以落实下列目标为目的。

(a) 通过下列措施建立增强土著人民及其社区的能力的进程：

(一) 在国家一级上采取或加强适当的政策和（或）法律文书；

(二) 确认必须保护土著人民及其社区的土地，使其免于有害环境的活动以及有关土著人民认为不适合其社会及文化的活动的影响；

(三) 承认他们的价值、传统知识和资源管理方法，以促进无害环境及可持续发展；

(四) 确认传统和直接依靠可再生资源和生态系统，包括可持续收获，仍然是土著及其社区的文化、经济和物质福利的重要因素；

(五) 发展和加强国家解决争端安排，以处理土地和资源管理方面的问题；

(六) 支持无害环境备用生产方法，以确保以各种选择方法来提高生活素质，以便他们可以有效参与可持续发展；

(七) 在采用和交流传统经验、知识和资源管理办法的基础上加强土著社区的能力建设，以确保其可持续发展。

(b) 酌情建立机制，以加强土著人民及其社区积极参与拟订与可能影响他们的国家资源管理及其他发展进程有关的政策、法律和方案，以及他们为这些政策和方案提出的倡议。

(c) 在国家和地方各级使土著人民及其社区参与资源管理和维护战略

及其他为了支持和审查可持续发展战略而制定的有关方案，如《21世纪议程》内其他方案领域所建议者。

活动

26.4. 根据其国家立法，有些土著人民及其社区可能需要更能控制其土地，需要自我管理本身的资源，参与影响他们的发展决定，包括酌情参与设立或管理保护区。下列是各国政府能采取的一些具体措施。

（a）考虑批准和实施与土著人民及其社区有关的现有的国际公约（如尚未这样做），并支持大会通过一项土著人权利宣言；

（b）推行或加强适当的政策和（或）法律文书，以保护土著人民的知识和文化产权以及维护其习俗和行政制度和办法的权利。

26.5. 联合国各组织、其他国际发展和金融机构及各国政府应在土著人民及其社区的积极参与下酌情采取下列措施，将土著人民的价值、观点和知识，包括土著妇女的独特贡献纳入资源管理及其他可能影响他们的政策和方案内。

（a）在每个国际机构内任命一名特别协调干事，并与各国政府和土著组织协商酌情每年主办组织间协调会议，并在执行机构之内和执行机构之间拟订一套程序，以协助各国政府确保连贯与协调地将土著人民的意见纳入政策和方案的设计和执行工作内。根据这一程序，应让土著居民及其社区了解情况、提出意见以及参与国家决策进程，特别是关于区域和国际合作的努力。此外，这些政策和方案应充分考虑到以土著居民提出的倡议为依据的战略；

（b）向能力建设方案提供更多技术和财政援助，以支持土著人民及其社区的可持续自我发展；

（c）加强研究和教育方案，旨在：

（一）更加了解土著人民与环境有关的知识和管理经验，并将这些应用于当代的发展挑战；

（二）增加土著人民的资源管理系统的效力，如促进调整和推广适当的技术创新；

（d）帮助土著人民及其社区致力于进行资源管理和维护战略（如由全球环境资融和热带林行动计划供资的适当项目下可能制定的战略）及《21世纪议程》的其他方案领域，包括收集、分析和利用数据及其他资料来支持可持续发展项目的方案。

26.6. 各国政府应同土著人民及其社区充分合作，根据情况：

（a）发展或加强全国机制，同土著人民及其社区协商，以期在自然资源管理和维护及影响他们的其他发展方案方面反映他们的需要，并将他们的价值、传统及其他知识和做法纳入全国政策和方案内；

（b）酌情在区域一级合作，探讨共同的土著问题，以期确认和加强他们参与可持续发展。

实施手段

（a）资金筹措和费用评价

26.7. 环发会议秘书处估计，实施这个方案的各项活动的每年（1993～2000年）平均费用总额约为300万美元，是以赠款或减让条件方式提供的资金。这些都只是指示性和估计性数额，尚未经过各国政府审查。实际费用和融资条件，包括任何非减让性条件，除其他外，都将取决于各国政府为实施各项活动而决定采取的具体战略和方案。

（b）法律和行政构架

26.8. 各国政府应同受影响的土著人民合作，按照各国的具体情况，将土著人民及其社区的权利和责任纳入全国法律。发展中国家可能需要技术援助来实施这些活动。

（c）人力资源发展

26.9. 国际发展机构和各国政府应拨出财政资源和其他资源，用于土著人民及其社区的教育和培训，以发展他们的能力，实现可持续的自我发展，并在国家一级促进和参与可持续和公平的发展。应特别注意加强土著妇女的作用。

资料来源：联合国新闻部信息技术科 . 2002-04-18. http：//www.un.org/chinese/events/wssd/chap26.htm

二、土著知识旅游开发条件分析

土著知识旅游是伴随着人们对旅游资源理解扩展而产生的一种"新型"的旅游活动方式。因此，开发土著知识旅游项目必须遵循土著知识旅游自身的发展规律，它的发展也需要一定的条件，包括优势的资源价值、一定的社会经济基础及其市场需求等。

1. 土著知识旅游资源条件

土著知识具有存在的广域性，类型也极其丰富，但并不是每一类型的土著知识都可以在特定的社会背景中作为旅游资源进行开发。定向的吸引力和垄断性作为旅游资源的本质，同时也是判断土著知识能否作为旅游资源进行开发的基本条件与标准。与其他类型的旅游产品类似，资源的重要性对土著知识旅游产品的开发来说同样是非常重要的。对不同类型的旅游产品来说，其开发条件的重要性具有一定的差别，诸如乡村旅游更注重区位，因为其主要面向城市居民，临近大城市具有较大的客源市场是最重要的。而对土著知识旅游来说，资源是最重要的基础条件，因为土著知识不像自然资源或实体性的人文资源那样容易为游客所感知和认识，且土著知识在旅游化利用前作为特定族群生产与生活的智慧结晶，与旅游并没有天然的耦合性。土著知识旅游实际上是通过对土著知识价值和意义功能的转换来获得其价值的增值与意义的拓展。土著知识的原有功能与一般意义的旅游没有直接的关系，因此，对其旅游化的利用成功与否，主要看的是土著知识本身的特色与品质。

1）对旅游者具有吸引力

旅游资源要具有差异才具有吸引力，且旅游因为旅游者才具有意义。因此，旅游资源本身所具有的差异只是其能够成为旅游资源的基础条件，只有当事物或是因素的差异被旅游市场所认可时，其作为旅游资源的身份才能够得以确认。土著知识虽然类型丰富，且分布广泛，但并不是所有的土著知识都可以成为旅游资源，它还受特定社会的价值观念及技术水平的影响，只有那些被特定的价值观念所承认，并可以为特定的科学技术所利用的土著知识才对旅游者具有吸引力。

2）具有独特的体验性

土著知识旅游产品的核心在于体验，必须让游客在参与土著知识旅游的过程中体验到土著知识的独特魅力。由于土著知识的非物质性，难以让游客直接感知和把握，因此，所有土著知识的开发必须对游客体验给予更多的关注，使之能够满足游客的需要。这可以从如下方面入手：一是激发游客的兴趣，帮助游客了解土著知识的来源、意义与价值，为游客提供一种在情感、想象和认识上都具有吸引力的体验；二是为游客提供一个实地的互动式的土著知识体验机会与场所，为游客营造一种亲身的体验。

3）具有独特性或垄断性

独特性，抑或是垄断性，即用于旅游开发的土著知识在同类旅游资源中具有典型的代表性。土著知识作为特定环境与族群长期互动的产物，具有强烈的主观性。与此同时，生活于不同环境的族群也会利用集体的智慧，创造出类似的土著知识。因此，清楚地认知自身土著知识在一定区域内的独特性至关重要。

澳大利亚土著民族风俗文化

一、信仰

信仰是土著民族生活中最重要的一部分。土著民族的每一块土地或部落都有其宗教的来源，所以他们之间从来没有因为土地等生活来源而争执，他们之间所发生的冲突大都起因于宗教活动、民俗等被外来民族所冒犯，冲突往往由部落中的长者调解解决。

土著民族相信所有的土地及自然界的东西都是在人类出现之前由梦幻时期就存在的神氏祖先所创造。而这些神氏祖先仍然存在在自然界中，影响着自然界的一切。图腾是神氏祖先与人类的联系中介。每个人都有其各自的图腾，这些图腾通常由一些动物如小袋鼠、鸟、鱼等来担任。

有关梦幻时期或创造时期，各个故事给出了各个部落相关的宗教、习俗及各个部落的土地的起源，告诉哪里可获得生活资源，如何寻找资源，如何寻找生活伴侣等，实际是各部落的生活教科书，这也是为何土著民族的生活离不开宗教的原因。

土著民族对有关他们神氏祖先的圣地都非常爱护，每个人都会自觉地维护它们。

二、语言

土著语言非常多种，但大多面临丢失。在欧洲人到来之前，大约有250种方言，但现在仅存一百来种，真正在使用的只有二十来种。大部分的土著民族已使用英语作为他们的第一或第二语言。许多品种的语言只有老一辈人才会说。土著语言面临着断代的危险。

三、音乐

土著音乐是土著民族文化、每日的生活和庆祝活动中最精彩的一部分。它们大都带有浓重的宗教色彩。土著音乐分为三种：

一是神圣色彩的，用于神圣和秘密的庆典活动，只能在特定的地点用于特种目的。其主题通常与某些事件及神氏祖先有关。有些歌只有某些男人才知道。妇女也有自己秘密的庆典。

二是半神圣的，这种音乐占大部分。它们通常由男士唱歌，妇女跳舞，也只能在特定的庆典地点上表演。在其他场合，男士决不会唱这些歌的。

三是非神圣的娱乐音乐。可由各种人士在各地表演。

音乐是土著民族日常生活中非常重要的一部分，土著孩子被要求将唱歌跳舞作为每日的功课。孩子们在不同的时期学不同的歌曲。

didgeridoos 是土著民族最主要的乐器，它由中空的木管做成，由成年男土著表演。

土著音乐是由有节律的歌曲配合有限的乐器组成。其乐器除 didgeridoos 外大都由简单原始的打击器组成，如拍手、拍身体、打击木棍等。

四、绘画艺术

数百年前，在澳洲这块古老而孤立的大陆上，有一类与世界上其他人种没有任何血缘关系的人——澳洲土著人。那时，他们没有自己的历史，没有自己的语言，终年与桉树相伴，与袋鼠、鸭嘴兽为伍，过着与外界几乎完全隔绝的生活。在山间丘陵，他们栖居于洞穴中，以防不测；在森林灌木丛，他们用树枝架棚，苫以兽皮、树皮，并用它遮身御寒；在干燥的沙漠原野，他们则筑沙墙，挡风露宿。澳洲土著人就是在这种与大自然抗争的漫长的生存过程中，形成了自己独特的历史文化。在澳大利亚逗留不长的时间，我们发现，透过澳大利亚的博物馆、美术馆，透过澳大利亚土著人的绘画艺术，可以对其土著人珍贵的历史文化了解一二。

据澳大利亚国家博物馆专修土著人绘画艺术的专家介绍，由于澳洲土著人在历史上没有文化记载，其文化也多半表现在口头流传下来的神化故事、歌吟、绘画、雕刻和习俗之中，而绘画是记录土著民族历史及传播土著民族文化的一个尤为重要的媒介，被人们视为了解该民族的历史形成与文化发展的重要资料。在南澳的纽拉博尔（Nullabor）发现的洞穴壁刻——土著人的石壁画，距今已有两万年的历史。这些绘画除用象征手法表现他们对大自然的认识之外，还以具象手法记录他们的风俗习惯、神化故事及渔猎生活。因此，澳洲的土著绘画又被人们称为"可视文化"。"梦创时期"（Dreaming Time），被土著民族认为是整个世界的伊始，天空大地、人类万物皆生于此。当时，世界混沌一片，只有一条巨蟒——土著人相信这是神的化身。这条巨蟒熟睡后，梦见了土地，土地就出现了；梦见了人，人就出现了。所以，世界是由神创造的，神控制着万物的变化。这种对自然界的认识，自然而然地反映到了土著人的绘画艺术之中，并成为土著绘画艺术始终描述的主题。

澳洲首都堪培拉的一位学者告诉我们，当地土著语言中无"画家"一词，绘画一般被土著视为生活必修课。当土著人儿童长到一定年龄之后，便开始跟着长辈在各种东西上描画。随着年龄的增长，描画的范围逐步扩大，内容也越来越复杂，因此绘画技能亦不断提高。不过，由于受到物质条件的制约，土著人绘画形式基本上分为三种：石壁画、树皮画和沙石画。

石壁画是以凹纹刻在洞穴或山岩的石壁上而得名的。其表现内容多为"梦创时期"的神化传说及人和动植物等，绘画形式比较简单，包括几何图形和物象，一般都寓有一定的含义，是一种视觉语言，记录或象征某种事物或事件，如河溪山峦的地理位置、祖先的足迹及捕猎路线等。石壁画又分为刀刻涂抹和直接描绘两种，所用颜料多取于画址附近的褐色、白色矿石,将其磨成粉末调制而成,画面一般与实物大小相等。目前,在澳大利亚大部分地区都可以见到这种简朴的石壁画,其中保存比较完好的多集中在西澳的金伯利斯(Kinberleys)及昆士兰州的约克角半岛(Cape YorkPeninula)。这些画尽管历尽沧桑,有些已有上万年的历史,但依然清晰可辨。

我们在金伯利斯看到了一些石壁画,其中最为壮观的一幅画的是恐龙图。这只庞然大物,正悠闲自得地在林中的池塘边汲水,不远处还有几个人好像不敢靠近似的在一旁注视着。恐龙头顶褐色的颜料十分清楚。

沙石画则可以说是居住在沙漠地区的土著人创造的杰作,多集中于澳大利亚中部的沙漠地带,主要以沙石、树枝、木炭和羽毛等物作画,在一块平整、洁净的地面上构成一定图案,然后用颜料、动物血在上面描抹,表现的主题大都为神话故事。这种沙石画多用于祭祀仪式等,仪式结束后,一般不再保留,因此,没有太古老的作品保存下来。

树皮画的历史不像石壁画那样悠久,是近一个世纪在澳洲土著人中盛行起来的,现已成为土著人绘画最高艺术成就的标志。其内容也以"梦创时期"的神话为主,还有大量表现袋鼠等常见动物和狩猎情景的内容。在表现手法上,既具象征性又显抽象性,其突出特点是土著人在发扬传统的基础上,吸收运用了西方现代绘画技巧,以点、线、圆、几何图形形成固定图案来代表一定的事物,构成画面,传情达意。这些画看上去颇似西方现代装饰画,其实,它已成为土著人的典型艺术作品。

在悉尼的一家博物馆里,我们看到了一幅保存尚好、距今约有百年的树皮画。画的是猎人正在追逐一只硕大的袋鼠。在这张完整的按树皮上,袋鼠几乎占去了画面的 5/6,或许是艺术家有意识的夸张。而最精彩的部分是它的四肢、躯干,甚至它的五脏六腑都一清二楚地展现在观众面前,因为画家运用的是一种透视法。原本透视法像照 X 光一样,能将生物的骨骼再现在平面图上,澳洲土著人的这种透视法似乎超越了 X 光,更进一步将生物的内脏勾画出来。据说,老一辈的土著人能够"读懂"这种绘画的内容。树皮画的材料在澳大利亚唾手可得。生长笔直的桉树,其光滑细密的浅褐色外皮为这一绘画形式提供了天然优质的材料。土著人将树皮割下来,经过烘干、压平后,以树枝、人发或植物纤维束等为画笔,用赭石、土块、锰石、木炭和蛋汁、血、兰花汁为颜料作画。近年来,也有人开始使用化学树脂颜料来作画。树皮画的传统颜色为黑、白、赭红、黄四种。由于树皮画易于携带、保存,它使土著绘画发生了一次质的变化,不仅绘画数量大增,而且表现的内容与风格更加丰富多彩。

澳洲土著人在从事绘画的过程中,自然而然地继承了本民族的绘画传统，使其像一种有形的文字记载着他们对大自然的热爱和对祖先神灵的崇拜。这一幅幅作品犹如一个个历史画面，向人们展现了一个民族生存、发展的历史，以及浓厚的原始文化气息。这种用自然的方式再现自然原貌的视觉艺术形式，可以说是澳洲土著人的独特文化传统。

澳大利亚是由全世界各民族组成的国家，在文化艺术方面充分展示了它的丰富多彩。一方面，它体现在土著人的绘画、文学和音乐中，另一方面，也表现在西方传统的艺术、文学、现代舞蹈、电影、歌剧和戏剧中，而亚太地区也是影响澳大利亚文化的一个重要的因素，因此，澳大利亚的作品在其内容和风格上往往融澳大利亚和其他国家的特色于一体，充分体现了多元文化的影响。

资料来源：佚名. 2009-11-05. http://uzone.univs.cn/news Z 2008 80600.html

2. 土著知识旅游市场选择

每一种旅游产品都对应着其特定的旅游市场，一个项目，或是一种产品不可能同时对所有类型及所有地区的旅游者都产生吸引力。因此，必须进行旅游市场分析，找准自己的目标市场，这是旅游开发的必要前提与关键。客源市场细分是目标市场定位的前提，亦是旅游营销的基础。所谓客源市场细分，即按一定的标准和方法将整体的客源市场划分为有差别的、更小规模的旅游消费群体的过程。只有在目标市场确认的情况下，才能推出适销对路的旅游产品。在一定门槛人数的基础上，客源市场划分得越细，营销也就越具有针对性和实效性。客源市场细分的标准和方法呈现多样化的特点，根据霍尔和麦克阿瑟的研究，主要包括个人特征、情境变量和地理变量（表6-1）。

表6-1　消费者市场的细分基础

细分基础	个人特征	人口统计特征	①年龄　②性别　③收入　④宗教信仰　⑤婚姻状况　⑥国籍　⑦受教育程度　⑧家庭规模　⑨职业　⑩民族
		消费行为	①追求的利益　②需求弹性　③品牌忠诚情况　④使用率　⑤其他（媒体接触、对营销刺激的敏感度等）
	情境变量		①目的或任务　②时间　③物质环境　④社会环境　⑤先前状态
	地理变量		

3. 土著知识旅游目的地社会经济基础

区域社会经济基础、区域交通条件及其周边旅游业的发展状况是土著知识开发的宏观条件。没有一定的社会经济基础，土著知识旅游将失去基本性的物质依托，土著知识旅游就将很难顺利开展；良好的交通条件不仅直接关乎旅游

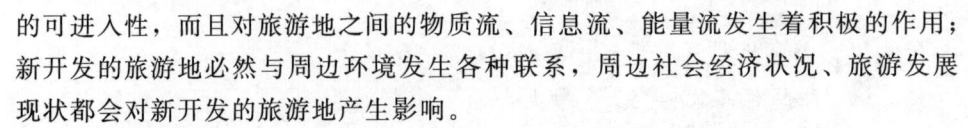

的可进入性，而且对旅游地之间的物质流、信息流、能量流发生着积极的作用；新开发的旅游地必然与周边环境发生各种联系，周边社会经济状况、旅游发展现状都会对新开发的旅游地产生影响。

1）区域承载力

区域承载力包括环境承载力、经济承载力和社会承载力。

区域社会承载力反映的是东道主社区对游客数量与行为的最大容忍度。从社会学的角度讲，土著知识旅游是一种明显的跨文化行为，旅游者与东道主社区存在着较大的文化差异。旅游者与东道主居民可能由于文化的隔阂而发生冲突。

区域经济承载力主要反映的是东道主社区的经济基础，其经济水平决定着旅游开发的投入能力，一般包括基础设施要求、当地经济条件和旅游设施建设等方面。从政府的角度讲，发展旅游业对社区来说，旅游设施显得尤为关键，而不是单纯的强调旅游产品本身，因为旅游设施是一个综合的系统，它不仅可以提供游客消费，同时也影响着东道主社区的生活。

区域环境承载力主要涉及对社区生态环境造成的影响。土著社区或是土著知识存在的社区生态环境都比较脆弱，而且生态环境中很多的事物都是他们崇拜的对象，破坏当地的生态环境不仅意味着土著社区衣食之源的丧失，也意味着具有神圣意义的崇拜物的消亡以及社区和谐的平衡关系被打破。

2）交通条件

交通条件是旅游业的三个基础组成部分之一，土著知识旅游地的交通条件一般都不是很好。这是因为土著地区长期处于边缘的地位，无论在政治、社会，还是经济上都处于弱势的境地，交通状况很不理想。

3）周边旅游发展状况

在将土著知识推向市场以前，某些景区已经就自身的优势先期推出了系列的旅游产品，区域已经具备了一定的旅游发展基础，诸如基础设施、客源等。另外，周边如果存在较为知名的旅游景区，新推出的土著知识旅游产品很难拥有立足之地，对此可采用依附式的开发模式，利用既有景区的知名度和影响力带动土著知识旅游的发展。对那些处于衰落期的旅游景区而言，土著知识旅游的推出可能促使景区面临新的发展机遇。

三、土著知识旅游区（点）的开发研究

土著知识旅游资源的开发就是把土著知识的内容对象化和内化的过程：对象化是指用具体的载体把土著知识的内容形象化并集中展现给游客；内化，即游客通过对形象化土著知识的认识重新获得其内容与价值。旅游产业有资源产业、环境产业、文化产业和创意产业的特征。在土著知识旅游点的开发过程中，如何在现代化理念的支配下，依据客源市场的需求，合理地开发和巧妙地利用土著知识旅游资源，提出具有较强适用性和针对性的旅游开发模式及其开发思路，是我们不得不思考的问题。

1. 土著知识旅游区（点）开发的原则

所谓土著知识旅游区（点）特指土著知识旅游资源富集区，或是以土著知识旅游活动为主要功能的空间区域，相对于民族文化旅游点来说，土著知识旅游点的空间范围更加狭小。

1）以人为本

文化是人类环境的人造部分，土著知识则是人类与自然环境互动的智慧结晶。人在土著知识保护与传承的工作中始终处于核心的位置，这不仅表现为社区族群是土著知识的继承者和发展者，更表现为土著知识保护与利用的终极目标应该是参与营造一种适宜人生存和发展的人文环境，保护是为了人们更好地发展，有更为丰富的精神世界。因此，一方面要尊重社区族群对土著知识的自主传习和自动演进，土著知识旅游的开展应该是基于族群自觉、内在的意愿，整个旅游活动的开展也必须有东道主居民的支持和参与；另一方面，应该看到，保护土著知识的最终目的是为了维护多元化的文明格局，而任何一种文明的认可，都要以自识为前提。现代旅游活动在一定程度上促进了多元化文明间的沟通和确认，是实现土著知识价值保护的重要手段，对土著知识的保护起着重要的促进作用。因此，鼓励旅游活动对土著知识的合理利用，使土著知识的价值和意义能够为旅游者所认识，使其承载的价值和意义能够有更多、更广泛的受众，启迪更多人的智慧，激发更多人对土著知识的热爱，从而使土著知识能够得到广泛的认同与传播。并且通过合理的土著知识旅游化利用，提高土著族群的物质和精神生活水平，推动多元文明的发展。

对土著知识旅游来说，人不仅是其价值和意义的体现者和实现者，还是资源本身的创造者和拥有者，也是最基本的传承载体和传承者。因此，关于土著知识旅游资源的开发，以人为本是最重要和最根本的原则，始终贯穿于土著知识旅游资源开发的整个过程当中。游客是土著知识旅游资源的主要享用者。通过土著知识旅游，游客不仅能够认知资源所包含的文化精神，而且还会学习到很多与平常接触的科学知识具有很大差异的"草根性"知识，并将之内化为自身知识储备的一部分。特定的族群是土著知识旅游资源的创造者和传承者，在开发过程中必须尊重他们的生活习惯和特殊情感。土著知识是特定族群生成与生活中须臾不可离的有机组成部分，它的核心价值体现在族群日常的生活中。

脱离了土著知识的传承载体，土著知识旅游将变得滑稽无味。因此，在开发时不仅要把土著知识的创造者、持有者和传承者等纳入整个的旅游开发过程中，还需给予他们真正的人文关怀。

2）整体性原则

与物质性旅游资源相比，土著知识旅游资源开发的整体性，除了体现在开发过程中要注重各社会部门之间的合作和区域间的联系之外，还要体现在以下两个方面：

一方面，土著知识旅游资源开发决不能割裂其与特定族群与特定环境的联系。特定的族群在特定的环境中创造了土著知识，并赋予了土著知识旅游资源内在的生命力，是土著知识旅游资源的源泉与发展的根基。贸然将土著知识旅游资源与特定的族群与环境分离，将极大地破坏土著知识旅游资源本身的整体性，其吸引力及价值将大大降低。

另一方面，在旅游开发过程中还要把握好土著知识旅游资源之间的关联性，重视土著知识旅游资源之间的关系网。土著知识旅游资源并非独立存在，它作为一种活态的旅游资源，与其他类的土著知识旅游资源存在着内在的联系。如果人为地截取其中的某一土著知识旅游资源进行开发，所得到的不可能是完整的土著知识旅游资源。

3）可持续原则

1995年，联合国教科文组织、环境规划署和世界旅游组织等在西班牙加纳利群岛召开"可持续旅游发展会议"，包括中国在内的75个国家和地区的600多位代表出席了会议，会议最后制订并通过了《可持续旅游发展行动计划》（以下简称"宣章"）。宣章指出，旅游发展应该循序渐进并突出地方文化，在发展旅游的同时，应维护好地区的文化、传统习俗、环境等。在土著知识旅游开发过程中，只有将经济发展、社会进步以及土著知识保护和传承、人居环境改善视为一个密不可分的、以人为中心的复合系统，才能协调土著知识旅游开发过程中遇到的问题与困境，才能促成土著知识旅游的健康协调发展。关于土著知识旅游的可持续发展应突出考虑以下几点。

（1）可持续旅游发展必须与当地的经济有机结合，以其提供的各种发展机遇作为发展的基础，满足当地社区居民长期发展的需要，提高社区居民的生活水平；

（2）要充分认识到土著知识的稀缺性、珍贵性以及其非同一般的价值与意义，包括旅游价值、文化价值、科学价值、美学价值等，并明确相关旅游者的责任与义务；

（3）旅游作为一种强有力的发展形式，应通过土著知识旅游对旅游者、社区居民、旅游开发商等参与主体进行土著知识教育，充分发挥旅游保护土著知识的潜力；

（4）土著知识旅游的利用要服从于土著知识的人文精神和价值理念，并与时代的发展理念匹配；

（5）土著知识旅游必须重视社区参与。

4）真实性原则

真实性是国际公认的文化遗产评价标准和保护标准，也是我国文物保护界多年以来一直坚持和秉承的遗产保护原则。土著知识作为一种特殊的文化遗产类型，对其的开发与利用必须坚持真实性的原则。土著知识开发一方面涉及真实性的内容，即土著知识原生的、本来的价值与意义的挖掘与展现，真实的内容、物质性载体等。另一方面，涉及土著知识完整性的内容，即任何土著知识的开发必须依托其生成的自然环境，要与特定环境共存，且保持其体系的完整性。因此，土著知识的旅游化利用要对周边的有机组成环境进行统一的规划，保持其风貌，既作为土著知识生成的依托，也作为土著知识的展示背景。如何保护土著知识的真实性不仅是个技术问题，而且需要从管理的角度予以把握。在相关利益者众多的情况下，真实性原则的贯彻可对相关利益者加以约束。

5）独特性原则

独特性是旅游发展的基础。独特的土著知识是土著知识旅游得以开展的基础，也是构成旅游地吸引力的关键要素。独特性原则，要求在土著知识旅游开发中首先应该挖掘当地特有的土著知识旅游资源作为出发点，尽可能突显土著知识的特色，且能从战略上认识到所拥有资源的优势，并通过开发措施强化其独特性，从而形成强大的吸引力和完善、独特的旅游形象。

6）市场性原则

市场性原则，是指土著知识开发一定要进行全面、详细的市场调查和市场预测，准确洞悉市场需求及其变化规律，并结合特定的土著知识特色，确定旅游产品的体系结构及开发的主题、规模与层次，即遵循旅游市场发展规律，适时推出适销对路的旅游产品。市场性原则要求对土著知识的旅游化利用要了解和掌握旅游市场的需求状况，包括需求的内容、动机、需求趋势、潜在的需求状况和整个市场的规模、结构等。由于市场在多因素的作用下，处于不断地变化当中，因此，关于土著知识旅游的发展，不仅要关注现实的市场需求，更应该关注并引导潜在市场的消费。

7）保护性原则

土著知识是特定族群与特定环境在长期的互动过程中形成的集体经验与智慧结晶。土著知识具有明显的脆弱性，不但与生存的环境息息相关，而且极易在旅游化利用过程中遭受冲击与破坏。土著知识具有稀缺性，作为旅游资源，一旦它遭受毁坏将难以恢复。因此，对土著知识旅游的保护，一方面是指对资源本身的保护，即限制资源的损耗，延缓资源衰减的过程，将人类的影响降到最低点，杜绝对土著知识的随意破坏；另一方面是关于旅游环境的保护，即既要求土著知识的开发与特定的自然环境相适应，维护社区生态的平衡与稳定，又要与社区的社会环境相适应，遵守社区的传统文化、价值观，不危害社区居民的文化道德和日常生活。

8）统筹性原则

土著知识的旅游化利用是一项涉及范围非常广泛的工作。因此，关于土著知识的开发必须坚持统筹规划、整体协调的原则。统筹性原则涉及相关文化科学与经济部门的协调配合，也涉及资源内容与形式、资源本身与环境的和谐统一，还涉及辅助部门如基础、服务设施的配套等[323]。

2. 土著知识旅游区（点）开发的模式

1）生态博物馆＋民族生态旅游模式

潘盛之[324]指出，一般来说，能开发成旅游对象的民族文化主要是所谓的"显在文化"，即显露在外、与特定物质关系紧密相连、有明确物质形态与之对应、人们可以直接感知的文化，如实物、住房、服饰、交通设施、生产工具、寺院、语言、文字、风俗等，而不是表现在外的由知识、态度、价值观等构成的所谓"隐性文化"，主要作用于人们的精神生活，并不以特定的物质形态表现出来，不容易被人们感知，也就不适合开发成旅游对象。同时，彭文斌[325]也认为，旅游者的旅游活动只是短暂的过程，他们更重视对民族文化的娱乐和享受，所谓求知也仅停留在民族文化的表面价值上，只是对那些有形、有声、有色、有动感、有场面、有感情的民族文化抱有浓厚的兴趣，带有浮光掠影的意味，既无较长的时间，也缺乏相应的专业知识去深究各种民族文化现象的内涵和彼此之间的联系。但是，有三方面的客观现实也是我们无法回避的。首先，社会的进步提升了人类的认知水平。人类文化水平的高低与社会的发展程度紧密相关，随着社会的不断进步，人类获取知识与信息的途径呈现出多元化趋向，主体可以借助不同的媒介来获取知识，尤其是随着素质教育的普及以及网络化时代的推进，主体的认识水平和文化素养得以不断提升。其次，文化旅游产品日趋同质化。随着全球各地旅游开发进程的加速和推进，"显在文化"因为容易为旅游者感知，已经逐渐开发殆尽。旅游地之间更多呈现的是相互模仿的景象，同质化产品不断泛滥。最后，为增强旅游地的竞争力，确保旅游地发展与吸引力的持续性，"隐性资源"或是"隐性文化"向旅游产品转化逐渐成为很多旅游地采取的有效措施和策略。"隐性资源"或是"隐性文化"深含了地域文化系统最深刻的个性，旅游地通过将"显在文化"与"隐在文化"结合，在深化旅游产品内涵的同时，充分挖掘了地方文化的特色，并构建了完整的地域文化系统。

旅游者将借助"显在文化"或以"显在文化"为媒介了解、认识和体验更多的相关隐在信息，如制作的技巧、劳动的过程等，在丰富产品供给的同时，也强化了游客参与和体验的机会。

为了实现民族文化旅游的保护性开发，旅游学界展开了积极的研究与探讨。余青和吴必虎[326]认为，生态博物馆是一种民族文化持续旅游发展的模式。生态博物馆作为一种高质量的旅游产品，旅游者不仅可以参观、欣赏原状保存和保护的文化遗产，而且还可以体验其内涵，感受由这些文化流传并发展下来的鲜活的当地文化[327]。生态博物馆理念在少数民族社区景观保护中具有重要的作用[328]。但也有学者对此提出异议。马晓京[112]认为，"由于生态博物馆只是一种新型的博物馆形式，其主要功能仍然是教育和传播文化遗产，不是根据市场原则进行旅游开发。因此，中国、挪威两国政府于1995年建立的梭嘎苗族生态博物馆的主要目的是保护当地独具特色的（长角苗）传统文化，不是发展当地旅游业"。他进而提出了民族生态旅游的开发模式，认为民族生态旅游是保护性开发民族旅游的有效模式。方李莉[329]也指出，生态博物馆可能仅仅只是保存了传统文化的表面形式，而其背后的意义世界却消失了，甚至可能是一次深刻的文化殖民。

郭山和杨军[330]通过对云南成功旅游开发的案例研究发现，旅游者对欣赏自然风光，观察、参与当地少数民族同胞的劳动生产，体验当地少数民族的日常生活，感受多姿多彩的民族文化等项目或活动具有特别的兴趣和趋向。土著知识是关于人类日常生产与生活的知识，是其主体日常生产劳作的经验总结与智慧结晶。虽然是一种非物质的存在形态，但土著知识也有其依存的物质实体，或是作为土著知识产生的载体，如特定的生态环境；或是作为土著知识作用的"结果"，如因信仰体系形成的神山、神湖和神林等，因技术体系形成的纺织品、陶瓷、建筑、交通工具等。通俗地讲，土著知识包含了"土著知识的过程"和"土著知识的结果"两方面的内容。"过程"主要体现为土著知识中技术体系的操作，"结果"则主要是土著知识利用与实践的反映。把土著知识推向市场，即是在深化文化旅游产品的内涵，实现"隐性文化"向旅游产品的转化。土著知识旅游对游客来讲，不仅可以为他们提供赏心悦目的感官体验，还可以吸引游客主动地参与实践体验，能够让消费者边"看"边"动手"，从中体会新的感觉，获得新的体验。

土著知识作为一种非物质的存在形态生成于特定的生态环境之中并与之存在着极为紧密的联系，即土著知识的地域性极为鲜明。离开其生存的"土壤"，土著知识不仅将失去其对于主体的实用价值，而且其他价值与意义也将受到破坏，甚至烟消云散。因此，为了保持土著知识旅游资源的鲜活性、完整性和真实性，我们需要生态博物馆的理念。因为，"凡是不能通过与物质文化、制度文化的相互渗透、相互作用而参与现实社会生活实践的观念文化，必然只能抽象地存留于历史典籍之中，成为与现实生活无涉的死文化"[331]。但生态博物馆的重要意义仅在于对土著知识生成环境、传承主体以及物质载体的原生保护，从发展的角度讲对社区而言是不公平的。在现实背景下，旅游化生存已经被证明是很多文化遗产保护与传承的有效策略与途径，博物馆的休闲价值也已经被不断地认可和挖掘。因此，从发展的角度讲，我们需要借助民族生态旅游的开发模式，促进土著知识价值的"增值"，实现其旅游价值。如此，土著知识旅游资源的开发将借助生态博物馆的理念，但并非全部，而是秉承其人、环境与遗产紧密结合的理念，实现土著知识的原生态保护；再在此基础上，利用民族生态旅游开发的模式，实现土著知识的旅游价值。因此，土著知识旅游区（点）的开发模式可简单地表示为：生态博物馆＋民族生态旅游。

第一，以生态博物馆的理念保护土著知识。

从传统的认知角度讲，博物馆是人类为了保护文化遗产而创造的一种形式。其主要的传统功能包括对文化遗产的收藏、整理、保管、修复、研究和展示等。但是随着社会的不断进步，以及政治、经济、文化等各方面因素的变化，博物馆正日益呈现多样化的特点。生态博物馆即是其中的典型代表之一。生态博物馆肇始于法国，是现代环境意识与博物馆行为结合的产物。1971年，法国人乔治·亨利·里维埃（George Henry Riviere）在向有关部门介绍现代博物馆发展的新趋势时，首次提出了"生态博物馆"的概念，并表达了人、遗产和环境必须紧密结合的新思维。其后，生态博物馆被更多人推崇，并赋予了其更多的内涵，其中最突出的特点是走与社区发展相结合的道路。"生态博物馆没有传统意义上的博物馆建筑（代之以特定的区域），也没有传统意义上的从其他地方收集来的藏品（代之以这个地域的传统，包括记忆）。它所构筑的是一个'可以在里边停留或游览的特殊空间'，是'一面当地人用来向参观者展示以便能更好地被人了解，使其行业、风俗习惯和特性能够被人尊敬的镜子'[332]。"

生态博物馆是将整个社区作为博物馆空间，以期对社区的自然遗产和文化遗产进行整体保护，以各种方式记载、保护和传播社区的文化精华并推动社区向前发展[333]。生态博物馆对自然生态和人文生态的整体保护来说，是一种特别有效的博物馆形式，特别有利于科研价值和旅游价值的开发，为民族文化旅游开发和保护提供了一个符合可持续发展原则的持续旅游发展的模式[326]。在土著知识旅游区（点）的开发中遵循生态博物馆的理念主要是基于如下的事实。

首先，生态博物馆强调对社区的整体保护以及文化遗产的原生保护。土著知识产生于特定的社区生态环境中，是关于社区主体日常生产与生活方面的系统知识。社区的生态环境是土著知识产生的生态基础，社区居民则是土著知识创造的主体。正是为了生存与发展的需要，社区居民才在与生态环境的长期互动中创造了适应其生态环境的土著知识。生态博物馆强调对社区的整体保护，即是在维护人-环境-土著知识的立体结构，对土著知识的完整性与真实性保护具有重要意义。

其次，生态博物馆认为社区一切的文化要素均有其特定的价值和意义。土著知识是主体为了生存与发展的需要在特定的生态环境中形成的杰出创造。土著知识主体利用自身生态环境提供的素材并结合生态环境的特点创造出了维持自身生计的土著知识，或用于食用，或用于制造工具，或用于建筑，或用于生产，等等，它们体现着主体的生存智慧。可以说，社区中的一切要素，包括自然要素和人文要素都与土著知识有着千丝万缕的联系，对主体也都具有特别的意义和价值。例如，西双版纳的傣族都选用竹料建造干栏式的竹楼，这体现的是他们杰出的生存智慧。选用竹料，是因为当地盛产各类竹料，容易获取；修建干栏式的楼房，是因为当地炎热、潮湿，干栏式的竹楼便于通风和防潮。

再次，生态博物馆强调"尊重"与"文化交流"。作为一种"他者"的知识，土著知识与普适性的知识存在着较大的差异，且由于人们对"土著"的消极刻板印象，容易让人对土著知识产生抵触或贬低的心理。生态博物馆强调"尊重"也就是在承认土著知识的价值和意义。这对土著知识旅游而言无疑是非常重要的。另外，生态博物馆还强调"文化交流"，即是为外来者了解土著知识提供机会，让包括旅游者在内的外来者与土著知识主体进行的面对面交流，也为他们参与土著知识实践提供平台。

最后，强调社区参与。社区居民是土著知识的拥护者和主人，他们不能够从土著知识旅游社区中分离出去，反而应该有足够的权力在自己土著知识的基础上创造自己的未来。生态博物馆强调社区参与，意味着社区居民将会是土著知识旅游最大的受益者，他们不仅在土著知识的传承与保护中发挥着极其重要的作用，而且还是土著知识旅游得以开展的重要资源与依托，肩负着向旅游者传授、解说土著知识的重任。

第二，以民族生态旅游的开发模式实现土著知识的旅游价值。

民族文化生态旅游是以民族地区文化生态系统为旅游对象，在最大限度上满足旅游者的精神需求和减少对旅游目的地文化发展进程影响的前提下，将生态旅游理念贯穿于整个旅游系统，并指导其有序发展的可持续发展模式[334]。针对土著知识旅游区（点）的开发，采用民族生态旅游的开发模式主要是基于如下几方面的考虑。

首先，土著知识旅游资源具有生态性。土著知识生成于特定的生态环境中，是对生态环境利用的结果，并与生态环境之间存在着和谐的关系。土著知识旅游资源存在于那些近乎原始的地区，那里有保存完好的生态环境，这是土著知识作用的结果，具有生态性；土著知识是一种古老的、传统的知识体系，符合原初意义上的生态性。

其次,民族生态旅游提倡小规模开发。在民族生态旅游开发过程中,普遍认为减少人工干预,并尽可能地做到"看不到"将对旅游地的可持续发展具有重要的意义。土著知识旅游区(点)的开发也要遵循民族生态旅游小规模开发的理念。这主要是因为:①土著社区规模小,经济发展水平滞后。与现代化的社区相比,很多的土著社区空间规模都很小,且由于多重因素的制约,经济发展水平较低,甚至处于极端贫困的境地。对土著知识旅游区(点)进行大规模的开发不仅成本高昂,而且会对社区的环境承载力、经济承载力和文化承载力造成极大的压力。②土著社区的自然环境与人文环境之间存在着天然和谐关系。土著知识是对自身生态环境利用的智慧结晶,社区居民不仅从生态环境中获取食物,还从生态环境中获取各类生产的素材,包括建筑材料、生产工具等。社区居民利用源于自然的生产资料进行生产活动,其结果自然与生态环境相互融合。而且,土著族群普遍对社区的自然事物存在崇拜的心理意识,这对社区和谐环境的营造也具有积极的意义。大规模的开发将打破社区原有的和谐局面,并可能造成生态环境的恶化。

再次,民族生态旅游要求对游客人数进行限制。虽然旅游并不是社区文化变迁的唯一或主导因素,但旅游者的数量与社区文化的变迁的确存在着正向的关系,即旅游者的数量越多,社区文化变迁的速度将会越快,尤其是大众旅游,它对小规模的社区或是文化脆弱社区的文化变迁将带来致命的打击。土著社区普遍规模都较小,而且生存环境也较为恶劣,如果放任大量的游客纷纷涌入而不加以控制的话,旅游开发的效益不仅得不到体现,反而会造成土著知识商品化或同质化的泛滥。国外一些类似的案例也表明,对游客的人数进行控制不仅会带来良好的旅游效益,还会确保旅游地的可持续发展。例如,据唐纳·盖茨研究,南太平洋岛国瓦努阿图正是采用控制游客人数的策略取得了旅游开发的成功。土著知识旅游是对旅游业态多样化、主题化旅游发展以及旅游市场不断细分的积极回应,因此,应避免传统的以人数为根本的发展理念,而应遵循"低流量、高质量和高附加值"[126]的全新发展哲学,对游客的人数进行限制,走小规模精品化的发展战略。

最后,民族生态旅游规定了开发的适度性。并不是所有的土著知识都可以毫无顾忌地推向市场,成为旅游者消费的对象。从土著知识的层次结构来看,最具开发潜力的是技术类的土著知识。因为技术类的土著知识不仅有物质的实体可供游客感官体验,而且其操作与实践的过程也会吸引游客主动参与。相较而言,信仰类的土著知识就有很大的开发难度,甚至不能作为旅游消费的对象。毕竟,信仰关乎的是社区居民的宗教意识,具有神圣的含义。很多的宗教仪式或是宗教祭祀地对本社区的居民尚有禁忌的规定,更何况是作为"他者"的游客。如果不考虑信仰类土著知识的特殊性，妄加开发的话，不仅是对社区的信仰的亵渎，而且会招致社区对旅游开发的反对与抵制。

永仁县方山诸葛营民族文化生态旅游示范村开村

诸葛营民族文化生态旅游示范村位于国家 AA 级风景名胜区方山之巅，占地 1.04 平方公里，是四川省攀枝花市高温地区和元谋热坝、永仁低热河谷唯一的避暑胜地，有"清凉世界"之美誉，是旅游休闲的好去处。

传说，这里是三国时期诸葛亮南征，"5月渡泸，深入不毛"，在此安营扎寨、临江据险之地。至今方山上还留有诸葛营古城墙、孔明洞等遗址。悠悠千年历史的诸葛文化，在这个民族风情浓郁的彝族村庄得到了较好的传承。

诸葛营民族文化生态旅游村初具雏形，新农村建设与乡村民族文化生态旅游完美结合。新建成的民居"土掌房"为砖混结构，墙外壁画有彝族风格的虎、牛等崇拜图腾，采用了彝族同胞最喜爱的红、黄、蓝、黑四种颜色进行绘制。为了改善村民生活环境，诸葛营村采用"人畜分离"的建设模式，并发展了特色养殖业。村庄里的道路两旁，种着苹果、樱桃、核桃等果木，每条道路绿化风格都不一样，透着浓浓的彝家田园绿化风格；开放通透的彝家小院内，种着绿色无公害蔬菜。18 户热情、淳朴、好客的彝家农家乐，每天可接待游客住宿 500 人，容纳 2000 多人就餐。今年（2010 年）1 月，诸葛营村迎来了首批美国游客。

如今的方山诸葛营，已经打造成为融旖旎秀美的乡土风光、绚丽多姿的彝族风情、丰富的人文历史景观、神奇秀美的自然风光和清新宜人的自然气候于一体的"中国彝族第一村"，成为云南北大门一颗闪亮的旅游明珠。

据中共永仁县委宣传部部长李永军介绍，为了推动诸葛营村更好更快地由过去自给自足的农业小村，转向以特色农家乐为主的民族文化生态旅游示范村，目前，永仁县已对全村村民进行了服务礼仪的培训，进行了感恩教育、致富教育和公德教育，以期从发展观念上根本扭转以前靠天吃饭的意识，树立市场观念和商品意识。

"我以后想办自己的个人博物馆！"永仁县文化馆馆长、楚雄州工艺美术协会副会长李如秀告诉记者，彝族刺绣和苴却砚堪称永仁"双绝"。过去大家对彝绣的认识不够，近年来，县政府确立了以旅游业带动特色农业和手工业的发展思路，出台了一系列扶持彝绣发展的措施，如提供每人 5 万元的无息贷款，免收所得税等，彝绣的发展规模也逐渐扩大，成为村民的另一条收入来源。目前，全县会刺绣者约有 1 万多人，有刺绣大户 10 多户。刺绣大户主要采用订单式生产，聘请工人刺绣，年收入可以达到十多万元。在她看来，以后还是应该成立大公司，采用公司＋协会＋农会的模式，才能使彝绣快速发展，助更多的村民走上致富的快车道。

资料来源：佚名.2010-05-01. http：//www.tianjinwe.com/rollnews/cj/201005/t 20100501-800129.html

加拿大土著人拟建文化主题公园（国际旅游）

据新华社电，为弘扬光大土著文化，生活在加拿大西部的土著人目前正着手计划兴建展示其文化的主题公园，让世界各地的游客在旅游的同时领略土著风情和文化。

在加拿大西部的艾伯塔省，土著首领正积极筹划建设几个展示土著风情和文化的主题公园。尽管这些主题公园尚处在策划阶段，距离资金到位后具体实施还有几年的时间，但土著首领们对主题公园已有了十分清晰的概念。

在拟建的主题公园中，游览者可以欣赏并参与土著传统舞蹈和喜庆典礼，亲口品尝土著食品。来度蜜月的新婚夫妇可以在印第安人的圆锥形帐篷内一边享用土著的婚宴大餐，一边欣赏土著传统舞蹈，度过一个难忘的良宵。而在北极光的沐浴下以地为炕、以水牛皮为被子的经历可能会让游客们一夜无眠。

据艾伯塔省负责土著事务的官员珀尔介绍，他们将围绕埃德蒙顿、卡尔加里或者艾伯塔三个大城市的其中一个建造一个中心游览区，之后各个部落的土著人将在其首领的带领下在他们各自的土地上开发展示本部落传统风俗和价值取向的规模较小的旅游社区。各个部落的长者将出面监管建造国家公园的计划，以防止其演变成纯粹"出售"土著文化，各部落神圣的宗教祭奠仪式也将不予对外表演。珀尔表示，"我们不打算建成一个迪斯尼乐园，但希望打出国际知名品牌"。

另据经济发展顾问保罗·伯西尔介绍，土著人还计划在艾伯塔省距离德蒙顿东部 110 公里的斯莫基莱克建设一个集中展示梅蒂斯文化的国家公园。由于不少欧洲人都有梅蒂斯血统，该公园建成后将吸引一些欧洲人来此观光寻祖。

目前这两个土著国家公园项目都处在寻求个人或政府投资或者两方共同投资的阶段。2005 年艾伯塔省将迎来百年大庆，有关方面希望政府为百年庆典拨出的专款能部分用于建设土著主题公园的计划。

珀尔指出，尽管以土著文化为主题的国家公园尚属"空中楼阁"，但来自德国、澳大利亚、瑞士和北欧斯堪的纳维亚半岛几国的旅游爱好者都对加拿大土著文化和生活方式萌发了浓厚的兴趣。她表示，在加拿大全国没有几个以土著文化为特色的旅游景点，而建设以土著文化为主题的国家公园不仅有助于保护和发展土著文化，还可为当地的土著人提供就业机会。

资料来源：丽丽.2001-04-26.市场报.第11版

2）参与式社区旅游模式

土著知识存在于其主体的生产与生活过程中，是不脱离人类生活的"生活知识"与"生产知识"。对土著知识的旅游化利用首先要立足于保持它的真实性、生动性和鲜活性，维持土著知识生产与生活样式的本色。而且人类主体作为土著知识的传承者和保护者，理应成为土著知识旅游开发的重点，应该受到充分的关照和重视。参与式的社区土著知识旅游开发模式，是以土著知识所在社区为空间场所，以社区居民全面参与旅游开发并获益为核心诉求，依托社区丰富的、系统的土著知识，以城市居民或是高素质的居民为主要的客源市场，以实现土著知识社区的可持续发展为目标，集观光、体验、求知、休闲和娱乐等为一体的多形式、多层次的可持续旅游形式。参与式社区旅游作为一种生活化的旅游开发模式，不仅可以保护土著知识自身以及其外在的物质载体形态，更可以有效地保育其依赖的生存环境，使土著知识保持永久的鲜活性。参与式社区旅游还对主体充满了人文关怀，可以确保主体的利益。因此，它可以被认为是土著知识旅游开发的主要模式之一。

第一，参与式社区土著知识旅游的意义。

参与式社区土著知识旅游开发模式以土著知识社区居民全面参与旅游开发为核心，可以从根本上解决土著社区经济发展与主体增收的问题，同时还能够有效地对社区的产业结构进行合理的调整，促进社区产业结构的优化与升级，是解决土著知识社区众多困境，尤其是经济发展难题的重要途径与有效策略之一。

首先，社区居民全面参与土著知识旅游开发，可以直接增加居民的经济收入，防止社区旅游经济效益的漏损，还能够有效地避免社区在旅游开发过程中的"返贫"尴尬。参与式社区土著知识旅游的开发模式不仅强调而且还极力地要求社区居民全面地参与到土著知识的旅游开发中来。从土著知识旅游的规划，到土著知识旅游的开发，再到土著知识旅游产品的生产与销售都需要有社区居民的积极主动参与，从而确保了土著知识社区能够从土著知识旅游开发过程中直接获得经济收益，增加社区居民的直接收入。从根本上杜绝甚至扼杀了传统旅游开发模式只有部分人受益的尴尬与困境，避免了土著知识旅游开发中的经济漏损和"吸血效应"。

其次，土著知识旅游产品直接面对旅游者，减少了流通环节，有效地增加了产品的附加值。作为一种非物质的存在形态，土著知识由其主体所掌握和拥有，社区居民利用土著知识进行生产的同时也是土著知识旅游产品的生产过程，两者存在着同步性。在参与式社区土著知识旅游开发模式中，主体可以直接参与到整个的旅游活动过程中：利用自己独特的建筑作为接待旅游者的客栈；利用自己独特的饮食招待游客，并教授他们制作的技巧；向旅游者展示丰富多彩的生产与生活技巧，如纺织技术、制陶技术等，并吸引他们主动参与；制作奇特的交通工具作为旅游者出游的工具；向旅游者出售特色鲜明的土特产品和手工艺品等。上述的所有供给都由土著知识的主体所直接拥有和掌握，并可以直接地面对旅游者，既可以满足旅游者对土著知识的需求，还可以增加主体的收入。

再次，促进土著知识社区的文化自觉，维护土著知识的延续与传承。在对土著知识进行旅游化利用以前，社区居民仅仅意识到了土著知识对于自己日常生产与生活的意义，土著知识的旅游价值并没有显现出来。参与式社区土著知识旅游开发模式强调社区居民对旅游开发的全面参与，即是为所有的社区居民提供了一次展示土著知识旅游价值的机会，因而，所有的社区居民也会因为对土著知识的旅游化利用而受益。经济收入作为有效的刺激因素，将会在很大程度上强化社区居民对土著知识的认识，进而引发社区对土著知识价值的重新构建。关于土著知识的文化自觉意识也在经济收益的同时被建立起来，既有的土著知识会被不断延续和传承，即使很多隐没已久的土著知识也可能会被重新唤醒或是被挖掘出来。

最后，促进土著知识社区的产业转型与优化，建立社区的产业价值链，有效延长社区居民的收益期。一般而言，土著知识社区大都从事农业生产，整个社区的生产活动较为单一。参与式社区土著知识旅游开发模式在将土著知识推向市场吸引旅游者消费的同时，也会促使社区产业结构的调整与优化。社区既有的农业生产活动不仅仅只是为了满足其生活的需求，同时也成了土著知识旅游产品的重要组成部分。换句话说，社区的农业生产活动冲破了传统的认识，在为社区居民提供生活资料的同时，也将成为旅游者消费的对象。社区的农业生产活动在基于第一产业性质的同时向第三产业转变，无形当中构建了社区的产业链，而且，不仅整个生产活动的过程可以被观光和体验，其结果也可作为特色商品进行销售，使得社区居民的收益期得以不断地延长。

第二，参与式社区土著知识旅游开发的具体模式。

因为土著知识的丰富性，参与式社区土著知识旅游开发模式并没有统一的标准，而应该根据社区的具体情况和土著知识的不同内容，并结合社区的生产结构进行合理的调整，进行因地制宜的开发，在充分体现社区全面参与主旨的同时，探索不同社区不同土著知识开发的有效模式。结合对土著知识的认识，本书尝试性地提出了几种参与式社区土著知识旅游开发的具体模式。

首先，"政府＋社区"模式。这一开发模式可以发挥政府和社区不同的优势，并通过合理的利益分配机制，避免了土著知识旅游开发的过度化和商业化，对保护土著知识的真实性和增强社区居民的文化自豪感具有积极的意义，同时也能为社区土著知识旅游的可持续发展提供坚实的基础。具体而言，政府主要负责社区土著知识旅游的规划和基础设施的建设，优化社区旅游发展环境；提供旅游市场信息，并提供一定的资金支持。社区主要负责提供土著知识，包括掌握土著知识的个人以及土著知识的各种载体等，并进行相应的土著知识展示。

其次，"农户＋农户"模式。由于土著社区的边缘性和边远性，他们的思想观念一般较为保守，并对外人介入社区旅游开发存在一定的顾虑。采用"农户＋农户"的土著知识旅游开发模式，不仅可以让旅游者体验到最真实的土著知识，还可以有效地强化东道主社区与旅游者之间的面对面互动与交流，最大限度地满足旅游者对土著知识体验的需求。但是受制于土著知识社区的经济发展水平和管理水平，旅游接待量会受到限制，旅游开发的联动效益也不会太强。

最后，"政府＋公司＋社区"模式。在这一开发模式中，政府主要提供政策支持并进行基础设施的建设，公司主要负责旅游规划、产品设计及营销，社区则提供可开发的土著知识旅游资源。该模式可简单地表述为公司在政府相关政策的规范下，对社区提供的土著知识旅游资源进行适销对路的策划和营销，实现土著知识的旅游价值。

库连达土著文化村

库连达（Kuranda）距离凯恩斯西北27公里，是一个位于阿瑟顿高地（Atherton Tablelands）边缘雨林中的小镇，100年前，这里是原住土著族"吉普盖"人集中居住的村落，目前镇上的居民80％依然是土著人。

游客可搭乘库连达观光火车（scenic train）由凯恩斯出发，沿途可欣赏壮丽的热带景观与瀑布。在库连达集市中，您可购买当地所产的手工艺品与鲜嫩花果。

库连达是一个有着浪漫氛围的小村庄，它被原始的热带雨林所覆盖，周围环绕着壮观的巴伦河及气势磅礴的巴伦河瀑布。早在1920年以前，旅游业就已经成为库连达的主要经济来源。约于1921年，《凯恩斯邮政报》是这样称赞库连达的，"世界上再没有比库连达显赫的镇区了，难怪新闻记者、作家、艺术家和诗人们都希望用一种永恒的方式来表达这种令他们荡气回肠的感情"。1885年，第一批欧洲人移民到库连达，并于1891年修建了通向凯恩斯的铁路。库连达很快赢得了游客最向往的目的地称号的美誉，是潮湿炎热的热带雨林中的一块风水宝地，清爽舒适。今天的库连达出名是因为它是一个坐落在热带雨林中的村庄，是通往凯恩斯的必经之门。

库连达是一个跳动的小镇，渗透出波西米亚族的性格。不同年龄层次、不同文化背景、不同信仰的来自世界各地的游客，都被库连达的自然美、丰富的物种资源和四季宜人的气候所吸引着。喜欢库连达和她的平静生活的人们，都被吸引到了这个如画般美丽的村庄来，库连达是一个团结的有着多元文化的村庄。今天，库连达在世界各个角落都得到了宣传。村庄里人与人亲密无间，他们相互关心和信任，一起生活在一个和谐的世外桃源里。

库连达是艺术家、雕刻家、视觉艺术家、音乐家、戏剧家们朝拜的圣地。有天赋的艺术家、雕刻家靠他们的双手做出了很多做工精良的艺术品，并将它们放在市场中展卖，这些艺术品让游客们爱不释手，流连忘返。跳蚤市场上经常会让人得到意想不到的收获。语言在这里不是障碍，大部分的商人和服务人员都会说多种语言。

这里还生产皮毛制品，如袋鼠皮、鳄鱼皮、盲蟒、鸸鹋、蛇皮等。艺术作品更是随处可见，在帆布上，陶器上，玻璃上，金属上，到处都有。游客可以现场观看用热带雨林橡胶制作工艺品。还有很多物美价廉的T恤和精美刺绣。公园里经常会有土著人即兴表演，镇上的鸟类世界和蝴蝶世界也是难得的好去处。

库连达遗产市场和历史悠久的库连达市场提供了大量精美的热带雨林纪念品，你可以观摩艺术家的做工，随时挑选自己中意的艺术品，这一切必定使你流连忘返，忘记时间。参观土著民文化艺术中心，可以尽情欣赏独具特色的土著民艺术品。

你还可以到卖蜂蜜的小店，现场观看蜜蜂窝，还可以品尝一下新鲜酿制的蜂蜜或喝杯沁人心脾的伴着些许蜂蜜和奶油的 devonshire 茶。库连达的甜品小屋也提供了丰富的选择，有多种口味的冰激凌和布丁水果，尽显传统特色。

资料来源：佚名 2010-03-08. http：//www.austournet.com/SightInfo.asp?SightID=113

3. 遗产廊道模式

基于土著知识的丰富性以及鲜明的地域性特质，可围绕其中的某一类土著知识在一定的空间范围内组织形成专题型的土著知识遗产旅游廊道。廊道中不同地域、不同族群都尽量突出与专题一致的土著知识旅游产品。专题遗产廊道的土著知识旅游开发模式可以极大地凸显不同地域、不同族群同类土著知识的特色，它如同一本内容丰富的百科全书，在广阔的地域范围内讲述着各具特色的土著知识，让旅游者对土著知识旅游产生更深刻的印象。

遗产廊道：一种较新的遗产保护方法

自19世纪中叶开始，历史文化遗产的保护逐渐成为全世界的焦点问题。保护范围不断扩大，由单个文物的保护到历史地段的保护，再至历史文化名城的整体保护，且内容不断深化。遗产廊道是美国在保护本国历史文化时采用的一种范围较大的保护措施。

遗产的形式和内容是很多样的，其中河流峡谷、运河、道路以及铁路线都是文化遗产的重要表现形式，也是一种线性廊道。它们多代表了早期人类的运动路线，并体现着一地文化的发展历程，如早先的人类只能利用河流进行运输，其后随技术的逐步发展开始修建运河、公路及铁路等。时至今日，许多这样的线性景观仍存有早先重要事件和早期人们居住模式的痕迹。然而，随着世界人口的增长、开放空间的丧失以及城市的持续扩张，许多这种线性文化资源受到威胁，人们正在寻求保护它们的方式。

20世纪60年代以后，绿色廊道（green way）的概念在美国逐渐成熟，green代表绿色，表明存在自然或半自然植被的区域；way表示的是人类、动物、植物、水等的通道，这是绿色通道的两个重要特征。顾名思义，绿色通道就是绿色的、中至大尺度的线性开放空间。另外，美国历史文化保护本身也向区域化发展，开始有了遗产区域保护的概念。作为绿色廊道和遗产区域的综合，一种新的遗产保护形式，遗产廊道的形成为线性遗产的保护提供了新的思路。

遗产廊道（heritage corridors）是一个与绿色廊道相对应的概念，是"拥有特殊文化资源集合的线性景观。通常带有明显的经济中心、蓬勃发展的旅游、老建筑的适应性再利用、娱乐及环境改善"。

遗产廊道具有以下特点：

(1) 线性景观决定了遗产廊道同遗产区域的区别。一处风景名胜区或一座历史文化名城都可被称为是一个遗产区域,但遗产廊道是一种线性的遗产区域。它对遗产的保护采用区域而非局部点的概念,内部可以包括多种不同的遗产,是长达几英里（1公里＝0.6214英里）以上的线性区域。

(2) 尺度可大可小,但多为中尺度,这点同绿色廊道很相似。它既可指某一城市中一条水系,也可大到跨几个城市的一条水系的部分流域或某条道路或铁路。宾夕法尼亚州的"历史路径（The Historic Pathway）"是一条长1.5英里的遗产廊道,而Los Cominos del Rio Heritage Corridor则有210英里长。

(3) 它是一个综合保护措施,自然、经济、历史文化三者并举体现了遗产廊道同绿色廊道的区别。绿色廊道强调自然生态系统的重要性,它可以不具文化特性。遗产廊道将历史文化内涵提到首位,同时强调经济价值和自然生态系统的平衡能力。Los Cominos del RioHeritage Corridor廊道包括两个州立公园、三个不同的生态系统、30个博物馆、一个动物园、一处国家海滨公园、两个野生生物保护地以及许多具历史或建筑重要性的构筑物。

遗产廊道的概念和特点决定了在选择遗产廊道及其保护对象时,首先应在线性景观中进行选择。其次,应遵循以下四个标准。

(1) 历史重要性,指的是廊道内应具有塑造地方、州县或国家历史的事件和要素。评价历史重要性要了解当地景观的社会、宗教和民族重要性以及一地的居住模式或社会结构是否影响着当地社区或社会。

(2) 建筑或工程上的重要性,指的是廊道内的建筑具有形式、结构、演化上的独特性,或是特殊的工程运用措施。要考虑哪些工人构筑或建筑具有地方重要性,哪些建筑是社区所独有的,哪些是全国都普遍存在的形式。

(3) 自然对文化资源的重要性,廊道内的自然要素应是人类居住形成的基础,同时也影响整个廊道。评价廊道内的自然重要性要了解以下几点:当地自然景观在生态、地理或水文学上的重要性;所研究的区域是否具有完全、基本未被破坏的自然历史;场地是否由于人类活动和开发而受到改变;哪些自然要素是景观的主体,决定着区域的独特性。

(4) 经济重要性,指的是保护廊道是否能增加地方的税收、旅游业和经济发展等。

资料来源:王志芳,孙鹏.2001年.中国园林,(5):85-88

4. 土著知识旅游区（点）开发的对策

1）挖掘土著知识旅游资源的内涵、细分目标市场

土著知识旅游资源是一种隐性的资源，要正确地、全面地理解其内涵有一定的难度。由于土著知识旅游资源的价值和内涵不能像物质类旅游资源那样较为容易地展示给游客，开发者必须对其内涵进行提炼、概括和浓缩，而且还要结合特定的族群与环境，利用多元化的手段，以不同的方式将其展现。

土著知识旅游资源由于其内容和表现形式的巨大差异，所吸引的游客群体也各不相同。一般来讲，世俗的大众文化较易于认知和接受，有着较为广阔的市场；高雅的精英文化往往比较抽象和深奥，对其理解需要较高的文化修养。因此，针对土著知识旅游资源的不同类型，结合市场的不同需求与偏好，应对土著知识旅游资源作出正确的评价与定位，找准相应的客源市场，从而进行针对性的开发和利用。

2）构建土著知识旅游资源有机的时空结构

由于时间上的传承性、空间上的扩散性及自然地域的相似性，各种不同的土著知识旅游资源之间总是存在着千丝万缕的关系。因此，土著知识旅游资源并不是绝对意义上的独立体。一方面需要在开发时积极运用现代科技手段，注重传统与现代的衔接、外来与地方的融合，从而建立土著知识旅游资源的时间结构体系，加强不同知识体系间的对比；另一方面要加强不同地域间同类土著知识旅游资源的联动开发，形成线性的土著知识旅游景点群，建立土著知识旅游资源的空间结构。

3）建立科学合理的综合效益评价体系

为了确保土著知识旅游资源保存的完整性和土著知识旅游的可持续发展，对土著知识旅游资源开发进行综合效益评价是十分必要的。关于土著知识旅游资源开发的综合效益主要从如下几方面衡量：首先，市场效益的可持续性和全面性，即对土著知识旅游资源的开发要处理好短期利益和长期利益、经济效益和社会效益、局部利益和整体利益之间的关系；其次，资源价值的可持续性和全面性，即在开发中要处理好土著知识的文化价值、社会价值和经济价值的关系，同时还要处理好土著知识的日常价值与旅游价值间的关系；最后是土著知识旅游资源地基础设施建设与利用的可持续性和综合性。

4）建立健全政府的监管体制和政策体系

在土著知识旅游资源的开发和利用过程中，政府不仅要提供关于土著知识保护的相关法律和法规，而且还要制定针对性的开发政策和法规。政府有关部门要严格规范土著知识开发和保护的"红线"，明确开发和保护的职权，将相关责任落实到个人，对违反规定、造成土著知识破坏的人与行为严格依法处理。

此外，政府还要根据实际情况对开发活动进行指导，协调旅游开发过程中不同利益者的关系，以确保土著知识旅游的可持续发展。

四、土著知识旅游景区（点）的营销

对旅游地而言，"土著"两个字的确已经足够引起消费者的关注，也将是旅游地营销的卖点。但是土著知识是一个丰富的地域知识系统，具有鲜明的地域性，为突出不同地域或是不同土著知识的特色与魅力，有必要在坚守"土著"的同时，做到针对性的分析，以制定出更加有效的营销策略。

1. 提炼主题、精心打造旅游精品

旅游主题是土著知识旅游区（点）开发的核心和发展的灵魂。土著知识自身已经具备鲜明的特质与个性，对其内涵进行提炼，形成一个特点突出、个性鲜明、内容真实、具有强劲市场号召力的土著知识旅游区（点）的旅游主题，会在较长时间内使其产品具有明显的市场优势与竞争力。

1）主题精练，重点突出

由于土著社区具有多样化的自然环境与人文环境差异，再加之土著知识多样化与丰富性的特点，因此如何在众多的土著知识旅游资源单体中，以市场为导向筛选、提炼出一个土著知识旅游区（点）的开发与发展主题，就显得十分关键。对土著知识旅游区（点）来说，一个精练化的主题比一个泛化的主题更能体现旅游区（点）的特色。泛化主题相当于没有主题，精练化的主题则是旅游区（点）的点睛之笔，不仅会对旅游者产生吸引力，同样也会对旅游经营者产生作用力。因此，土著知识旅游区（点）的开发与规划，应该通过对其旅游资源的全面盘点与分析，并加之严谨、周密的针对性旅游市场调查，去粗取精，遴选出旅游区（点）的"精华"与"重点"，并形成精彩的旅游主题。

2）主题简洁，号召力要强

土著知识旅游区（点）的主题要具有强劲的号召力，为此，当土著知识旅游区（点）主题明确并确立以后，要以文字表达的方式加以高度的概括和形象化的表述。主题不仅要凸显旅游资源的特色，符合旅游市场消费的需求，还要精简，以便于游客记忆，同时，也有利于对产品的包装，使之成为核心产品，并逐步培育成旅游品牌。

3）主次兼顾

打造和精练的旅游主题并不是全部，除了旅游主题以外，还需要其他的次级产品和相应的配套设施加以辅助。因此，在突出"重中之重"的前提下，土著知识旅游区（点）应当统筹兼顾，为旅游者提供完整的旅游产品体系，满足旅游者多样化的旅游需求和体验。

2. 树立口碑，廉价营销

旅游区（点）的营销要特别注意树立口碑，所谓口碑，即是群体对客体口头的赞誉和颂扬，是"当今世界上最廉价的信息传播工具，可信度最高的宣传媒介"。为在节约土著知识旅游区（点）的营销成本的同时，树立土著知识旅游区（点）口碑，需要做到如下几点。

1) 注重服务，以优质服务创口碑

任何一个旅游产品都包含了服务的内容，且服务质量的高低、好坏直接影响并决定着旅游者对体验质量的评价和满意度，进而影响到旅游者的重游率。因此，土著知识旅游区（点）的员工应根据旅游者的需求，提供多样化的、充满个性的、热忱的、及时的、规范的、周到的旅游服务，毕竟土著知识旅游区（点）的每一个员工都是其口碑的创造者和捍卫者。

2) 重产品特色，以鲜明个性赢口碑

在竞争日益激烈的今天，土著知识旅游区（点）若缺乏鲜明的个性与特质，想要赢得市场的青睐与好评是极其困难的。为增强土著知识旅游区（点）的吸引力，突出自身的特色，土著知识旅游区（点）必须做到"人无我有"、"人有我优"、"人优我廉"、"人廉我特"。换言之，可以从资源的垄断性、开发的规模、价格策略、服务技巧，甚至是旅游设施等形成自身不同寻常的个性，赢得市场口碑。

3) 重行动，以积极回馈争口碑

土著知识旅游区（点）的经营不仅仅要"赚"游客的钱，同样也需要"给"游客钱，通过以不同的形式回馈游客，力争口碑的树立。尤其对于那些旅游经验丰富、资深的旅游人士、导游、媒体工作者、作家、名嘴，甚至是教师、部分的普通游客可以通过免费体验、打折体验、礼物赠送等方式，让他们成为旅游区（点）口碑的宣传员，为土著知识旅游区（点）口碑的树立另觅捷径。

3. 注重网络营销，建立多元化的营销网络

随着网络化进程的加快与普及，网络营销已经成为众多经营者的首选。网络营销具有内容丰富、成本低廉、使用方便、沟通成分的现代营销特点。土著知识旅游区（点）可以通过旅游网络平台较低成本地将旅游区（点）丰富的旅游信息及时地、多样化地展现给旅游者；旅游者也可以借助旅游网络平台方便、快捷的信息传播途径及时地了解关于土著知识旅游区（点）的旅游咨询。旅游是一种时尚的生活方式，网络是一种时代的生活新潮，旅游人群与网络人群具有高度的耦合性。对土著知识旅游市场而言，可能更多的都是具有冒险属性、探险色彩的年轻一族，因此，对土著知识旅游进行网络营销显得更加重要。具体策略包括如下几点。

1）建立土著知识旅游区（点）信息库、网页并开办网站

根据土著知识旅游区（点）的空间规模，可以选择在社区"中心"积极建立旅游信息库，制作自己的土著知识旅游网页，开办具有自身特色的旅游网站，即将所属土著知识旅游区（点）的空间位置、族群及其知识、景点、门票与住宿价格、交通状况、气候、活动内容及接待设施等输入旅游信息库；以图文并茂和多种文字表达的方式制作优美而真实的旅游网页，链接于百度、搜狐等知名网络下，供游客方便查询；开办独立域名的网站，详细地展示自己土著知识旅游产品的特色和参考价格，并设置网上交流窗口，便于游客与经营者间的交流。在条件允许的情况下，可选择与地区性政府的旅游网站、知名的网站和专项的旅游网站实现链接，以大大提高促销的力度。

2）开展全面的网络化营销策略

对土著知识旅游资源周边旅游已经开发得较好的地区而言，关于土著知识旅游资源的利用可采取依附式开发的模式，利用既有旅游景区（点）的知名度带动土著知识旅游的开发与发展。因此，首先，要优化、丰富旅游区（点）既有的网络，新增关于土著知识旅游的各种旅游咨询与预定业务；其次，要利用既有的网络平台，拓展土著知识旅游网络营销的范围，加强土著知识旅游营销的力度；最后，针对主要目标市场，发布网络广告，并开辟论坛，制定极富吸引力的土著知识旅游攻略，大力推荐其主打产品与特色。

3）建立多元化的营销网络

尽管网络营销优势突出，具有廉价、高效、快捷等优点，尤其在年轻一族、国际游客营销中发挥着极其重要的作用，但不可否认的是，传统的营销手段与方式仍然还占据着主导的地位，对国内游客来说更加如此。因此，为了实现土著知识旅游区（点）的整体营销目标，需要充分发挥旅游网络营销与传统营销的优势，形成优势互补，相互促进。

4）发挥文化掮客的营销作用

"不识庐山真面目，只缘身在此山中。"对于土著知识的价值与意义，社区族群深有感触。但他们只感知了土著知识对于他们所具有的生产、生活方面的价值，而没有认知土著知识更为广泛的、对于其他人类群体的价值与意义。文化学者和人类学家先觉性地认知了土著知识的价值与地位，将其宣扬并引发社区的自识。因此，可以借助文化掮客的力量，通过对土著知识的"他识"到"自识"再到"共识"的认知历程，积极宣传土著知识，实现旅游情境中的土著知识营销。

五、土著知识旅游可持续发展

20世纪下半叶,当人们的开发和发展对人类后代的生存与发展构成危害与威胁时,人们提出了可持续发展的概念与理论。经历20多年的探索与传播,可持续发展理念已经为人们所广泛接受,并为部分人和地域所践行。

(一) 土著知识旅游可持续发展的战略重点

1. 牢固树立土著知识旅游可持续发展理念

社区居民是土著知识旅游可持续发展能否实现的关键与核心,为实现土著知识旅游的可持续发展,必须培养包括社区居民在内的所有利益相关者的可持续旅游发展意识。对此,旅游地可针对性地通过各种媒介、部门和相关人员,对所有利益相关者进行可持续发展理念教育,让更多的人认知可持续发展概念、内容及要求,并使之内化为自己的行动准则,从而支配利益相关者对土著知识旅游开发的思路、经营行为,为土著知识旅游的可持续发展提供重要的智力支撑。

2. 积极保护土著聚居社区

土著社区是土著族群共同体生产、生活的空间场所,也是土著知识孕育的客观背景,对土著聚居社区的保护,直接关乎着族群共同体及其文化的发展与传承,并对土著知识旅游的可持续发展具有极其重要的意义。关于土著聚居地社区的保护应着力从以下方面进行:首先,针对土著族群聚居地,国家及有关部门要制定相应的政策、法律,保障其经济、社会文化的和谐发展;其次,划定土著社区的空间范围,并做好相应的规划,包括建筑风格、绿化、交通等;最后,做好土著社区的环境保护工作。

3. 积极保护,宣扬土著知识价值与意义

土著知识的价值对于社区居民来说深有感触,但众多的外界群体对其仍然一无所知。一方面,土著知识的价值已经得到了人类学家、植物学家、生态学家等的认可,但其价值并未得到最大范围的认知。为此,相关部门必须对土著知识价值进行宣传,加强人类对土著知识的认识。另一方面,鉴于人类历史上不少优秀的弱势文化或元素被强势文化或是主流文化同化的经验与教训,对土著知识的保护必须采取积极的行动,通过政府和有关部门出台并落实一系列的政策与措施,保障土著知识的传承。对于濒临消失的土著知识,必须当机立断,采用有效的办法进行抢救,全方位地加以记录和保存。

4. 合理开发土著知识旅游资源

土著知识旅游资源是土著知识旅游得以开展的基础,合理、永续地开发和利用土著知识是实现土著知识旅游可持续发展的重要途径。很多民族旅游的案例已经表明,盲目、无序、过度地开发民族旅游资源将会使民族地区面临灭顶之灾,并导致民族旅游遭受极大的破坏与创伤。合理地开发和利用土著知识旅游资源,应该确保做到以下几点。

1) 以保护为前提

土著知识旅游资源是土著知识旅游开发的前提与基础,失去土著知识旅游资源,整个旅游活动将难以开展。没有保护的开发将是掠夺性的,土著知识旅游也将难以为继。土著知识旅游开发的主要目的是为了强化人类对土著知识价值和意义的认知,培养人类对土著知识保护的意识,促进土著知识在族群间的传承,并为社区发展带来系列的利益。

2) 加强对土著知识旅游开发与保护资源的监管力度

当地政府,尤其是文化部门要加大对土著知识及其聚居地生态环境的保护力度,坚决制止任何对土著知识有破坏的项目与开发行为;旅游开发商、旅游规划者要杜绝急功近利,避免破坏性项目的立项;媒介应充分发挥监督作用,及时揭露关于土著知识旅游资源开发的破坏行为,并督促相关部门予以打击和整治;对土著知识旅游资源保护、传承具有贡献的个体及团队要给予奖励,以此激发群体对土著知识的保护动力。

3) 制定合理的土著知识旅游资源开发与保护的方法

由于土著知识具有稀缺性、民族性、地域性、文化性、非物质性、可传承性等特点,对土著知识旅游资源的开发与保护不能简单模仿其他类型旅游资源的开发与保护模式,而应该具体问题具体分析,注意开发与保护的方式与方法,甚至需要注重技巧的运用。

4) 积极培育土著知识人力资源

土著知识旅游要实现可持续发展,必须积极开发土著知识旅游的人力资源,不断培育具有丰富土著知识、较强服务意识、相关业务熟练的土著知识从业人员以及素质高、能力强、创意新的土著知识旅游人才团队。对此,首先要"利用一切可以利用的资源",针对东道主居民开展"全民旅游意识"培训,让东道主社区居民普遍地认识到土著知识的旅游价值,充分认知到土著知识旅游对社区发展的意义,以及社区居民在土著知识旅游开发中扮演的角色等;其次,要积极组织关于土著知识旅游开发、服务、经营的职业技能培训,不断提高土著知识旅游从业者的整体素质,确保土著知识旅游的健康持续发展;最后,制定合理的人才引进政策,积极吸纳旅游从业人才。当地政府应当针对社区旅游开发的实际,出台具体的人才引进战略,尤其需要注重对社区内部旅游人才的挖掘与培训,减少旅游经济效益的漏损。

(二) 土著知识旅游可持续发展的战略选择

对可持续旅游发展这一热点话题的讨论、认识与理解,在不同的语境中有不同的表述。根据《可持续旅游发展行动战略》对可持续旅游发展概念及其基本目标所作的阐述,结合对土著知识旅游的认识,可将土著知识旅游的可持续发展表述如下:土著知识旅游可持续发展是促进土著知识价值与意义传承、创新、弘扬,推进特有少数民族共同体及其社区的发展,增进不同族群间的相互了解、交流、尊重和团结,强化多元文明格局,在促使文化旅游、民族文化旅游产品质量的提高的同时,不损害特定族群后代利益,能够保障文化旅游、民族文化旅游长远发展的新型旅游方式。

1. 关于土著知识旅游的可持续发展的基本目标

(1) 加强不同主体对土著知识价值和意义的了解,强化人们对土著知识的尊重与保护意识;

(2) 注重族群共同体的不断发展和族群社区参与旅游经营管理水平的提高;

(3) 通过土著知识的旅游化,逐步消除各族群间的歧视,促进不同族群间的相互交流、团结、互助;

(4) 深化文化旅游、民族文化旅游的品位与魅力,提高民族地区旅游服务水平;

(5) 协调土著知识旅游活动中不同参与者的利益,确保公平参与、公平分配;

(6) 强化人类对多元文明格局的认识。

概而言之,土著知识旅游的可持续发展是站在全球化的、长远性的、公平的和协调的高度,所产生的一种发展土著知识旅游的现代理念和指导思想。尊重、保护土著知识的价值与意义,并确保社区居民的参与和族群聚居地生态环境的保护是土著知识旅游可持续发展的关键。因为,各族群通常会把人们对其文化的尊重看做是对其族群本身的尊重,而土著知识传承于族群内部,且族群聚居地的生态环境是族群文化和族群共同体的原生土壤和最基本性的发展条件。

2. 土著知识旅游可持续发展的战略

1) 编制科学合理的土著知识开发与保护规划

旅游规划涉及多个领域,需要不同学科间的配合与交流、合作,土著知识最为一种特殊的文化事项,对其的开发和规划特别需要民族文化及其研究成果的启示和支持。脱离多学科的支持,没有多种方法和研究成果的综合运用,难以作出对土著知识旅游具有明确指导意义的规划。因此,关于土著知识旅游规划的方法,除了要利用传统的资料搜集与分析法、实地资源调查法、市场调查分析法、个人创意与集体智慧结合法、图文互补表现法等有效方法和手段以外,更应该结合人类学的田野调查法以及民族文化研究的手段与成果。

在规划要求上,科学编制土著知识旅游开发与保护规划,需要将国家标准作为最基本的条件与规范。但由于国家标准存在不足与缺陷,关于土著知识旅游资源的认定与分类更应该结合非物质文化遗产的分类系统进行评判。相应地,土著知识旅游开发与规划也要在立足于国家标准的基础上,根据土著知识的特质,超越"国标",追求突破、拓展、创新和卓越,开创土著知识旅游开发与规划的新途径。

土著知识旅游是一种特殊、明显的跨文化交流行为,因此,在规划内容上除了要将国家标准规定的内容全部纳入以外,还应该加强土著知识旅游的特殊性分析,如所涉及族群共同体特殊性的分析、所涉及土著知识的特殊性分析、族群问题的敏感性分析、土著知识旅游资源的特殊性分析、社区参与的特殊性分析、土著知识传承与创新的特殊性分析等。除此以外,族群聚居地自然环境是土著知识旅游开发的基底与背景,关于土著社区自然环境的保护规划应特别需要注意,可对其进行专项规划处理。

总而言之,一个科学合理的土著知识旅游开发与保护规划,不仅需要有客观的资源调查、分析与评估,扎实、详细的市场调查、分析与预测,切实的开发条件分析与措施制定,确实的社区参与内容,而且需要借助深入的人类学田野调查与民族文化研究。在此基础上制定深远的战略构想,有前瞻性的资源保护意识,有精彩的主题形象与创意策划,有合理的空间布局安排与理想的旅游情境打造。此外,还应根据不同社区的具体情况,详细考虑基础设施、接待设施和服务设施、人力资源开发、营销策划等方面的内容,使开发有完全的规划编制依据与规划实施保障。

2) 努力探索土著知识可持续发展的有效机制

土著知识旅游的可持续发展,需要政府、市场、社区等不同机制的综合性作用,并发挥各自的效用,形成强大、完善、有机的合作机制合力,共同促成土著知识旅游的可持续发展。

(1) 政府干预机制。由于土著社区在多方面存在特殊性,关于土著知识旅游开发过程中的资源与环境保护、招商引资、政策制定等,注重国家及各级政府的作用是十分关键的。首先,关于土著知识旅游资源保护的政策法规均要由国家、政府制定并出台,且由各级政府组织实施;其次,土著知识旅游资源的开发项目需要由政府部门来审批、监管，任何有损土著知识旅游资源的行为都需要政府部门来纠正、调节；再次，土著知识作为特殊的文化事项、重要的非物质文化遗产，需要政府的认定；最后，土著知识旅游资源开发的项目需要政府进行招商引资，社区环境保护、基础设施建设的费用需要各级政府筹措和协调。

（2）社区参与机制。社区居民不仅作为土著知识的传承者，而且是土著知识旅游重要的旅游资源。如果土著知识旅游能够确保当地社区居民参与旅游开发的整个过程，必将极大地促进土著知识旅游的可持续发展。由于各地区、各民族之间社会经济文化发展存在不平衡，土著族群显示出极大的特殊性，包括经济水平的落后性、社会的封闭性、弱小性与边缘性、文化的弱势性、原生态性等，再加之土著知识旅游的非物质性，对土著知识的开发在很大程度上是依靠族群本身，因此，在土著知识旅游开发和运作中，注重社区参与，对于实现相关利益者共赢，保护旅游资源及其环境，展示土著知识的生动魅力，凸显土著知识旅游产品的吸引力具有十分重要的深远意义。

（3）市场推动机制。旅游因为游客才具有意义。在现代旅游中，很多游客越来越向往民族地区的奇异风俗、异质文化以及生态环境，旅游活动在满足游客旅游需求的同时，也促使许多的族群对自己的文化和环境有了新的认识。一方面，旅游作为文化交流的方式，在极力地宣传族群文化的同时吸引了大量的游客。为此，特定族群将为自己的文化而自豪。另一方面，形成强有力的文化自觉。土著知识的旅游化利用将使社区共同体认识到自身文化和聚居地的旅游价值，在经济利益的作用下，将形成文化自觉，主动保护其文化与环境。

（4）文化传播机制。一方面，可以借助现代传媒以及旅游目的地居民与旅游者的互动交流，加强人们对土著知识价值与意义的认知；另一方面，全球化在推进同质化的同时，也在强化土著知识所呈现的异质性，通过土著知识的旅游化利用，族群形成的文化自觉将转变成文化传播、传承与创新的新动力。需要注意的是，文化传播机制应当是既保持土著知识的独立性，又不封闭处置；既保持土著知识的特色、价值与意义，又不回避对异族优秀文化的兼容并蓄。

第七章

基于真实性理论的土著知识旅游多维分析

一、真实性的起源及其在旅游研究文献中的演变路径

"真实性"的概念最早见于《威尼斯宣章》(*Venice Charter*)中,之后逐渐在欧洲社会得到认可。根据《新英汉词典》的解释,英文单词"anthenticity"的意思是"可靠性、可信性、真实性",对应的形容词可译为"可靠的、可信的、真实性的"。"真实性"已经成为旅游学术界研究的焦点与核心概念之一。"真实性"(authenticity)一词源于希腊语,其意思是"原初的"、"最初的"、"自己做的"。"真实性"概念最早是为了描述博物馆展品的价值,意味着展品的纯真、真实与独特,之后逐渐被其他学科学者所借用。关于"真实性"的争论,起源于对现代社会失真的认识。1973年,麦肯内尔在《舞台真实性》一文中首次将真实性的概念引入到了旅游动机、旅游经历的研究中。此后,"真实性"成为对旅游吸引物进行理论解释的核心概念之一,并引起了各种热烈的谈论和分析。诸如王宁[335]对旅游的现代性与"好恶交织"的分析,吴忠才[336]对旅游活动中文化的真实性和表演性的研究,钟庆国[337]对旅游体验真实性规律的探索,李旭东和张金岭[338]对西方旅游研究中"真实性"理论的研究以及张军[339]对民俗旅游文化本真性的多维度思考等。但由于"真实性"的多层面性以及不同学者在不同语境或情境中的泛用,"真实性"概念越发显得模糊不清。谢彦君[340]就明确指出,由于"真实性"这个术语未加清晰界定就被引入旅游研究领域,造成了许多的混淆,研究者很多时候是靠直觉来揣摩该术语的含义。其实,"真实性"是相对的概念,是可以商讨的。在研究中,真实性问题不仅涉及旅游与现代性、旅游动机与旅游体验、目的地文化产品的商品化以及旅游与怀旧等,甚至已经拓展到了旅游营销的领域,"真实性"已经逐渐成为理想的营销手段与口号。纵观旅游学术界对"真实性"的研究,经历了客观主义真实性→建构主义真实性→后现代主义真实性→存在主义真实性→定制化真实性的系列演变路径(表7-1)。

表7-1 旅游研究中真实性概念的发展与比较

内容	客观主义真实性	建构主义真实性	后现代主义真实性	存在主义真实性	定制化的真实性
关注对象	旅游客体	旅游客体的建构以及旅游者关注何种客体	真假界限	旅游主体感受	客体与主义互动
代表人物	Boorstin (1964) MacCannell (1973)	Cohen (1988) Culler (1981)	Eco (1986) Baudrillard (1983)	Wang (1999) Steiner 和 Reisinger (2006)	Wang (2007)

续表

内容	客观主义真实性	建构主义真实性	后现代主义真实性	存在主义真实性	定制化的真实性
主要观点	真实性是旅游客体内固定的一个特性，可用一个绝对的标准来衡量	真实性是一个社会构建的概念，是可变化的	真假没有严格界限	游客在个体内容以及个体之间寻找真实的感受，即使客体是假的	游客在异乡寻找故乡，主体与客体共同构建真实环境
贡献	将真实性引入旅游动机研究中，使之成为旅游研究的核心概念之一	摒弃二元论观点，实现概念突破，解释了商品化与真实性间的关系	—	为真实性研究树立了崭新视角，对后现代体验旅游发展起到重要指导作用	提出了真实性的客体主动构建，改变了仅根据主体判断真假的分析角度
局限	局限在旅游客体，真实性概念简化	难以把握真实性和商品化之间度	完全否定了真实性的概念	忽视旅游客体，不利于旅游业的持续发展	—

资料来源：张朝枝[341]根据周亚庆等[342]的研究修改与调整而成

（一）客观主义真实性

客观主义的真实性关注作为客体的旅游资源的真实性属性，绝对的真实。旅游者在旅游活动开始以前对旅游产品"真实性"的判别标准即是"它们由本地居民根据习俗与传统制造或表演"。因此，客观主义的真实性往往与原生态的、传统的、原初的等概念有密切关联。麦肯内尔指出，旅游者寻找纯朴的、原始的、自然的，没有被现代化浸染的东西。

（二）建构主义真实性

布伦尔（Bramwell）[343]首次明确提出了建构主义真实性的概念，他认为传统的旅游体验真实性很难解释现代旅游体验现象，旅游经营者可根据旅游者的期望、想象、偏好、信仰等设计景区与组织活动，以达到真实性的效果。建构主义对真实性的关照在关注客体真实性的同时，向主体体验的真实性转变，认为客体的真实性并不与旅游的真实性对等，旅游的真实性只是旅游者赋予客体的一种价值评价与主观体验。

（三）后现代主义真实性

后现代主义真实性对旅游客体与旅游主体的认知是一种比建构主义的真实性更为激进的观点，他们崇尚"超真实"，即忽略"真"与"伪"的区分，认为仿真和虚像比真实更加真实，且完全不把"真实性"当一回事，即抹杀了"真实性"。科恩指出，不同于现代旅游者追求真实性的风格，后现代主义的旅游者追求享受、娱乐、表层美，他们并不关心景观的起源和"真实性"问题。后现代主义的旅游者认为在日益全球化的情况下，处于边缘地区的少数民族文化是一种"濒危文化"，为保护这些文化，在一些边缘地区建立"活态博物馆"、民族村、主题公园等部分造假或全部虚构的景观，作为替代品是完全可以接受的。

（四）存在主义真实性

关于存在主义真实性的研究主要从旅游者行为的角度出发，其并不在意客体的真实性，而是将焦点集中于主体体验的真实性，强调旅游主体本真的存在状态，即本真是一种主观的体验结果与感觉，并与自身的自我体验结合。真实的客体只是主体获得真实性体验的媒介，主体通过借助旅游活动或客体，并融入其中，从单调、充满舒服的惯常环境中摆脱出来，以寻找本真的自我存在状态。一般认为，探险、登山、野营等旅游活动，因为其更简单、更自然、更真实，对功利与紧张的摆脱更加有利，因此也更能体现主体的存在主义真实。但周亚庆等[342]也指出，在存在主义者倡导的旅游方式中，旅游者更多地关注自己，与他人的沟通和交往的需要相对较少。而且，单纯的存在本真性不能推导出人们旅游的原因。因此，真实性的定义应同时结合旅游客体与旅游主体，忽视旅游客体不利于旅游业的可持续发展。尤其是民族旅游，客体的"真实性"也许比主体的本真更为重要。

（五）定制化真实性

旅游者在不断远离熟悉环境，却也不断"在异乡寻找故乡"，在陌生中寻找熟悉的现象被美国学者王余[344]称之为"定制化真实性"其理论的核心思想大致包括：①在旅游媒介，例如大众传媒，旅游指南等影响下，旅游者对"他者"的想象；②在旅游过程中，旅游者并非完全地脱离惯常环境影响，而是表现为对"家的感觉"的追寻，那在陌生中寻找熟悉，在异乡导找故乡；③旅游也将立足市场需求，提供相应的真实性旅游产品。

二、土著知识旅游的多维真实性分析

当前我国的旅游发展正处于商业较为发达、现代化进程加快的大环境中，旅游者追求旅游"真实性"的欲望出现了前所未有的高涨，他们在旅游过程中对"真实性"的感知,往往和他们的消费欲望成正比[342]。"真实性"已经成为旅游资源开发中的一大卖点[345]。

(一)土著知识旅游体验真实性的相对性

"真实性"只是个相对的概念,是可讨论的。从现代旅游市场构成来看,城市居民占有主导的地位,很多旅游地的消费者都来自城市。他们选择土著知识旅游,就是希望在土著知识旅游的过程中,体会到与自身惯常环境或传统认知具有差异的不同生活和"真实的生活"。土著知识旅游体验过程中不仅包括具有实体意义的土著社区,而且还包括土著社区的农业生产技术、纺织技术、制陶技术等非物质性的体验,其中真实的土著社区和土著知识的真实性是土著知识旅游的核心,是土著知识旅游得以发展的灵魂和核心所在。严格来说,土著知识旅游并非绝对意义的真实,而只是一种相对的真实。这主要体现在如下两方面。

(1)土著知识并不是一成不变的旅游资源,而是随着社会的进步与族群间文化的传播不断地变化。对土著知识的真实性的理解如果停留在静止的状态,就不能对土著知识真实性进行正确的了解。所以,旅游者所体验的土著知识旅游真实性只是相对的,是一个不断变化的概念。

(2)受旅游者主体的认知影响,土著知识旅游的真实性是相对的。从体验的角度讲,真实性关乎的是作为主体的旅游者的感受。这种体验的真实性受到旅游者主观因素的影响,是相对的。对某些游客而言具有真实性的体验,对其他的游客而言则可能是虚假的。由于土著知识旅游真实性的相对性,不同的主体对土著知识旅游的体验就会有不同的解读。

(二)社区居民意识中的真实性

由于土著知识的非物质性,要使土著知识旅游者体验到真实的土著知识,社区的居民就必须真正地参与到社区土著知识旅游的开发过程中,并在意识形态上使其认知到参与旅游活动也是他们日常生活的一部分。同时,社区居民作为土著知识的传承者和主体,具有真实性的土著知识旅游即是维持他们自然的生活方式与生活状态,即生活不受太大的干扰。一般来说,当社区居民感觉到自己的日常生活状态被干扰并造成负面影响时,会引发社区的抵触心理,并认为社区的一切都是旅游的附属品,他们是为了旅游而生存的,自己真正的生活已经消失。自己参与的旅游活动,诸如表演、讲解也被认为不真实,只是在迎合旅游者的需求与旅游开发。相反,当社区居民的生活状态不被干扰且可以为其带来可观的经济收益时,他们会选择以积极主动的方式参与到旅游开发过程中,自愿保护和展示土著知识。可见,社区居民对土著知识旅游真实性的判断依赖于土著知识旅游开发为其所带来的效益,尤其是经济效益。当土著知识旅游开发能为社区居民带来经济效益时,就被认为是真实的。

(三)不同土著旅游者所感知的土著知识旅游真实性

在消费符号的时代背景中,当代的消费者呈现出一种共性:强烈的符号消费欲望[307]。很多旅游者对土著知识旅游产品进行购买,很可能就是源于对"土著"真实性的向往。因为,"真实"是符合当时当地文化背景和情势需要的意义性真实,"真实"无非也是一种构建[346]。旅游者对"土著"解读的结果即是认为"土著"象征着更真实、更文化、更历史和更生态。换句话说,是"土著"的真实性符号意义促发了游客的购买行为。参与土著知识旅游的游客因此也希望获得真实的旅游体验。

1. 漂泊者的土著知识旅游真实性

如前所述,土著知识旅游者更类似于Cohen所说的"探险者"或是"漂泊者",抑或是莫斯卡多的"思考型游客"。他们都对新奇的事物充满了兴趣,并乐于接受新的知识和信息,因此也就更加的注重旅游活动的真实性。土著知识是一种另类于现代科学知识的地方性知识体系,虽并不为人熟知,但不置可否的是,它作为一种有意义的信息,从客观主义真实性的角度来讲,土著知识具有真实性,这也是土著知识旅游者所希望体验到的。漂泊者富于冒险的精神将为其带来具有客观主义真实性的土著知识,但并不是真实性的土著知识旅游体验。因为,漂泊者虽然是自主选择旅游地,但是在旅游开始前,他已经通过相关的媒介信息以及自身的主观认识,构建了属于自己的真实性土著知识旅游。当客观主义真实性的土著知识与旅游者构建的真实性的土著知识旅游存在契合关系或是近似关系时,漂泊的土著知识旅游者有很大的概率获得真实性的土著知识旅游体验。

2. 思考型与非思考型土著知识旅游者的真实性

从思考型与非思考型游客的角度来看,思考型游客能否获取真实性土著知识旅游体验并不是由具有客观主义真实性的土著知识决定的,而是由土著知识旅游活动的体验过程所影响。思考型的土著知识旅游者需求获得新的知识,因此当土著知识旅游活动可以为游客提供新知识与新体验时,其就可以在一定程度上获得相应的真实性。非思考型的土著知识旅游者更类似于娱乐性的游客。娱乐型的土著知识旅游者出游的主要目的或是为了追求感官的享受,或是为了逃逸工作与生活的压力,或是为了寻求新鲜的事物,或是为了增长见识。他们大多希望通过土著知识旅游暂时性地摆脱日常生活带来的种种压力或是释放惯常环境造就的压抑情绪。可以说,娱乐型的土著知识旅游者纯粹是为了追求娱乐和获取放松的机会,因此,并不要求土著知识旅游地提供原汁原味的土著知识。他们所寻求的并不是资源的真实性,而是自我的真实性,即借助土著知识旅游活动寻找真实的自我。对他们而言,能够在土著知识旅游过程中获得自由,赢得放松的机会就意味着土著知识旅游体验是真实的。

3. 其他游客的真实性土著知识旅游体验

对其他参与土著知识的游客而言,他们能否获得真实性的旅游体验,并不是由土著知识的客观真实性决定的,而是受另一个无形因素的影响,即媒介。旅游媒介对土著社区或是土著族群的政治性宣传,往往使社会中的主体民族代表各土著社区或是土著族群在旅游媒介上说话。土著社区的居民是土著知识的主体,对土著知识有着深刻的了解和认识,但他们并不掌握宣传自己土著知识的媒介或是工具。旅游地经营者为吸引更多的旅游者,往往在客观主义真实性的土著知识上贴加更多的"特色",或奇异色彩,由此构建了属于媒介的土著知识旅游真实性。这种真实性以不同的方式灌输给游客,并在其内心留下烙印。他们对土著知识旅游真实性的获取过程即是对媒介真实性土著知识旅游的印证过程。当媒介所宣传的土著知识旅游真实性与旅游地客观主义真实性的土著知识吻合时,他们就能够获得真实性的土著知识旅游体验。

参考文献

[1] 常本照树，铃木敬夫. 土著民族的文化与知识产权研究[J]. 吕艳滨译. 太平洋学报，2009，(4)：22-35.

[2] 佚名. "原生态"的原始形貌. http：//www. jianfengarticle. com/main/200811115295737/Page/2010126940990/News Detail. asp？NewsId＝201022010271765[2010-02-20].

[3] 霍恩比. 牛津高级英汉双解词典[M]. 王玉章，赵翠莲，邹晓玲译. 北京：商务印书馆，2002.

[4] Kingsbury B. Indigenous peoples in international law：a constructivist approach to the Asia controversy[J]. American Journal of International Law，1996（92）：414.

[5] 佚名. 土著人民和少数群体的权利. http：//blog. sina. com. cn/s/blog _ 4ce8e71d0100cb9p. html[2009-03-05].

[6] Asian Development Bank. C169 Indigenous and Tribal Peoples Convention，http：//www. ilo. org/ilolex/cgi－lex/convde. pl？C169[1989-06-27].

[7] 发展选择国际基金（International Foundation for Development Alternaatives，简称 IFDA）文件. 第4辑. 第50卷，1970：4（内部资料）.

[8] Anaya J. Indigenous peoples in International Law[M]. Oxford：Oxford University Press，2004.

[9] 廖敏文. 为了一个和而不同的世界——《联合国土著民族权利宣言》研究[M]. 北京：中国政法大学出版社.

[10] 周勇. 少数人权利的法理[M]. 北京：社会科学文献出版社，2002.

[11] Burger J. The gaia atlas of firse peoples[M]. New York：Anchor Books，1990.

[12] 廖敏文.《联合国土著民族权利宣言》研究[D]. 中央民族大学博士学位论文，2009.

[13] 司马迁. 史记·西南夷列传[M]. 北京：商务印书馆，1959.

[14] 陈维斌. 中国代表团在联合国人权会上严厉驳斥美国的无端攻击 指出中国不存在土著. http：//rmrbw. net/read. php？tid＝1127653[2011-12-09].

[15] 沈国放. 沈国放部长助理在中澳经济发展与少数民族和土著人权利保护研讨会开幕式上的致辞. http：//www. fmprc. gov. cn/chn/gxh/tyb/wjbxw/t175225. htm[2004-12-16].

[16] 董志华. 联合国《土著民族权利宣言》对中国在现代化进程中少数民族权力保护的启

示．http：//blog. renren. com/share/352474501/8694053790 [2004-12-16]．

[17] 田珏．台湾史纲要［M］．福建：福建人民出版社，2000．

[18] 郭家骥．云南民族关系调查研究［M］．北京：中国社会科学出版社，2009．

[19] 刘璇．背包旅游——理论与实践［M］．北京：中国旅游出版社，2009．

[20] George H. Definitions of community：areas of agreement［J］．Rural Sociology，1995，(20)：111-123．

[21] 郭鉴．吾地与吾民：地方文化产业研究［M］．浙江：浙江大学出版社，2008．

[22] 彭兆荣．对我国民族学、人类学研究生教学中知识与技能培养的思考［J］．中央民族大学学报（哲学社会科学版），2010，4（37）：41-48．

[23] 宋红松．传统知识与知识产权［J］．电子知识产权，2003，（3）：35-40．

[24] 卫欢．对传统知识和民族传统文化的界定和理性辨析［J］．贵州师范大学学报（社会科学版），2007，（2）：57-61．

[25] 马治国．西部知识产权保护战略［M］．北京：知识产权出版社，2007．

[26] 彭兆荣．边界的空隙：一个历史人类学的场域［J］．思想战线，2004，1（30）：101-106．

[27] 杨志明．云南少数民族传统文化研究［M］．北京：人民出版社，2009．

[28] 中共中央马克思恩格斯列宁斯大林著作编译局．列宁选集（第2卷）［M］．北京：人民出版社，1972．

[29] 中共中央马克思恩格斯列宁斯大林著作编译局．斯大林全集（第2卷）［M］．北京：人民出版社，1953．

[30] 林耀华．民族学通论［M］．北京：中央民族大学出版社，1997．

[31] 阮西湖．20世纪后半叶世界民族关系探析——社会人类学研究的一项新课题［M］．贵州：民族出版社，2004．

[32] 乌小花．当代世界和平进程中的民族问题［M］．北京：中央民族大学出版社，2006．

[33] 纳日碧力戈．现代背景下的族群构建［M］．昆明：云南教育出版社，2000．

[34] 王东明．关于"民族"与"族群"概念之争的综述［J］．广西民族学院学报（哲学社会科学版），2005，27（2）：89-97．

[35] 陆谷孙．英汉大词典［M］．上海：上海译文出版社，1993．

[36] 郝时远．对西方学界有关于族群（ethnic group）释义的辨析［J］．广西民族学院学报（哲学社会科学版），2002，24（4）：10-17．

[37] 郝时远．Ethnos（民族）和Ethnic group（族群）的早期涵义与应用［J］．民族研究，2002，（4）：1-10．

[38] 郝时远．中文语境中的"族群"及其运用泛化的检讨［J］．思想战线，2002，28（5）：60-70．

[39] 纳日碧力戈．全球场景下的"族群"对话［J］．世界民族，2000，（1）：5-12．

[40] 石奕龙．Ethnic Group不能作为"民族"的英文对译［J］．世界民族，1999，（4）：79．

[41] 纳日碧力戈．问难"族群"［J］．广西民族学院学报（哲学社会科学版），2003，（1）：43-47．

[42] 潘蛟．"族群"与民族概念的互补还是颠覆［J］．云南民族大学学报（哲学社会科学

版），2009，26（1）：22-28.

[43] 孙九霞．试论族群与族群认同［J］．中山大学学报（哲学社会科学版），1998，(2)：24-30.

[44] 徐杰舜．论族群与民族［J］．民族研究，2002，(1)：12-18，106.

[45] 纳日碧力戈．民族与族群概念再辨正［J］．民族研究，1995，(3)：9-16.

[46] 张海洋．浅论中国文化的多样性，族群认同与跨文化传统［A］//马启成，白振声．民族学与民族文化研究［C］．北京：中国社会科学出版社，1995.

[47] 马戎．族群问题的"政治化"和"文化化"．http//wenku.baidu.com/view/9489954ee518964bcf847c6a.html［2010-12-28］．

[48] 李远龙．认同与互动：防城港的族群关系［M］．桂林：广西民族出版社，1999.

[49] Firth R. Engagement and detachment, reflections on anthropology to social affairs [J]. Human Organization，1981，40（3）：194.

[50] 徐新建．"盖娅"神话与地球家园——"原住民知识"对地球生命的价值与意义［J］．百色学院学报，2009，22（6）：18-21.

[51] 徐新建．文明对话中的"原住民转向"——兼论人类学视角中的多元比较［J］．比较文学研究，2007，(1)：71-80.

[52] Agrawal A. Indigenous knowledge and the politics of classification [J]. International Social Science Journal，2002，(7)：287-297.

[53] Gadgil M, Prammod P, Chater A, et al. New mearnings for old knowledge [J]. Ecological Applications，2000，10（5）：1307-1317.

[54] 那鲁蒙·阿鲁诺泰．莫肯人的传统知识：一种未蒙承认的自然资源经营保护方式［J］．国际社会科学杂志（中文版），2007（1）：145-157.

[55] 翟玉忠．利用土著知识：斐济实例．http：//www.7676u.com/Books_News/40328.html［2011-05-20］．

[56] 玛丽·鲁埃．非政府组织、原住民与当地知识：生物多样性论坛上的权力话语［J］．国际社会科学杂志（中文版），2004（4）：7-10.

[57] 大卫·杜牧林．以墨西哥为例看跨国非政府组织网络对本土知识的态度［J］．国际社会科学杂志（中文版），2004，(4)：63-74.

[58] 任晓．本土知识的全球意义——论地区研究与21世纪中国社会科学的追求［J］．北京大学学报（哲学社会科学版），2008，5（45）：87-98.

[59] 中华人民共和国国家旅游局．中国旅游业发展"十一五"规划纲要·专题篇［M］．北京：中国旅游出版社，2008.

[60] 周歆红．关注旅游扶贫的核心问题［J］．旅游学刊，2002，17（1）：17-21.

[61] 杨慧．民族旅游与族群认同、传统文化复兴及其再构建——云南民族旅游开发中的"族群"及其应用泛化检讨［J］//张晓萍．民族旅游的人类学透视［M］．昆明：云南大学出版社，2004.

[62] 连玉銮．白马社区旅游开发个案研究——兼论自然与文化脆弱区的旅游发展［J］．旅游学刊，2005，20（3）：13-17.

[63] 杨桂华．民族生态旅游接待村多维价值的研究——以香格里拉霞给村为例［J］．旅游

学刊，2003，18（4）：76-79.

[64] 崔延虎．生态决策与新疆大开发［J］．民族研究，2001，(1)：29-36.

[65] 杨莉．旅游业对大理州经济增长的影响［J］．云南民族大学学报，2006，(2)：93-95.

[66] 蔡雄．旅游扶贫的乘数效应与对策研究［J］．社会科学家，1997，(3)：4-16.

[67] 刘向明，杨智敏．对我国"扶贫旅游"的几点思考［J］．经济地理，2002，(2)：241-244.

[68] 龙梅．人类学视野下的民族旅游开发［J］．求索，2009，(09)：64-66.

[69] 张晓萍．文化旅游资源开发的人类学透视［J］．思想战线，2002，28（1）：31-34.

[70] 杨俭波．旅游地社会文化环境变迁机制试研究［J］．旅游学刊，2001，16（6）：74.

[71] 杨昇，王晓云，冯学刚．近十年国内民族旅游研究综述［J］．广西民族研究，2008，(3)：194-202.

[72] 魏小安．新时期中国旅游发展战略研究［M］．北京：中国旅游出版社，2010.

[73] 戴伦·J 蒂莫西，斯蒂芬·W 博伊德．遗产旅游［M］．程尽能译．北京：旅游教育出版社，2007.

[74] Chen J S. Travel motivation of heritage tourists［J］．Tourism Analysis，1998，2（3/4）：213-215.

[75] Makens J C. The importance of U. S. historic sites as visitor attractions［J］．Journal of Travel Research，1987，25（3）：8-12.

[76] Hall C M, Zeppel H. Cultural and heritage tourism: the new grand tour［J］．History Environment，1990，7（3/4）：86-89.

[77] Hall C M, Zeppel H. History, architecture, environment: cultural hetitage and tourism'［J］．Journal of Travel Research，1990，29（2）：54-55.

[78] Zeppel H, Hall C M. Arts and heritage tourism'//Weiler B, Hall C M, Special Interest Tourism［M］．London：Belhaven，1992.

[79] 梁学成．多元化旅游产品：文化遗产资源开发的必然选择［J］．旅游学刊，2010，25（5）：9-10.

[80] 孙九霞．旅游作为文化遗产保护的一种选择［J］．旅游学刊，2010，25（5）：10-11.

[81] 程遂营．我国非物质文化遗产与国民休闲产品开发［J］．旅游学刊，2010，25（5）：11-12.

[82] 王文章．非物质文化遗产概论［M］．北京：文化艺术出版社，2006.

[83] 王松华，杨晨，石薇，等．非物质文化遗产保护与开发的经济学研究——基于上海弄堂文化的研究［M］．成都：西南财经大学出版社，2009.

[84] 联合国教科文组织．保护非物质文化遗产公约．http://baike.baidu.com/view/1006148.htm［2012-3-20］.

[85] 马木兰，汪宇明．非物质文化遗产旅游产品化的转型模式［J］．桂林高等专科学校学报，2008，19（2）：282-286.

[86] 刘魁立．从人的本质看非物质文化遗产［J］．江西社会科学，2005，(1)：95-101.

[87] 刘茜．试用科学发展观认识非物质文化遗产保护与旅游发展［J］．西北民族研究，2005，(2)：179-184.

［88］徐赣丽．非物质文化遗产的开发式保护框架［J］．广西民族研究，2005，(4)：173-180．

［89］崔凤军，罗春培．旅游与非物质文化遗产的保护［J］．法制与社会，2006，(10)：195-196．

［90］邓小艳．符号消费背景下非物质文化遗产旅游开发的路径选择［J］．广西社会科学，2010，(4)：38-41．

［91］贾鸿雁．论我国非物质文化遗产的保护性旅游开发［J］．改革与战略，2007，23(11)：119-122．

［92］杜丹阳．论无形文化遗产的保护开发［J］．山东社会科学，2005，(9)：135-137．

［93］罗茜．中国非物质文化遗产保护性旅游开发问题研究［D］．湘潭大学硕士研究生学位论文，2006．

［94］蔡文．从休闲市场开发的角度谈非物质文化遗产的保护［J］．宜宾学院学报，2005，(9)：64-66．

［95］肖曾艳．非物质文化遗产保护与旅游开发的互动研究［D］．湖南师范大学硕士研究生学位论文，2006．

［96］张瑛，高云．少数民族非物质文化遗产保护与旅游行政管理研究［J］．贵州民族研究，2006，(4)：79-84．

［97］陈天培．非物质文化遗产是重要的区域旅游资源［J］．经济经纬，2006，(2)：126-127．

［98］尹小珂，宋兰萍．小议非物质文化遗的旅游开发与保护［J］．聊城大学学报(社会科学版)，2006，(3)：281-282．

［99］黄继元．云南省非物质文化遗产旅游开发研究［J］．旅游研究，2009，(4)：8-14．

［100］刘丽华，何军．辽宁非物质文化资源的旅游价值及开发研究［J］．北方经济，2007，(10)：48-49．

［101］胡少华，曹诗图．宜昌非物质文化遗产旅游开发研究［J］．特区经济，2006，(9)：238-240．

［102］于静静，蒋守芬．胶东地区非物质文化遗产的保护与利用［J］．桂林高等专科学校学报，2006，(4)：505-508．

［103］宋瑞．非物质文化遗产的旅游之用［J］．旅游时代，2007，(4)：48-51．

［104］汪宇明，马木兰．非物质文化遗产转型为旅游产品的路径研究［J］．旅游科学，2007，(4)：31-35．

［105］林庆，李旭．云南少数民族非物质文化遗产保护与开发的对策［J］．云南民族大学学报(哲学社会科学版)，2007，(2)：39-43．

［106］李海平．"醋都"的牌子如何打响［J］．旅游时代，2007，(3)：33-35．

［107］宋振春．发展旅游应遵从文化遗产的基本属性和功能［J］．旅游学刊，2010，25(4)：9．

［108］石美玉，孙梦阳．非物质文化遗产旅游利用中的三大环节探论——以北京为节点的实证研究［J］．旅游学刊，2010，25(6)：50-56．

［109］王德刚，田芸．旅游化生存：非物质文化遗产的现代生存模式［J］．北京第二外国语学院学报，2010，(1)：16-21．

［110］韦弗．生态旅游［M］．杨桂华译．天津：南开大学出版社：2004．

[111] 陈忠晓，王仰麟，刘中伟．近十年来国内外生态旅游研究进展［J］．地球科学进展，2001，(4)：556-562．

[112] 马晓京．民族生态旅游：保护性开发民族旅游的有效模式［J］．人文地理，2003，18（3）：56-59．

[113] 万绪才，朱应皋，丁敏．国外生态旅游研究进展［J］．旅游学刊，2002，17（2）：68-72．

[114] Ceballos-Lascurain H. The future of ecotourism［J］．Mexico Journal，1987，(1)：13-14．

[115] Boo E. Planning for ecotourism［J］．Parks，1991，(3)：4-8．

[116] Wight P. Ecotourism：ethics or ecocell. Journal of Travel Reasearch，1993，131（3）：3-7．

[117] 王良建．试论中国的生态旅游［J］．人文地理，1996，11（2）：69-72．

[118] 张广瑞．生态旅游的理论与实践［J］．旅游学刊，1999，(1)：51-55．

[119] 卢云亭，王建军．生态旅游学［M］．北京：旅游教育出版社，2001．

[120] 王兴斌．王兴斌谈旅游［N］．中国旅游报，1999-3-16（1）．

[121] 吴必虎．区域旅游规划原理［M］．北京：中国旅游出版社，2001．

[122] 张建萍．生态旅游理论与实践［M］．北京：中国旅游出版社，2001．

[123] 杨桂华，明庆忠，钟林生．生态旅游［M］．北京：高等教育出版社，2001．

[124] Mckercher B, Cros H. 文化旅游与文化遗产管理［M］．朱路平译．天津：南开大学出版社，2006．

[125] Richards G, Wilson J Tourism, Creativity and Development［M］．London：Routledge，2007．

[126] Richelieu, Anthony D. San Antonio, Texan, to develop new historic-cultural-tour programs. http：www. hotel. -online. com/News/1999-otc-15/k. SNT. 940274118. html［1999-10-18］．

[127] WTO. The States'role in protecting and promoting culture as a factor in tourism Development and the proper use and exploitation of the national cultural heritage of sites and monuments for tourists［J］//鲍勃·麦克彻，希拉里·迪克罗．文化旅游与文化遗产管理［M］．朱路平译．天津：南开大学出版社，2006．

[128] Silberberg T. Cultural tourism and business opportunities for museums and heritage sites［J］．Tourism Management，1995，16（5）：361-365．

[129] 郭一新．假日生意经——旅游休闲篇［M］．广州：广东经济出版社，2000．

[130] 于岚．文化旅游概念不宜泛化［J］．北京第二外国语学院学报，2000，(3)：95-100．

[131] 张国洪．中国文化旅游［M］．天津：南开大学出版社，2001．

[132] 刘宏燕．文化旅游及相关问题研究［J］．社会科学家，2005，(S1)：430-433．

[133] 吴光玲．关于文化旅游与旅游文化若干问题研究［J］．经济与社会发展，2006，4（11）：161-163．

[134] 蒙吉军，崔凤军．北京市文化旅游开发研究［J］．北京联合大学学报，2000，(1)：139-143．

[135] 郭丽华．略论"文化旅游"［J］．北京第二外国语学院学报，1999，(4)：42-45．

[136] Hofstede G. Culture's consequences：international differences in work-related values [M]．Beverly Hills，CA：Sage Publication，1980.

[137] 赵玉宗，潘永涛，范英杰，等．创意转向与创意旅游[J]．旅游学刊，2010，25（3）：69-75.

[138] Richards G，Wilson J．Develpoing creativity in tourist experiences：a solution to the serial reproduction of culture [J]．Tourism Management，2006，27（6）：1209-1223.

[139] Richards G，Raymond C．Creative Tourism [J]．Atlas News，2000，(23)：16-20.

[140] Richards G．Creativity：a new strategic resource for tourism [J]．Atlas Reflections 2005：Tourism, Crestivity and Development，2005，(9)：32-43.

[141] 岳筏苇．旅游动机研究与旅游发展决策[J]．旅游学刊，1987，2（3）：28-32.

[142] 张红卫．旅游动机定量分析及其对策研究[J]．山西财经大学学报，1999，21（4）：100-103.

[143] 张红梅，陆林．近10年国内外旅游动机研究综述[J]．地域研究与开发，2005，24（2）：60-64.

[144] 苟小东，马耀峰，李天顺．论知识经济与知识旅游者的假设[J]．产业观察，2008，(9)：89-123.

[145] 杨新军，宋辉．中国西部地区特种旅游开发的可行性[J]．西北大学学报（自然科学版），2005，35（4）：463-466.

[146] 田里．论旅游内涵延伸的新形式——特种旅游[J]．思想战线，1996，(3)：36-40.

[147] 戴庆中，王良范．边界漂移的乡土——全球化语境下少数民族的生存智慧与文化突围[M]．北京：中国社会科学出版社，2008.

[148] 何小庭．浅谈知识旅游[J]．旅游论坛，1986，(2)：16-21.

[149] 吴美萍．知识旅游的初步探讨[J]．东南大学学报（哲学社会科学版），2005，(7)增刊：232-235.

[150] 明庆忠，熊剑峰．土著知识旅游及其生态化发展[J]．云南师范大学学报（哲学社会科学版），2010，42（6）：123-129.

[151] 郭建芳．台湾原住民部落旅游之概况[J]．聚焦台湾，2006，(1)：41-42.

[152] 王亚欣．对台湾原住民部落观光营造的思考[J]．旅游学刊，2006，21（4）：27-31.

[153] 刘丹萍，保继刚．镜头压力下的东道主——西方学界关于旅游地原住民摄影态度的研究评述[J]．人文地理，2006，(3)：28-33.

[154] 刘俊，楼枫烨．旅游开发背景下世居少数民族社区边缘化——海南三亚六盘黎族安置区案例[J]．旅游学刊，2010，25（9）：41-50.

[155] 唐雪琼，朱竑．旅游发展对云南世居父权制少数民族妇女社会性别观念的影响——基于撒尼、傣和哈尼三民族案例的比较研究[J]．人文地理，2010（1）：123-128.

[156] 裴盛基．民族植物学[J]．科学，1985，37（2）：23-32.

[157] 樊传章，万亚涛，游承俐，等．土著知识在生物多样性保护和利用中的研究进展[J]．植物遗产资源学报，2008，8（3）：373-377.

[158] 游承俐，戴陆园，伍绍云．重视土著知识的发掘、保存、研究与利用[J]．云南农业科技，1999，(1)：38-40.

[159] 游承俐, 孙学权. "土著知识"研究 [J]. 中国农业大学学报（社会科学版）, 2000, (1): 36-45.

[160] 戴陆园, 游承俐, Quek P. 土著知识与农业生物多样性保护 [M]. 北京: 科学出版社, 2008.

[161] Ryan C, Crotts J. Carving and tourism: a Maori perspective [J]. Annals of Tourism Research, 1997, (24): 898-918.

[162] 杨庭硕. 苗族与水族历法比较研究 [J] // 杨庭硕, 田红. 本土生态知识引论 [M]. 贵州: 民族出版社, 2010.

[163] 詹姆斯·F埃德. 菲律宾的森林消亡与部落解体: 巴拉望岛个案研究 [A] // 何群. 土著民族与小民族生存发展问题研究 [C]. 北京: 中央民族大学出版社, 2006.

[164] 何星亮. 非物质文化遗产的保护与民族文化的传承和发展 [A] // 陶立璠, 樱井龙彦. 非物质文化遗产论文集 [C]. 北京: 学苑出版社, 2006.

[165] 杨文辉. 气候、资源与信仰——白族的传统知识与气候变迁 [J]. 学术探索, 2009, (2): 89-93.

[166] 杨庭硕, 吕永峰. 人类的根基: 生态人类学视野中的水土资源 [M]. 昆明: 云南大学出版社, 2003.

[167] 杨继红, 王庆. 中国试验区——科学发展观的"冶炼炉" [M]. 北京: 社会科学文献出版社, 2005.

[168] 杨庭硕, 田红. 本土生态知识引论 [M]. 贵州: 民族出版社, 2010.

[169] 李亦园. 田野图像——我的人类学眼界生涯 [M]. 济南: 上东画报出版社, 2001.

[170] 何积全. 苗族文化研究 [M]. 贵阳: 贵阳人民出版社, 1999.

[171] 崔明昆. 植物民间分类、利用与文化象征 [J]. 中南民族大学学报（人文社会科学版）, 2005, 25 (4): 53-57.

[172] 伍绍云, 戴陆园, 游承俐. 云南省土著民族对村社生态环境和植物资源的保护 [J]. 农村生态环境, 1999, 15 (1): 30-32, 36.

[173] Tylor E B. The Origins of Culture [M]. New York: Harper and Brothers Publishers, 1958.

[174] 马克斯·韦伯. 社会科学方法论 [M]. 韩水法, 莫茜译. 北京: 中央编译出版社, 2002.

[175] Ellen R F. What Black Elk left unsaid: on the innusory images of Green primitivism [J]. Anthropology Today, 1986, (6): 8-12.

[176] Udall S. First Americans, first ecologists' [J] // Look to the Mountain Top [M]. San Jose, CA: Gousha Publications, 1972.

[177] 徐新建. 族群表述: 生态文明的人类学意义 [J]. 北方民族大学学报（哲学社会科学版）, 2010, (3): 92-96.

[178] 朱雪忠. 传统知识的法律保护初探 [J]. 华中师范大学学报（人文社科版）, 2004, (3): 32.

[179] 严永和. 论传统知识的知识产权保护 [M]. 北京: 法律出版社, 2006.

[180] 南振兴, 董葆莉. 传统知识概念的界定及其特性研究 [J]. 经济与管理, 2007, 21 (7): 77-81.

[181] WIPO. Intellectual Property Needs and Expectations of Traditional Knowledge Holders：WIPO Report on Face－Finding Missions on Intellectual Property and Traditional Knowledge (1998－1999) [R]，2001：25～26（内部资料）.

[182] 魏艳茹. 传统知识保护之争中的非政府组织 [J]. 法学论坛，2007，22（3）：104-109.

[183] 严永和. 传统知识的"新颖性"分析 [J]. 贵州师范大学学报（社会科学版），2006（1）：27-31.

[184] 胡文进. "传统知识"之概念解析 [J]. 经济师，2009，(10)：12-13.

[185] 卫才华. 地方性知识与民间记忆 [J]. 中北大学学报（社会科学版），2008，24（4）：48-52.

[186] 周尚意，吴莉萍. 地域文化、地方性知识对区域发展的影响 [J]. 地理教育，2007，(5)：4-5.

[187] 杨庭硕. 论地方性知识的生态价值 [J]. 吉首大学学报（社会科学版），2004，25（3）：23-29.

[188] 周俊华，秦继仙. 全球化语境下民族地方性知识的价值与民族的现代发展——以纳西族为例 [J]. 云南民族大学学报（哲学社会科学版），2008，25（5）：21-25.

[189] 张永宏. 本土知识概念的界定 [J]. 思想战线，2009，35（2）：1-5.

[190] Chambers K. Rural Development：Putting the Last First [M]. Harlow：Longman，1982.

[191] Word Bank. Indigenous Knowledge for Development：A Framework for Action. www.worldbank.org/afr/ik/ikrept.pdf [2012-03-04].

[192] 石中英. 本土知识与教育改革 [J]. 教育研究，2001，(8)：13-18.

[193] Mugabe J. Intellectual Property Protection and Traditional Knowledge：Intellectual Property and Human Rights [C]. WIPO，1999：98，99（内部资料）.

[194] 薛达元. 民族地区生物多样性相关传统知识的保护战略 [J]. 中央民族大学学报（自然科学版），2008，17（4）：10-16.

[195] WIPO. Intellectual Property Needs and Expectations of Traditional Knowledge Holders：WIPO Report on Face-Finding Missions on Intellectual Property and Traditional Knowledge (1998—1999) [R]，2001：25～26（内部资料）.

[196] 刘红婴，王健民. 世界遗产概论 [M]. 北京：中国旅游出版社，2003.

[197] 冯骥才. 抢救和普查：为什么做，做什么，怎么做 [J]. 河南大学学报，2003，(3)：1-4.

[198] 罗伯特·朗卡尔. 旅游及旅行社会学 [M]. 北京：旅游教育出版社，1989.

[199] 彭兆荣. "参与观察"旅游与地方知识系统 [J]. 广西民族研究，1998，(4)：35-39.

[200] 马林诺夫斯基. 西太平洋的航海者 [M]. 北京：华夏出版社，2002.

[201] 王铭铭. 人类学是什么 [M]. 北京：北京大学出版社，2002.

[202] 马林诺夫斯基. 科学的文化理论 [M]. 黄海波译. 北京：中央民族大学出版社，1999.

[203] 柯丹倩. 保护传统知识——解读《国际图联关于土著传统知识的声明》[J]. 图书馆学刊，2009，(2)：20-21.

[204] 王剑峰. 生态人类学视野中的土著传统 [J]. 云南师范大学学报, 2004, 36 (5): 6-11.

[205] 全国科学技术名词审定委员会. 地理学名词 [M]. 北京: 科学出版社, 2006.

[206] 彭兆荣. "第四世界"的文化遗产: 一个艺术人类学的视野 [J]. 文艺研究, 2006, (4): 14-22.

[207] 何群. 地域意识行为与小民族发展——以鄂伦春族为例 [J]. 西北民族研究, 2001, (1): 166-167.

[208] 刘建文, 张立辉, 杨明. 重视小民族研究促进中国小民族的健康发展 [J]. 民族论坛, 1992, (2): 2-6.

[209] 闫丽娟, 丁淑琴. 试论小民族的研究 [J]. 兰州大学学报 (社会科学版), 2002, 30 (3): 36-41.

[210] 李亦园. 李亦园自选集 [M]. 上海: 上海教育出版社, 2002.

[211] 陈建樾. 台湾"原住民"历史文化及其政策研究 [M]. 社会科学文化出版社, 2008.

[212] 彭兆荣. 如何认识原生态 [J]. 理论前沿, 2010, (3): 29-30.

[213] 邱慧林. 美国原住民的称谓之争——当今美国"美国印第安人"与"土著美国人"的争议 [J]. 四川大学学报 (哲学社会科学版), 2007, (2): 52-59.

[214] 凯·安德森, 莫娜·多莫什, 史蒂夫·派尔, 等. 文化地理学手册 [M]. 李蕾蕾, 张景秋译. 北京: 商务印书馆, 2009.

[215] 薛捷. 基于知识和交互式学习的区域创新网络系统研究 [M]. 北京: 人民出版社, 2009.

[216] 克里斯·库珀. 旅游研究经典评论 [M]. 钟林生, 谢婷译. 天津: 南开大学出版社, 2006.

[217] 伦纳德·J利克里什, 卡森·L詹金斯. 旅游学通论 [M]. 程尽能, 等译. 北京: 中国旅游出版社, 2002.

[218] 张凌云. 国际上流行的旅游定义和概念的综述——兼对旅游本质的再认识 [J]. 旅游学刊, 2008, 23 (1): 86-91.

[219] Cooper C, Jackson S. Destination life cycle: the Isle of Man case study [J]. Annals of Tourism Research, 1989, 16 (3): 377-398.

[220] Cooper C. The technique of interpretation//Medlik S. Managing Tourism [M]. Oxford: Butterworth-Heinemann, 1991.

[221] Fennell D. 生态旅游 [M]. 张凌云译. 北京: 旅游教育出版社, 2004.

[222] Goeldner C R, Ritchie J R. Tourism: P Rinciples, P Ractices, Philosophies. New York: Grid Publishing, 1984.

[223] World Tourism Organization. International Conferene on Traval and Tourism Statistics: Ottawa (Canda), 24-28 June 1991 Resolutions [M]. Madria: World Tourism Organization, 1991.

[224] 瓦伦·L史密斯. 东道主与游客——旅游人类学研究 [M]. 张晓萍, 何昌邑译. 昆明: 云南大学出版社: 2007.

[225] Butler R, Hinch T. Tourism and indigenous people [M]. London: Tnternational

Thomson Business Press，1996.

［226］ Oakes T. Cultural geography and Chinese ethnic tourism［J］. Journal of Cultural Geography，1992，12（2）：2-17.

［227］ Oakes T. Tourism Ethnicity and the State in Asia and Pacific Societies［M］. Honolulu：University of Hawaii Press，1997.

［228］ Cohen E. Who are the Chao Khao? 'Hill Tride' Postcards from Northern Thailand［J］. International Journal of the Sociology of Language，1992，(96)：98.

［229］ 金岩，宋永生，杨欢. 文化旅游可持续发展研究［J］. 旅游经济，2007，(11)：103.

［230］ 谢彦君. 旅游体验研究——走向实证科学［M］. 北京：中国旅游出版社，2010.

［231］ MacCannell D. The Tourism：A New Theory of the Leisure Class［M］. New York：Schocken Books，1976.

［232］ Cullerl J. Semiotice of tourism［J］. Annals of Tourism Semiotics，1981，1（2）：127-140.

［233］ Graburn N. The Anthropology of tourism［J］. Annals of Tourism Research，1983，(10)：9-33.

［234］ Brown G. Tourism and Symbolic Consumption［A］//Johnson P, Thomas B. Choice and Demand in Tourism［C］. London：Mansel Publishing，1992.

［235］ 谢彦君，彭丹. 旅游、旅游体验和符号［J］. 旅游科学，2005，19（4）：1-5.

［236］ 王宁. 消费社会学：一个分析的视角［M］. 北京：社会科学文献出版社，2001.

［237］ 彭兆荣. 旅游人类学［M］. 北京：民族出版社，2004.

［238］ 马晓京. 旅游象征消费对云南石林旅游商品开发的启示［A］//张晓萍. 民族旅游的人类学透视［C］. 昆明：云南大学出版社，2005.

［239］ 周常春，唐雪琼. 符号学方法和内容分析法在旅游手册研究中的应用［J］. 生态经济，2005，(6)：24-27.

［240］ 何兰萍. 大众旅游的社会学批判［J］. 社会，2002，(10)：10-12.

［241］ 董培海，施江义，李伟. 关于旅游产品符号价值的解读［J］. 北京第二外国语学院学报，2010，(9)：33-40.

［242］ 吕文艺，王峰，李庆雷. 旅游符号经济及其运行机理分析［J］. 北京第二外国语学院学报，2010，(11)：11-18，56.

［243］ 罗兰·巴尔特. 符号学美学［M］. 董学文，王葵译. 沈阳：辽宁人民出版社，1987.

［244］ 艾施巴赫. 为文化符号学辩护//郭鸿. 现代西方符号学纲要［M］. 上海：复旦大学出版社，2008.

［245］ 王德胜. 科学符号学［M］. 沈阳：辽宁大学出版社，1993.

［246］ 罗兰·巴尔特. 符号学原理［M］. 北京：三联书店，1988.

［247］ 索绪尔. 普通语言学教程//罗兰·巴尔特. 符号学原理［M］. 北京：三联书店，1988.

［248］ 晏国祥. 消费价值体验论［M］. 北京：经济科学出版社，2009.

［249］ 鲍德里亚. 物体系［M］. 林志明译. 上海：上海世纪出版集团，2001.

［250］ 迈克·费瑟斯通. 消费文化与后现代主义［M］. 刘精明译. 上海：译林出版社，

2000.

[251] 山田勇．东南亚大陆的生态环境［A］//秋道智弥，尹绍亭．生态与历史——人类学的视角［C］．金少萍译．昆明：云南大学出版社，2007．

[252] 孔明安．从物的消费到符号消费［J］．哲学研究，2002，(11)：68-74．

[253] 李伟，张晓萍．旅游人类学［M］．天津：南开大学出版社，2008．

[254] 赵玉宗，李东和，黄明丽．国外旅游地居民旅游感知和态度研究综述［J］．旅游学刊，2005，20（4）：85-92．

[255] 胡志毅，张兆干．社区参与和旅游业可持续发展［J］．人文地理，2002，17（2）：38-41．

[256] 潘秋玲，李九全．社区参与和旅游社区一体化［J］．人文地理，2002，17（4）：38-41．

[257] 黎洁，赵西萍．社区参与旅游发展理论的若干经济学质疑［J］．旅游学刊，2001，16（4）：44-47．

[258] 刘纬华．关于社区民俗旅游发展的若干理论思考［J］．旅游学刊，2000，15（1）：47-52．

[259] 孙九霞，保继刚．从缺失到凸显：社区参与旅游发展研究脉络［J］．旅游学刊，2006，21（7）：63-68．

[260] Muphy P E. Tourism：A Community Approach［M］. New York and London：Methuen. 1985.

[261] 唐铁顺．旅游目的地的社区化及社区旅游研究［J］．地理研究，1998，17（2）：145-149．

[262] 胡志毅，张兆干．社区参与和旅游业可持续发展［J］．人文地理，2002，17（2）：38-41．

[263] Petty J. The many interpretations of community participation［J］. In Focus，1995，(16)：5-10.

[264] 张广瑞．关于旅游业的21世纪议程［J］．旅游学刊，1998，(5)：50-53．

[265] Tosun C. Limits to community participation in the tourism development process in developing countries［J］. Tourism Management，2000，21（6）：613-633.

[266] Paul B, Glazer M. Hight Points in Anthropology［M］. New York：McGraw-Hill，1988.

[267] 王明星．文化旅游：经营·体验·方式［M］．天津：南开大学出版社，2008．

[268] 马勇，舒伯阳．区域旅游规划——理论·方法·案例［M］．天津：南开大学出版社，1999．

[269] 李巧玲．文化旅游及其资源开发刍议［J］．湛江师范学院学报，2003，(2)：87-90．

[270] 张晓萍．文化旅游与云南［J］．经济问题探索，1998，(7)：45-47．

[271] 冯骥才．手下留情：现代都市文化的忧患［M］．上海：上海学林出版社，2000．

[272] 刘玉，杨达源．知识经济时代的文化旅游［J］．云南地理环境研究，2000，12（1）：65-71．

[273] 王远坤．共异域文化旅游发展的几点思考［N］．中国旅游报，2007-07-11（15）．

［274］陈勇．遗产旅游与遗产原真性——概念分析与理论引介［J］．桂林高等专科学校学报，2005，16（4）：21-24．

［275］Fyall A，Garrod B. Heritage tourism：at what price［J］．Managing Leisure，1998，(3)：213-224．

［276］Hollinshead K. First-Blush of the Longtime：The Market Development of Australias Living Aboriginal Heritage［M］．Sait Lake City：University of Utah，1998．

［277］Hollnshead K. Heritage interpretation［J］．Annals of Tourism Research，1994，21 (1)：183-185．

［278］Poria Y，Butler R，Airey D. Clarifying heritage tourism［J］．Annals of Tourism Research，2001，28（4）：1047-1049．

［279］Poria Y，Butler R，Airey D. The core of herigage tourism［J］．Annals of Tourism Research，2003，30（1）：238-254．

［280］Zeppel H，Hall C. Selling art and history：cultural heritage and tourism［J］．Tourism Studies，1991，(2)：47-55．

［281］Fisher S. Living history［J］．Northe Carolina，1999，(2)：8．

［282］Wight P. Ecotourism：ethics or ecocell［J］．Journal of Travel Reasearch，1993，131 (3)：3-7．

［283］World Conference on Sustainable Tourism. Charter for sustainable tourism［J］．Lanzarote，Canary Islands，1995，(4)：27-28．

［284］Sasidharan Vinod. Redefining ecotourism：the need for a supply-sideview［J］．Journal of Travel Reseach，1999，38（2）：168-173．

［285］Herathe G. Ecotourism development in Austrilia［J］．Annals of Tourism Research，1997，(24)：442．

［286］卢云亭．生态旅游与可持续旅游发展［J］．经济地理，1996，16（1）：106-112．

［287］王尔康．生态旅游与环境保护［J］．旅游学刊，1998，(2)：14-16．

［288］杨开忠，许峰，权晓红．生态旅游概念内涵、原则与演进［J］．人文地理，2001，16 (4)：6-10．

［289］郭舒．生态旅游概念泛化思考［J］．旅游学刊，2002，17（1）：69-72．

［290］赵新民．生态旅游的基础性研究［J］．旅游学刊，2002，17（3）：22-25．

［291］Chris R，Huyton J. Tourists and Aboriginal people［J］．Annals of Tourism Research，2002，(3)：631．

［292］张补宏，徐施．民族旅游真实性研究及其保护模式探讨［J］．地理与地理信息科学，2010，26（3）：105-108．

［293］杨昇，王晓云，冯学刚．近十年国内民族旅游研究综述［J］．广西民族研究，2008，(3)：194-202．

［294］潘盛之．旅游民族学［M］．贵阳：贵州民族出版社，1997：140-154．

［295］马晓京．民族旅游保护性开发的新思路［J］．贵州民族研究，2002，22（2）：23-28．

［296］光映炯．旅游人类学再认识——兼论旅游人类学研究现状［J］．思想战线，2002，28 (6)：43-47．

[297] 刘晖. 民族旅游对西部地区的影响与可持续发展 [J]. 桂林旅游高等专科学校学报, 2001, 12 (2): 39-43.

[298] Smith D. Relating to Wales//Eagleton T. Raymond Willians: Critical persperctives [M]. Cambridge: Policy Press, 1989.

[299] 杨昇, 王晓云, 冯学刚. 近十年国内民族旅游研究综述 [J]. 广西民族研究, 2008, (3): 194-202.

[300] Smith V. Host and Guests: The Anthropology of Toursm [M]. Philadelphia: University of Pennsylvania, 1989.

[301] Cohen E. Authenticity and commoditization in tourism [J]. Annals of Tourism Research, 1988, (15): 371-386.

[302] Cohen E. Primitive and remote: hill tribe trekking in Thailand [J]. Annals of Tourism Research, 1989, 34 (4): 943-960.

[303] Bruner E. Trans formation of Self in tourism [J]. Annals of Tourism Research, 1991, (18): 238-250.

[304] Jansen V M, Lievois E. Analysing heritage resources for urban tourism in European cities' [M]. London: Routledge, 1999.

[305] 王长文, 李曦辉, 李俊峰. 西部特色经济开发 [M]. 北京: 民族出版社, 2001.

[306] 陈传康, 刘振礼. 旅游资源鉴赏与开发 [M]. 上海: 同济大学出版社, 1990.

[307] 伍绍云, 戴陆园, 游承俐. 云南省土著民族对村社生态环境和植物资源的保护 [J]. 农村生态环境, 1999, 15 (1): 30-32, 36.

[308] 云南省文化厅. 云南省非物质文化遗产传承人名录 [M]. 昆明: 云南大学出版社, 2009.

[309] 尹绍亭. 云南刀耕火种志 [M]. 昆明: 云南人民出版社, 1994.

[310] 王志伟. 新编红河风物志 [M]. 昆明: 云南人民出版社, 2000.

[311] 李蕾蕾. 跨文化传播及其对旅游目的地地方文化认同的影响 [J]. 深圳大学学报 (人文社会科学版), 2000, (2): 95-99.

[312] 钟敬文. 民俗学通论 [M]. 上海: 上海文艺出版社, 1998.

[313] 朱霞. 云南诺邓井盐生产民俗研究 [M]. 昆明: 云南人民出版社, 2009.

[314] 彭兆荣. "东道主"与"游客": 一种现代性悖论的危险——旅游人类学的一种诠释 [J]. 思想战线, 2002, 28 (6): 40-42.

[315] 王江. 博物馆定义的认识 [J]. 文物世界, 2005, (6): 67-69.

[316] Erik Cohen. 旅游社会学纵论 [M]. 巫宁, 马聪玲, 陈立平译. 天津: 南开大学出版社, 2007: 49-50.

[317] Moscardo G, Pearce P L. Visitor centers and enviromental interpretation: an exploration of the relationship among visitor enjoyment, understanding and mindfulness [J]. Journal of Enviromental Psychology, 1986, 3 (2): 89-108.

[318] Moscardo G. Mindful visitors: heritage and tourism [J]. Annals of Tourism Research, 1996, 23 (2): 376-397.

[319] Moscardo G, Morrison A, Pearce P. Understanding vacation destination choice through travel

motivation and activities [J]. Journal of Vacation Marketing, 1996, 2 (2): 109-122.

[320] Plog S C. Why destination areas rise and fall in population [J]. Cornell Hotel and Restaurant Quarterly, 1974, 14 (4): 55-58.

[321] Plog S C. Developing and using psychographnice in tourism research. //Brent Ritchie J R, Goelnder C R. Travel, Tourism and Hospitality Research [M]. New York: John Wiley and Sons, 1994.

[322] Crawford D W, Godbey G. Reconceptualizing barriesr to family leisure [J]. Leisure Sciences, 1987, (9): 119-127.

[323] 郑耀星, 储德平. 区域旅游规划、开发与管理 [M]. 北京: 高等教育出版社, 2004.

[324] 潘盛之. 旅游民族学 [M]. 贵阳: 民族出版社, 1997.

[325] 彭文斌. 中国民俗旅游的发展及中国学术界的参与趋势——兼论西方人类学界对民俗旅游"后效应"的思考 [A] //王筑生. 人类与西南民族 [C]. 昆明: 云南大学出版社, 1998.

[326] 余青, 吴必虎. 生态博物馆: 一种民族文化可持续发展模式 [J]. 人文地理, 2001, 16 (6): 40-43.

[327] 方李莉. 生态资源开发的启示 [N]. 人民日报 (海外版), 2000-12-28 (10).

[328] 刘沛林, Abby L, Geoff Wall. 生态博物馆理念及其在少数民族社区景观保护中的作用——以贵州梭嘎生态博物馆为例 [J]. 长江流域资源与环境, 2005, (2): 254-257.

[329] 方李莉. 谁能拥有文化解释的权力——生态博物馆理念所面临的挑战 [A] //陶立璠, 樱井龙彦. 非物质文化遗产学论集 [C]. 北京: 学苑出版社, 2006.

[330] 郭山, 杨军. 生态旅游与云南旅游业可持续发展论 [J]. 思想战线, 2000, (1): 86-89.

[331] 何显明. 传统文化创造性转化的社会实践基础 [J]. 哲学研究, 1999, (7): 34-40.

[332] 谢辰生. 中国大百科全书·文物博物馆卷——"博物馆类型"条. 北京: 中国大百科全书出版社, 1995.

[333] 博讯. 江泽民主席与挪威国王、王后出席贵州生态博物馆协议签字仪式 [J]. 中国博物馆通讯, 1997, (11): 22.

[334] 黄亮, 陆林, 丁雨莲. 少数民族村寨的旅游发展模式研究——以西双版纳傣族园为例 [J]. 旅游学刊, 2006, 21 (5): 53-56.

[335] 王宁. 旅游现代性与"好恶交织"[J]. 社会学研究, 1999, (6): 93-102.

[336] 吴忠才. 旅游活动中文化的真实性和表演性的研究 [J]. 2002, (2): 15-18.

[337] 钟庆国. 旅游体验真实性规律和景区经营管理问题 [J]. 桂林旅游高等专科学校学报, 2004, (4): 40-43.

[338] 李旭东, 张金岭. 西方旅游研究中的"真实性"理论 [J]. 北京第二外国语学院学报, 2005, (1): 1-6.

[339] 张军. 对民俗旅游文化本真性的多维度思考 [J]. 旅游学刊, 2005, (5): 38-42.

[340] 谢彦君. 旅游体验研究——一种现象学的视角 [M]. 天津: 南开大学出版社, 2006.

[341] 张朝枝. 旅游与遗产保护——基于案例的理论研究 [M]. 天津: 南开大学出版社, 2008.

[342] 周亚庆,吴茂英,周永广,等.旅游研究中的"真实性"理论及其比较[J].旅游学刊,2007,6(22):42-47.

[343] Bramwell B, Rawding L. Tourism marketing images of industrial cities [J]. Annals of Tourism Research, 1996, 23 (1): 201-221.

[344] Wang Y, Fesenmaier D R. Defining the virtual tourist community: implications for tourism marketing [J]. Tourism Management, 2002, 23 (4): 407-417.

[345] 吴晓隽.文化遗产旅游的真实性困境研究[J].思想战线,2004,30(2):82-87.

[346] 彭兆荣,谭春红.民族志的"真实性"[J].广西民族研究,2009,(2):71-77.

附 录

联合国土著人民权利宣言

大会，秉承《联合国宪章》的宗旨和原则以及履行各国根据《宪章》承担的义务的诚意，申明土著人民与所有其他民族平等，同时承认所有民族均有权有别于他人，有权自认有别于他人，并有权因有别于他人而受到尊重，又申明所有民族都对构成全人类共同遗产的各种文明和文化的多样性和丰富多彩做出贡献，还申明凡是基于或源于民族出身或种族、宗教、族裔或文化差异，鼓吹民族或个人优越的学说、政策和做法，都是种族主义的，科学上是谬误的，法律上是无效的，道德上应受到谴责，且从社会角度来说是不公正的，重申土著人民在行使其权利时，不应受到任何形式的歧视，关注土著人民在历史上因殖民统治和自己土地、领土和资源被剥夺等原因，受到不公正的对待，致使他们尤其无法按自己的需要和利益行使其发展权，认识到亟需尊重和促进土著人民因其政治、经济和社会结构及其文化、精神传统、历史和思想体系而拥有的固有权利，特别是对其土地、领土和资源的权利，又认识到亟需尊重和促进在同各国订立的条约、协定和其他建设性安排中得到确认的土著人民权利，欣见土著人民正在为提高政治、经济、社会和文化地位，为结束在任何地方发生的一切形式歧视和压迫，自己组织起来，深信由土著人民掌管对他们自己和对他们的土地、领土和资源产生影响的发展，将使他们能够保持和加强他们的机构、文化和传统，并根据自己的愿望和需要促进自身发展，认识到尊重土著知识、文化和传统习惯，有助于实现可持续和公平的发展，并有助于妥善管理环境，强调实现土著人民土地和领土非军事化，有助于和平、经济和社会进步与发展，有助于世界各国和各民族之间的相互了解和友好关系，特别认识到土著家庭和社区有权以符合儿童权利的方式，保有共同养育、培养、教育子女和为子女谋幸福的责任，认为各国与土著人民之间的条约、协定和其他建设性安排所确认的权利，在有些情况下，是国际关注和关心的问题，带有国际责任和性质，又认为此类条约、协定和其他建设性安排及其所代表的关系，是加强土著人民与各国之间伙伴关系的基础，认识到《联合国宪章》、《经济、社会、文化权利国际公约》①、《公民及政治权利国际公约》及《维也纳宣言和行动纲领》② 都申明，所有民族享有自决权至关重要，根据此项权利，他们可自由决定自己的政治地位，自由谋求自身的经济、社会和文化发展，铭记本《宣言》的任何内容不得用来剥夺任何民族依照国际法行使的自决权，深信本《宣言》确认土著人民的权利，会在公正、民主、尊重人权、不歧视和诚意等原则的基础上，增进国家与土著人民之间的和谐与合作关系，鼓励各国与有关的土著人民协商和合作，遵守和切实履行国际文书、特别是与人权有关的文书为各国规定的所有适用于土著人民的义务，强调联合国在促进和保护土著人民权利方面应持续发挥重要的作用，相信本《宣言》是在确认、促进和保护土著人民权利与自由方面以及联合国系统在这一领域开展有关活动方面，再次向前迈出的重要一步，认识到并重申土著人有权不受歧视地享有国际法所确认的所有人权，土著人民拥有对本民族的生存、福祉和整体发展不可或缺的集体权利。

认识到土著人民的情况因区域和国家而异，应该考虑到国家和区域的特点和不同历史文化背景，庄严宣布以下《联合国土著人民权利宣言》，作为本着合作伙伴和相互尊重的精神争取实现的共同目标。

第1条

土著人民，无论是集体还是个人，都有权充分享受《联合国宪章》、《世界人权宣言》③ 和国际人权法所确认的所有人权和基本自由。

第2条

土著人民和个人享有自由，与所有其他民族和个人平等，有权在行使其权利时不受任何形式的歧视，特别是不受基于其土著出身或身份的歧视。

第3条

土著人民享有自决权。基于这一权利，他们可自由决定自己的政治地位，自由谋求自身的经济、社会和文化发展。

第4条

土著人民行使其自决权时，在涉及其内部和地方事务的事项上，以及在如何筹集经费以行使自治职能的问题上，享有自主权或自治权。

第5条

土著人民有权维护和加强其特有的政治、法律、经济、社会和文化机构，

---

① 见第2200A（XXI）号决议，附件。
② A/CONF.157/24（Part I），第三章。
③ 第217A（III）号决议。

同时保有根据自己意愿充分参与国家政治、经济、社会和文化生活的权利。

第 6 条

每个土著人都有权拥有国籍。

第 7 条

1. 土著人享有生命权以及身心健全、人身自由和安全的权利。

2. 土著人民享有作为独特民族，自由、和平、安全地生活的集体权利，不应遭受种族灭绝或任何其他暴力行为的侵害，包括强行将一个族群的儿童迁移到另一个族群。

第 8 条

1. 土著人民和个人享有不被强行同化或其文化被毁灭的权利。

2. 各国应提供有效机制，以防止和纠正：

（a）任何旨在或实际上破坏他们作为独特民族的完整性，或剥夺其文化价值或族裔特性的行动；

（b）任何旨在或实际上剥夺他们土地、领土或资源的行动；

（c）任何形式的旨在或实际上侵犯或损害他们权利的强制性人口迁移；

（d）任何形式的强行同化或融合；

（e）任何形式的旨在鼓动或煽动对他们实行种族或族裔歧视的宣传。

第 9 条

土著人民和个人有权按照一个土著社区或民族的传统和习俗，归属该社区或民族。此项权利的行使不得引起任何形式的歧视。

第 10 条

不得强迫土著人民迁离其土地或领土。如果未事先获得有关土著人民的自由知情同意和商定公正和公平的赔偿，并在可能时提供返回的选择，则不得进行迁离。

第 11 条

1. 土著人民有权奉行和振兴其文化传统与习俗。这包括有权保持、保护和发展其文化过去、现在和未来的表现形式，如古迹和历史遗址、手工艺品、图案设计、典礼仪式、技术、视觉和表演艺术、文学作品等。

2. 各国应通过与土著人民共同制定的有效机制，对未事先获得他们自由知情同意，或在违反其法律、传统和习俗的情况下拿走的土著文化、知识、宗教和精神财产，予以补偿，包括归还原物。

第 12 条

1. 土著人民有权展示、奉行、发展和传授其精神和宗教传统、习俗和礼仪，有权保持和保护其宗教和文化场所，并在保障私隐之下进出这些场所，有权使用和掌管其礼仪用具，有权把遗骨送回原籍。

2. 各国应通过与有关的土著人民共同制定的公平、透明和有效的机制，设法让土著人民能够使用或取得国家持有的礼仪用具和遗骨，并（或）将其送回原籍。

第 13 条

1. 土著人民有权振兴、使用、发展和向后代传授其历史、语言、口述传统、思想体系、书写方式和文学作品，有权自行为社区、地方和个人取名并保有这些名字。

2. 各国应采取有效措施，确保此项权利得到保护，并确保土著人民在政治、法律和行政程序中能够理解他人和被他人理解，必要时为此提供口译或采取其他适当办法。

第 14 条

1. 土著人民有权建立和掌管他们的教育制度和机构，以自己的语言和适合其文化教学方法的方式提供教育。

2. 土著人，特别是土著儿童，有权不受歧视地获得国家提供的所有程度和形式的教育。

3. 各国应与土著人民共同采取有效措施，让土著人，特别是土著儿童，包括生活在土著社区外的土著人，在可能的情况下，有机会获得以自己的语言提供的有关自身文化的教育。

第 15 条

1. 土著人民有权维护其文化、传统、历史和愿望的尊严和多样性，他们的文化、传统、历史和愿望应在教育和公共信息中得到适当体现。

2. 各国应与有关的土著人民协商和合作，采取有效措施，消除偏见和歧视，促进土著人民与社会所有其他阶层之间的宽容、了解和良好关系。

第 16 条

1. 土著人民有权建立自己的使用自己语言的媒体，有权不受歧视地利用所有形式的非土著媒体。

2. 各国应采取有效措施，确保国有媒体恰当地反映土著文化多样性。各国应在不损害言论充分自由的情况下，鼓励私有媒体充分反映土著文化的多样性。

第 17 条

1. 土著人和土著人民有权充分享受适用的国际和国内劳工法所规定的所有权利。

2. 各国应与土著人民协商和合作，采取具体措施，不让土著儿童遭受经济剥削，不让他们从事任何可能有危险性或妨碍他们接受教育，或有害他们的健康或身体、心理、精神、道德或社会成长的工作，要考虑到他们是特别脆弱的群体，而教育对于提高他们的能力至关重要。

3. 土著人享有在劳动条件以及特别是就业和薪水方面不受歧视的权利。

第 18 条

土著人民有权通过他们按自己的程序选出的代表,参与对事关自身权利的事务的决策,有权保持和发展自己的土著人决策机构。

第 19 条

各国在通过和实行可能影响到土著人民的立法或行政措施前,应本着诚意,通过土著人民自己的代表机构,与有关的土著人民协商和合作,事先征得他们的自由知情同意。

第 20 条

1. 土著人民有权保持和发展其政治、经济和社会制度或机构,有权安稳地享用自己的谋生和发展手段,有权自由从事他们所有传统的和其他经济活动。

2. 被剥夺了谋生和发展手段的土著人民有权获得公正和公平的补偿。

第 21 条

1. 土著人民有权不受歧视地改善其经济和社会状况,尤其是在教育、就业、职业培训和再培训、住房、环境卫生、保健和社会保障等领域。

2. 各国应采取有效措施,并在适当情况下采取特别措施,确保土著人民的经济和社会状况持续得到改善。应特别关注土著老人、妇女、青年、儿童和残疾人的权利和特殊需要。

第 22 条

1. 实施本《宣言》时,应特别关注土著老人、妇女、青年、儿童和残疾人的权利和特殊需要。

2. 各国应与土著人民共同采取措施,确保土著妇女和儿童获得充分的保护和保障,免受一切形式的暴力和歧视。

第 23 条

土著人民有权确定和制定行使其发展权的优先重点和战略。特别是,土著人民有权积极参与制定和确定影响到他们的保健、住房方案及其他经济和社会方案,并尽可能通过自己的机构管理这些方案。

第 24 条

1. 土著人民有权使用自己的传统医药,有权保持自己的保健方法,包括保护他们必需的药用植物、动物和矿物。土著人还有权不受任何歧视地享用所有社会和保健服务。

2. 土著人拥有享受能够达到的最高标准身心健康的平等权利。各国应采取必要步骤,使这一权利逐步得到充分实现。

第 25 条

土著人民有权保持和加强他们同他们传统上拥有或以其他方式占有和使用的土地、领土、水域、近海和其他资源之间的独特精神联系,并在这方面继续承担他们对后代的责任。

第 26 条

1. 土著人民对他们传统上拥有、占有或以其他方式使用或获得的土地、领土和资源拥有权利。

2. 土著人民有权拥有、使用、开发和控制因他们传统上拥有或其他传统上的占有或使用而持有的，以及他们以其他方式获得的土地、领土和资源。

3. 各国应在法律上承认和保护这些土地、领土和资源。这种承认应适当尊重有关土著人民的习俗、传统和土地所有权制度。

第 27 条

各国应与有关的土著人民一起，在适当承认土著人民的法律、传统、习俗和土地所有权制度的情况下，制定和采用公平、独立、公正、公开和透明的程序，以确认和裁定土著人民对其土地、领土和资源，包括对他们传统上拥有或以其他方式占有或使用的土地、领土和资源的权利。土著人民应有权参与这一程序。

第 28 条

1. 土著人民传统上拥有或以其他方式占有或使用的土地、领土和资源，未事先获得他们自由知情同意而被没收、拿走、占有、使用或损坏的，有权获得补偿，方式可包括归还原物，或在不可能这样做时，获得公正、公平、合理的赔偿。

2. 除非有关的土著人民另外自由同意，赔偿方式应为相同质量、大小和法律地位的土地、领土和资源，或金钱赔偿，或其他适当补偿。

第 29 条

1. 土著人民有权养护和保护其土地或领土和资源的环境和生产能力。各国应不加歧视地制定和执行援助土著人民进行这种养护和保护的方案。

2. 各国应采取有效措施，确保未事先获得土著人民的自由知情同意，不得在其土地或领土上存放或处置危险物质。

3. 各国还应采取有效措施，根据需要，确保由受此种危险物质影响的土著人民制定和执行的旨在监测、保持和恢复土著人民健康的方案得到适当执行。

第 30 条

1. 不得在土著人民的土地或领土上进行军事活动，除非是基于相关公共利益有理由这样做，或经有关的土著人民自由同意，或应其要求这样做。

2. 各国在使用土著人民的土地或领土进行军事活动前，应通过适当程序，特别是通过其代表机构，与有关的土著人民进行有效协商。

第 31 条

1. 土著人民有权保持、掌管、保护和发展其文化遗产、传统知识和传统文化体现方式，以及其科学、技术和文化表现形式，包括人类和遗传资源、种子、医药、关于动植物群特性的知识、口述传统、文学作品、设计、体育和传统游戏、视觉和表演艺术。他们还有权保持、掌管、保护和发展自己对这些文化遗产、传统知识和传统文化体现方式的知识产权。

2. 各国应与土著人民共同采取有效措施，确认和保护这些权利的行使。

第 32 条

1. 土著人民有权确定和制定开发或利用其土地或领土和其他资源的优先重点和战略。

2. 各国在批准任何影响到土著人民土地或领土和其他资源的项目，特别是开发、利用或开采矿物、水或其他资源的项目前，应本着诚意，通过有关的土著人民自己的代表机构，与土著人民协商和合作，征得他们的自由知情同意。

3. 各国应提供有效机制，为任何此类活动提供公正和公平的补偿，并应采取适当措施，减少环境、经济、社会、文化或精神方面的不利影响。

第 33 条

1. 土著人民有权按照其习俗和传统，决定自己的身份或归属。这并不妨碍土著人获得居住国公民资格的权利。

2. 土著人民有权按照自己的程序，决定其机构的构架和挑选这些机构的成员。

第 34 条

土著人民有权根据国际人权标准，促进、发展和保持其机构构架及其独特的习俗、精神观、传统、程序、做法，以及原有的（如果有的话）司法制度或习惯。

第 35 条

土著人民有权决定个人对其社区应负的责任。

第 36 条

1. 土著人民，特别是被国际边界分隔开的土著人民，有权与边界另一边的同民族人和其他民族的人保持和发展接触、关系与合作，包括为精神、文化、政治、经济和社会目的开展活动。

2. 各国应与土著人民协商和合作，采取有效措施，为行使这一权利并确保权利得到落实，提供方便。

第 37 条

1. 土著人民有权要求与各国或其继承国订立的条约、协定和其他建设性安排得到承认、遵守和执行，有权要求各国履行和尊重这些条约、协定和其他建设性安排。

2. 本《宣言》的任何内容都不得解释为削弱或取消这种条约、协定和其他建设性安排所规定的土著人民权利。

第 38 条

各国应与土著人民协商和合作，采取适当措施，包括采取立法措施，以实现本《宣言》的目标。

第 39 条

土著人民有权从各国和通过国际合作获得财政和技术援助，以享受本《宣言》所规定的权利。

第 40 条

土著人民有权借助公正和公平的程序，并通过这些程序迅速获得裁决，解决同各国或其他当事方的冲突或争端，并就其个人和集体权利所受到的一切侵犯获得有效的补偿。这种裁决应适当地考虑到有关的土著人民的习俗、传统、规则和法律制度以及国际人权。

第 41 条

联合国系统各机关和专门机构及其他政府间组织，应通过推动财务合作和技术援助及其他方式，为充分落实本《宣言》的规定作出贡献。应制定途径和方法，确保土著人民参与处理影响到他们的问题。

第 42 条

联合国、联合国的机构（包括土著问题常设论坛）、各专门机构（包括在国家一级）以及各国，应促进对本《宣言》各项规定的尊重和充分实施，并跟踪检查本《宣言》的实施效果。

第 43 条

本《宣言》所确认的权利，为全世界土著人民求生存、维护尊严和谋求幸福的最低标准。

第 44 条

土著人不分男女，都平等享有享受本《宣言》所确认的所有权利和自由的保障。

第 45 条

本《宣言》的任何内容都不得理解为削弱或取消土著人民现在享有或将来可能获得的权利。

第 46 条

1. 本《宣言》的任何内容都不得解释为暗指任何国家、民族、团体或个人有权从事任何违背《联合国宪章》的活动或行为，也不得理解为认可或鼓励任何全部或局部分割或损害主权和独立国家的领土完整或政治统一的行动。

2. 在行使本《宣言》所宣示的权利时，应尊重所有人的人权和基本自由。本《宣言》所列各种权利的行使，应只受限于由法律规定的限制，并应符合国际人权义务。任何此种限制不应带有歧视性，而且绝对是必需的，完全是为了确保其他人的权利与自由得到应有的承认与尊重，满足民主社会公正和最紧要的需要。

3. 应依照公正、民主、尊重人权、平等、不歧视、善政和诚意的原则，来解释本《宣言》各项规定。

联合国土著问题常设论坛
第九届会议的报告（摘录）

（2010年4月19～30日）
经济及社会理事会
联合国，2010年，纽约

第一章

3. 常设论坛的建议特别专题："土著人民：顾及文化和特性的发展：《联合国土著人民权利宣言》第3条和第32条"。

4. 现代化和工业化的发展模式，往往导致破坏土著人民的政治、经济、社会、文化、教育、卫生、精神和知识体系。由于人们对土著人民的通常看法，主流发展模式与土著人民之间存在脱节。例如，土著人民的"发展"被理解成他们融入所谓的"文明世界"。而且，土著人民的文化和价值观被认为与利润积累、消费和竞争这类市场经济的价值观相矛盾。此外，土著人民及其文化被视为进步的"障碍"，因为他们的土地和领土资源丰富，而土著人民又不愿意随意放弃它们。

5. 土著人民顾及文化和特性的发展的观念，其特点是追求整体性办法，寻求加强集体权利、安全和对土地、领土和资源的更大程度的控制和自我管理。这一观念发扬传统，遵奉祖先，同时也面向未来。这一观念以恢复性人生观为依据，其价值观是互惠、团结、平衡、可持续性、分享和集体主义。

6. 《联合国土著人民权利宣言》提供了有力的依据，使土著人民可以申明他们的权利，并明确他们在顾及文化和特性的发展问题上希望与各国、企业、联合国系统、政府间组织和其他机构保持的关系。第3条是宣言的核心，因为它述及自决权。第32条也是关键的一条，因为它抓住了顾及文化和特性的发展的本质，肯定了自由、事先和知情同意的原则，并提及各国的义务。这些条款是经过土著人民在联合国进行宣传并提出关切而取得的成果。

7. 关于土著人民顾及文化和特性的发展的问题的审议应纳入各项条约和

《条约》原则。因此,《联合国土著人民权利宣言》第3条和第32条应结合序言部分第7、8、14、15段和第37条及联合国《发展权利宣言》来理解。

9. 常设论坛认识到,教育是本特别专题的重要基础。特别是,享受母语教育的权利对于维护和发展文化和特性以及文化和语言多样性至关重要。

10. 常设论坛赞同"土著人民:顾及文化和特性的发展:《联合国土著人民权利宣言》第3和第32条"这一专题国际专家组会议的报告和建议(见E/C.19/2010/14)。

11. 常设论坛建议各国、联合国系统和其他政府间组织向土著人民提供政治、体制和(根据《联合国土著人民权利宣言》第42条)财政支助,以便他们能够巩固自己的发展模式以及美好生活(如 sumak kawsay、suma qama.a、laman laka、gawisay biag)的观念和习俗,这些都是由他们的土著宇宙观、人生观、价值观、文化和特性所决定的,常设论坛还建议各国、联合国系统和其他政府间组织将宣言的实施贯穿到各项工作中。

12. 常设论坛建议,应当继续努力制定土著人民可持续性和福祉指标,各国、联合国系统和政府间机构应对此给予支持,以建立衡量和代表土著人民的目标和愿望的主要指标。这些措施应促成制定一个土著人民发展指数,联合国开发计划署(开发署)人类发展报告处已将此列为一个项目,将纳入今后的人类发展报告中。

13. 常设论坛认识到作为土著人民顾及文化和特性的发展的基础的知识体系十分重要,因此建议,目前正在进行的关于《生物多样性公约》获取和收益分享问题国际机制的谈判、《联合国气候变化框架公约》长期合作行动特设工作组、世界知识产权组织知识产权与遗传资源、传统知识和民间文学艺术政府间委员会等国际进程,应当根据《联合国土著人民权利宣言》承认和整合土著知识体系的关键作用和意义。

14. 常设论坛呼吁联合国会员国、开发署和其他有关组织让土著人民有效地参与国家和地方各级的千年发展目标实施情况审查进程,确保列入关于土著人民领土上这些目标的实现情况的分类数据。

19. 由联合国粮食及农业组织、联合国环境规划署和联合国发展集团组成的联合国关于降低发展中国家因森林砍伐和退化所产生的排放的合作方案,在联合国与降低因森林砍伐和退化所产生的排放有关的活动中向土著人民提供通知和咨询,并让他们参与这些活动,常设论坛对此表示赞赏,并鼓励它们根据自由、事先和知情同意的原则和《宣言》,进一步巩固这一伙伴关系。

20. 常设论坛祝贺国际农业发展基金(农发基金)核准其根据国际标准,特别是根据《联合国土著人民权利宣言》和联合国发展集团准则制定的对土著人民工作政策。在这一政策的实施过程中,论坛鼓励信托基金在农发基金设立一个土著人民论坛,联合国其他机构和其他政府间组织也应效仿这一良好做法。

23. 常设论坛欢迎"生物和文化多样性:多样性促进发展与发展促进多样性"国际会议(2010年6月8～10日,加拿大,蒙特利尔)这一在多样性与发展的关系问题上的有益对话,并注意到其目标是考虑将来拟订一个生物多样性会议秘书处、联合国教育、科学及文化组织(教科文组织)和其他有关机构(包括常设论坛和有关土著人组织及非政府组织)之间的协作式工作方案,并决定派论坛主席报告常设论坛第九届会议在这一专题上取得的成果。

24. 常设论坛呼吁教科文组织、生物多样性会议秘书处、开发署、联合国儿童基金会(儿童基金会)、联合国人口基金、世界知识产权组织和联合国发展集团支持土著人民修复和加强文化遗产的工作。这项工作应在土著人民的指导下进行,以避免误用和扭曲土著人民的文化、习俗和知识,同时尊重他们的观点和愿望。

25. 常设论坛建议开发署在其民主治理方案中列入土著人民问题,以支持和加强土著机构,使土著人民享有政治参与权,并提高其预防和解决政治冲突的能力。

26. 常设论坛建议各国审议题为"人类发展框架和土著人民自主发展或顾及文化与特性的发展"的文件(E/C.19/2010/CRP.4),并特别注意其中的结论和建议。

27. 常设论坛建议,国际采矿和金属理事会提出一个他们推荐可作为土著人民参与采矿作业的良好做法的至少有10个项目的清单,并邀请常设论坛成员、受影响土著人民成员和土著专家视察这些项目的矿场,以报告常设论坛第十届会议。

36. 常设论坛建议开发署进一步动员土著人民参与关于人类发展概念的讨论及其人类发展报告的编写工作。开发署的人类发展概念及其促进这种模式的工作应更坚定地建立在人权原则,也即《联合国土著人民权利宣言》的基础上。就土著人民而言,这意味着承认自决、独立发展和其他民族的权利的原则。因此,开发署国家、区域和全球人类发展报告应当从土著人民的角度,在土著人民亲自参与下,反映土著人民对发展的看法。

41. 常设论坛建议各国执行经济、社会和文化权利委员会关于《经济、社会、文化权利国际公约》关于人人有权参加文化生活的第十五条第一款(甲)项的第21(2009)号一般性评论中所述原则。委员会在其对该条的解释中考虑到《联合国土著人民权利宣言》。因此,该解释将土著人民参与自己的文化的权利同少数人的同一项权利作了区分。作出这一区分的特别原因是将土著文化的概念延伸到了领土和资源等物质方面。

42. 常设论坛建议人权委员会在解释《公民及政治权利国际公约》时也考虑

到《联合国土著人民权利宣言》的规定。特别是，委员会应考虑到《宣言》第3条和其他有关条款，审查其关于自决权（《公民及政治权利国际公约》第1条）的第12（1984）号一般性评论和关于少数人的权利（《公民及政治权利国际公约》第27条）的第23（1994）号一般性评论。此外，根据第12号一般性评论，委员会应要求公约缔约国报告其履行他们有关包括土著人民在内的所有人民的自决权和相关权利的义务的情况。委员会应要求缔约国在编写它们报告中关于《公民及政治权利国际公约》执行情况的有关部分时，与土著人民进行协商和合作。

43.常设论坛欢迎消除种族歧视委员会考虑到《联合国土著人民权利宣言》的规定，就土著人民问题对《消除一切形式种族歧视国际公约》所作的解释。常设论坛建议委员会请公约有关缔约国在编写它们报告中关于《消除一切形式种族歧视国际公约》执行情况的有关部分时，与土著人民进行协商和合作。

103.常设论坛赞扬《生物多样性公约》秘书处就其目前为推进和突出土著人民在实现公约目标和任务方面的作用而开展的工作所进行的深入对话。秘书处的工作有许多方面都特别注重土著人民问题，如通过第8（j）条和第10（c）条及其他重要条款对传统知识的重视，获取和惠益分享，气候变化，特殊性和保护区等。常设论坛还指出，有多项措施可促进土著人民参与《生物多样性公约》的工作，包括自愿基金，该基金根据公约的要求，为土著人民出席有关会议提供了便利。

104.常设论坛注意到，公约第8（j）条及有关规定特设工作组的会议是对所有各方开放的，并设有加强土著人民参与的机制，使得他们能够就所有议程项目发表意见。另外，获取和惠益分享特设工作组在其最近的决定中认识到，在制定和谈判关于获取和惠益分享的国际机制过程中，土著人民的参与十分重要。论坛祝贺《生物多样性公约》秘书处提供便利并与常设论坛合作，拟定了一份《道德守则》，以保护土著传统知识，该守则定于2010年在公约缔约方会议第十届会议上获取通过。

105.常设论坛注意到在土著妇女充分和有效参与下起草的《生物多样性公约2008年性别行动计划》，指出《生物多样性公约》秘书处继续与常设论坛秘书处合作，以确保土著妇女在与生物多样性有关的问题上的观点和战略被纳入按公约而开展的关于土著传统知识的工作之中，而且能力建设方面的举措要以土著妇女为对象。

112.常设论坛呼吁《生物多样性公约》缔约方采用"土著人民和当地社区"这一术语，以准确反映这些实体自公约于大约二十年前通过以来形成的区别特性。

113.常设论坛向《生物多样性公约》的缔约国重申，按照国际人权法，各国均有义务承认和保护土著人民在对源自其土地和水域的遗传资源和任何相关土著传统知识的获取方面的控制权。按照《联合国土著人民权利宣言》，这种承认须成为拟议关于获取和惠益分享的国际机制的关键因素之一。

114. 常设论坛邀请在人权、文化权利和土著人民传统知识方面具备专门知识的联合国机构就《生物多样性公约关于获取遗传资源和公正、公平地分享其利用所产生的惠益的议定书》修订草案提出法律和技术意见，以便转发给《公约》缔约方，供其在最后谈判中加以考虑。

131. 常设论坛重申对国家公园、生物圈保护区和世界遗产区规划等保护工作的关切，因为这种保护工作常常导致土著人民离开传统土地和领土。

135. 常设论坛建议，有关各方就"土著人民：神圣植物和圣地，《联合国土著人民权利宣言》第11条、24条和31条"这一专题，举办一个国际专家组会议，并请向论坛第十届会议提交这次会议的结论。

136. 常设论坛欢迎将于2010年9月举行关于协商权和自由、事先和知情同意问题的第一届拉丁美洲区域会议，劳工组织、土著人民权利专家机制和特别报告员将出席会议。

137. 常设论坛欢迎联合国环境规划署（环境署）、世界驯鹿牧民协会和国际驯鹿放牧中心的联合倡议，该倡议旨在评估土地使用变化和气候变化对游牧民的影响，以及对游牧民族适应对策和机会的影响，评估重点是俄罗斯联邦、蒙古和中国的泰加驯鹿牧民以及喜马拉雅山脉的牦牛牧民。这一项目的目标是加强游牧社区面对气候变化的复原力和适应能力，同时在驯鹿和牦牛牧民社区之间建立伙伴关系，加强地方机构，提高游牧民参与土地使用和自然资源管理的能力。

153. 土著人民与森林问题是常设论坛第九届会议期间半天讨论的重点。许多土著人民生活在属于其传统领地的森林中。他们的生活方式和传统知识的发展是与其土地和领地上的森林相一致的。居住在森林地区的土著人民对土地和自然资源拥有明确界定的权利，包括其祖先的土地归社区所有、其领土上自然资源的管理、其习惯法的行使，以及通过本身的机构代表自己的能力。

159. 常设论坛欢迎在本届会议期间，八个全球保护组织宣布成立人权保护倡议，这八个组织是国际自然及自然资源保护联盟、世界自然基金会/世界野生动植物基金会、野生动植物保护国际、国际湿地组织、禽鸟生命国际组织、大自然保护协会、野生生物保护学会和保护国际。这一倡议的目标是，基于它们在促进养护与人民保障生计，享有健康和生产性环境和有尊严地生活的权利之间积极联系方面的共同利益，促进将人权融入保护政策和实践。论坛建议这些保护组织确保土著人民充分参与这一倡议的执行。论坛还建议那些保护组织如有项目已经导致土著人民被逐出森林，则向这些受害者提供补救和恢复措施。

162. 常设论坛注意到，2010年是《北京行动纲要》和千年发展目标审查年。在《纲要》通过 15 年和目标通过 10 年之后，在土著人民、特别是土著妇女中间，贫穷和缺乏医疗教育等基本服务的情况依然普遍存在。论坛重申并再次确认，《土著妇女北京宣言》是实现千年发展目标中有关土著妇女及其社区指标的重要工具，并有利于推动《联合国土著人民权利宣言》的承诺。论坛呼吁各国政府和联合国机构，在 2010 年 9 月大会审查《北京行动纲要》和千年发展目标高级别全体会议前的各个进程中，为土著人民，特别是土著妇女提供空间。

第三章

46. 为了充分应对土著人民在实现千年发展目标方面处于落后状态的事实，开发署必须加强其政策，将人权和土著人民问题纳入所有影响到土著人民的项目，尤其是纳入旨在实现千年发展目标的战略和手段之中。

47. 常设论坛感到十分关注的是，土著人民依然报告指出他们难以参与开发署的项目，也难以与开发署办事处进行联系。论坛建议开发署使土著人民更方便地获得开发署的相关信息，并确保他们更容易与开发署国家办事处工作人员进行联系。开发署应促进发展各种机制，确保土著人民在国家一级与联合国国家工作队进行建设性和制度化的对话，例如设立一些由能向联合国方案拟订工作和政策提出其观点的土著代表组成的咨询委员会。

56. 常设论坛向人口基金提出了处理以下关键事项的一系列广泛问题：(a)《联合国土著人民权利宣言》对人口基金工作的影响；(b) 政治条件对人口基金促进土著妇女权利的机会产生的影响；(c) 在有人口基金积极开展活动的国家将传统知识和对文化敏感的做法纳入保健服务工作之中；(d) 人口基金在赋予土著妇女组织和网络权力方面的作用；(e) 人口基金对数据收集、传播和使用这些数据的贡献；(f) 人口基金在预防土著人民特别是土著青年感染艾滋病毒/艾滋病方面的作用；(g) 人口基金将土著人民纳入其减贫工作。

保护和促进文化表现形式多样性公约

（2006 年 12 月 29 日第十届全国人民代表大会常务委员会第 25 次会议通过）

第十届全国人民代表大会常务委员会第 25 次会议决定：批准于 2005 年 10 月 20 日在第 33 届联合国教科文组织大会上通过的《保护和促进文化表现形式多样性公约》。

序　言

联合国教育、科学及文化组织大会于 2005 年 10 月 3～21 日在巴黎举行第三十三届会议。

（一）确认文化多样性是人类的一项基本特性。

（二）认识到文化多样性是人类的共同遗产，应当为了全人类的利益对其加以珍爱和维护。

（三）意识到文化多样性创造了一个多姿多彩的世界，它使人类有了更多的选择，得以提高自己的能力和形成价值观，并因此成为各社区、各民族和各国可持续发展的一股主要推动力。

（四）忆及在民主、宽容、社会公正以及各民族和各文化间相互尊重的环境中繁荣发展起来的文化多样性对于地方、国家和国际层面的和平与安全是不可或缺的。

（五）颂扬文化多样性对充分实现《世界人权宣言》和其他公认的文书主张的人权和基本自由所具有的重要意义。

（六）强调需要把文化作为一个战略要素纳入国家和国际发展政策，以及国际发展合作之中，同时也要考虑特别强调消除贫困的《联合国千年宣言》（2000年）。

（七）考虑到文化在不同时间和空间具有多样形式，这种多样性体现为人类各民族和各社会文化特征和文化表现形式的独特性和多元性。

（八）承认作为非物质和物质财富来源的传统知识的重要性，特别是原住民知识体系的重要性，其对可持续发展的积极贡献，及其得到充分保护和促进的需要。

（九）认识到需要采取措施保护文化表现形式连同其内容的多样性，特别是当文化表现形式有可能遭到灭绝或受到严重损害时。

（十）强调文化对社会凝聚力的重要性，尤其是对提高妇女的社会地位、发挥其社会作用所具有的潜在影响力。

（十一）意识到文化多样性通过思想的自由交流得到加强，通过文化间的不断交流和互动得到滋养。

（十二）重申思想、表达和信息自由以及传媒多样性使各种文化表现形式得以在社会中繁荣发展。

（十三）认识到文化表现形式，包括传统文化表现形式的多样性，是个人和各民族能够表达并同他人分享自己的思想和价值观的重要因素。

（十四）忆及语言多样性是文化多样性的基本要素之一，并重申教育在保护和促进文化表现形式中发挥着重要作用。

（十五）考虑到文化活力的重要性，包括对少数民族和原住民人群中的个体的重要性，这种重要的活力体现为创造、传播、销售及获取其传统文化表现形式的自由，以有益于他们自身的发展。

（十六）强调文化互动和文化创造力对滋养和革新文化表现形式所发挥的关键

作用，他们也会增强那些为社会整体进步而参与文化发展的人们所发挥的作用。

（十七）认识到知识产权对支持文化创造的参与者具有重要意义。

（十八）确信传递着文化特征、价值观和意义的文化活动、产品与服务具有经济和文化双重性质，故不应视为仅具商业价值。

（十九）注意到信息和传播技术飞速发展所推动的全球化进程为加强各种文化互动创造了前所未有的条件，但同时也对文化多样性构成挑战，尤其是可能在富国与穷国之间造成种种失衡。

（二十）意识到联合国教科文组织肩负的特殊使命，即确保对文化多样性的尊重以及建议签订有助于推动通过语言和图像进行自由思想交流的各种国际协定。

（二十一）根据联合国教科文组织通过的有关文化多样性和行使文化权利的各种国际文书的条款，特别是2001年通过的《世界文化多样性宣言》，于2005年10月20日通过本公约。

第一章 目标与指导原则

第一条 目标

本公约的目标是：

（一）保护和促进文化表现形式的多样性；

（二）以互利的方式为各种文化的繁荣发展和自由互动创造条件；

（三）鼓励不同文化间的对话，以保证世界上的文化交流更广泛和均衡，促进不同文化间的相互尊重与和平文化建设；

（四）加强文化间性，本着在各民族间架设桥梁的精神开展文化互动；

（五）促进地方、国家和国际层面对文化表现形式多样性的尊重，并提高对其价值的认识；

（六）确认文化与发展之间的联系对所有国家，特别是对发展中国家的重要性，并支持为确保承认这种联系的真正价值而在国内和国际采取行动；

（七）承认文化活动、产品与服务具有传递文化特征、价值观和意义的特殊性；

（八）重申各国拥有在其领土上维持、采取和实施他们认为合适的保护和促进文化表现形式多样性的政策和措施的主权；

（九）本着伙伴精神，加强国际合作与团结，特别是要提高发展中国家保护和促进文化表现形式多样性的能力。

第二条 指导原则

一、尊重人权和基本自由原则

只有确保人权，以及表达、信息和交流等基本自由，并确保个人可以选择文化表现形式，才能保护和促进文化多样性。任何人都不得援引本公约的规定侵犯《世界人权宣言》规定的或受到国际法保障的人权和基本自由或限制其适用范围。

二、主权原则

根据《联合国宪章》和国际法原则，各国拥有在其境内采取保护和促进文化表现形式多样性措施和政策的主权。

三、所有文化同等尊严和尊重原则

保护与促进文化表现形式多样性的前提是承认所有文化，包括少数民族和原住民的文化在内，具有同等尊严，并应受到同等尊重。

四、国际团结与合作原则

国际合作与团结的目的应当是使各个国家，尤其是发展中国家都有能力在地方、国家和国际层面上创建和加强其文化表现手段，包括其新兴的或成熟的文化产业。

五、经济和文化发展互补原则

文化是发展的主要推动力之一，所以文化的发展与经济的发展同样重要，且所有个人和民族都有权参与两者的发展并从中获益。

六、可持续发展原则

文化多样性是个人和社会的一种财富。保护、促进和维护文化多样性是当代和后代的可持续发展的一项基本要求。

七、平等享有原则

平等享有全世界丰富多样的文化表现形式，所有文化享有各种表现形式和传播手段，是增进文化多样性和促进相互理解的要素。

八、开放和平衡原则

在采取措施维护文化表现形式多样性时，各国应寻求以适当的方式促进向世界其他文化开放，并确保这些措施符合本公约的目标。

第二章　适用范围

第三条　公约的适用范围

本公约适用于缔约方采取的有关保护和促进文化表现形式多样性的政策和措施。

第三章　定　义

第四条　定义

在本公约中，应作如下理解：

（一）文化多样性

"文化多样性"指各群体和社会借以表现其文化的多种不同形式。这些表现形式在他们内部及其间传承。

文化多样性不仅体现在人类文化遗产通过丰富多彩的文化表现形式来表达、

弘扬和传承的多种方式，也体现在借助各种方式和技术进行的艺术创造、生产、传播、销售和消费的多种方式。

（二）文化内容

"文化内容"指源于文化特征或表现文化特征的象征意义、艺术特色和文化价值。

（三）文化表现形式

"文化表现形式"指个人、群体和社会创造的具有文化内容的表现形式。

（四）文化活动、产品与服务

"文化活动、产品与服务"是指从其具有的特殊属性、用途或目的考虑时，体现或传达文化表现形式的活动、产品与服务，无论他们是否具有商业价值。文化活动可能以自身为目的，也可能是为文化产品与服务的生产提供帮助。

（五）文化产业

"文化产业"指生产和销售上述第（四）项所述的文化产品或服务的产业。

（六）文化政策和措施

"文化政策和措施"指地方、国家、区域或国际层面上针对文化本身或为了对个人、群体或社会的文化表现形式产生直接影响的各项政策和措施，包括与创作、生产、传播、销售和享有文化活动、产品与服务相关的政策和措施。

（七）保护

名词"保护"意指为保存、卫护和加强文化表现形式多样性而采取措施。

动词"保护"意指采取这类措施。

（八）文化间性

"文化间性"指不同文化的存在与平等互动，以及通过对话和相互尊重产生共同文化表现形式的可能性。

第四章 缔约方的权利和义务

第五条 权利和义务的一般规则

一、缔约方根据《联合国宪章》、国际法原则及国际公认的人权文书，重申拥有为实现本公约的宗旨而制定和实施其文化政策、采取措施以保护和促进文化表现形式多样性及加强国际合作的主权。

二、当缔约方在其境内实施政策和采取措施以保护和促进文化表现形式的多样性时，这些政策和措施应与本公约的规定相符。

第六条 缔约方在本国的权利

一、各缔约方可在第四条第（六）项所定义的文化政策和措施范围内，根据自身的特殊情况和需求，在其境内采取措施保护和促进文化表现形式的多样性。

二、这类措施可包括：

（一）为了保护和促进文化表现形式的多样性所采取的管理性措施；

（二）以适当方式在本国境内的所有文化活动、产品与服务中为本国的文化活动、产品与服务提供创作、生产、传播、销售和享有的机会的措施，包括规定上述活动、产品与服务所使用的语言；

（三）为国内独立的文化产业和非正规产业部门活动能有效获取生产、传播和销售文化活动、产品与服务的手段采取的措施；

（四）提供公共财政资助的措施；

（五）鼓励非营利组织以及公共和私人机构、艺术家及其他文化专业人员发展和促进思想、文化表现形式、文化活动、产品与服务的自由交流和流通，以及在这些活动中激励创新精神和积极进取精神的措施；

（六）建立并适当支持公共机构的措施；

（七）培育并支持参与文化表现形式创作活动的艺术家和其他人员的措施；

（八）旨在加强媒体多样性的措施，包括运用公共广播服务。

第七条 促进文化表现形式的措施

一、缔约方应努力在其境内创造环境，鼓励个人和社会群体：

（一）创作、生产、传播、销售和获取他们自己的文化表现形式，同时对妇女及不同社会群体，包括少数民族和原住民的特殊情况和需求给予应有的重视；

（二）获取本国境内及世界其他国家的各种不同的文化表现形式。

二、缔约方还应努力承认艺术家、参与创作活动的其他人员、文化界以及支持他们工作的有关组织的重要贡献，以及他们在培育文化表现形式多样性方面的核心作用。

第八条 保护文化表现形式的措施

一、在不影响第五条和第六条规定的前提下，缔约一方可以确定其领土上哪些文化表现形式属于面临消亡危险、受到严重威胁、或是需要紧急保护的情况。

二、缔约方可通过与本公约的规定相符的方式，采取一切恰当的措施保护处于第一款所述情况下的文化表现形式。

三、缔约方应向政府间委员会报告为应对这类紧急情况所采取的所有措施，该委员会则可以对此提出合适的建议。

第九条 信息共享和透明度

缔约方应：

（一）在向联合国教科文组织四年一度的报告中，提供其在本国境内和国际层面为保护和促进文化表现形式多样性所采取的措施的适当信息；

（二）指定一处联络点，负责共享有关本公约的信息；

（三）共享和交流有关保护和促进文化表现形式多样性的信息。

第十条　教育和公众认知

缔约方应：

（一）鼓励和提高对保护和促进文化表现形式多样性重要意义的理解，尤其是通过教育和提高公众认知的计划；

（二）为实现本条的宗旨与其他缔约方和相关国际组织及地区组织开展合作；

（三）通过制定文化产业方面的教育、培训和交流计划，致力于鼓励创作和提高生产能力，但所采取的措施不能对传统生产形式产生负面影响。

第十一条　公民社会的参与

缔约方承认公民社会在保护和促进文化表现形式多样性方面的重要作用。缔约方应鼓励公民社会积极参与其为实现本公约各项目标所作的努力。

第十二条　促进国际合作

缔约方应致力于加强双边、区域和国际合作，创造有利于促进文化表现形式多样性的条件，同时特别考虑第八条和第十七条所述情况，以便着重：

（一）促进缔约方之间开展文化政策和措施的对话；

（二）通过开展专业和国际文化交流及有关成功经验的交流，增强公共文化部门战略管理能力；

（三）加强与公民社会、非政府组织和私人部门及其内部的伙伴关系，以鼓励和促进文化表现形式的多样性；

（四）提倡应用新技术，鼓励发展伙伴关系以加强信息共享和文化理解，促进文化表现形式的多样性；

（五）鼓励缔结共同生产和共同销售的协定。

第十三条　将文化纳入可持续发展

缔约方应致力于将文化纳入其各级发展政策，创造有利于可持续发展的条件，并在此框架内完善与保护和促进文化表现形式多样性相关的各个环节。

第十四条　为发展而合作

缔约方应致力于支持为促进可持续发展和减轻贫困而开展合作，尤其要关注发展中国家的特殊需要，主要通过以下途径来推动形成富有活力的文化部门：

（一）通过以下方式加强发展中国家的文化产业：

1. 建立和加强发展中国家文化生产和销售能力；

2. 推动其文化活动、产品与服务更多地进入全球市场和国际销售网络；

3. 促使形成有活力的地方市场和区域市场；

4. 尽可能在发达国家采取适当措施，为发展中国家的文化活动、产品与服务进入这些国家提供方便；

5. 尽可能支持发展中国家艺术家的创作，促进他们的流动；

6. 鼓励发达国家与发展中国家之间开展适当的协作，特别是在音乐和电影领域。

（二）通过在发展中国家开展信息、经验和专业知识交流以及人力资源培训，加强公共和私人部门的能力建设，尤其是在战略管理能力、政策制定和实施、文化表现形式的促进和推广、中小企业和微型企业的发展、技术的应用及技能开发与转让等方面。

（三）通过采取适当的鼓励措施来推动技术和专门知识的转让，尤其是在文化产业和文化企业领域。

（四）通过以下方式提供财政支持：

1. 根据第十八条的规定设立文化多样性国际基金；
2. 提供官方发展援助，必要时包括提供技术援助，以激励和支持创作；
3. 提供其他形式的财政援助，比如提供低息贷款、赠款以及其他资金机制。

第十五条　协作安排

缔约方应鼓励在公共、私人部门和非营利组织之间及其内部发展伙伴关系，以便与发展中国家合作，增强他们在保护和促进文化表现形式多样性方面的能力。这类新型伙伴关系应根据发展中国家的实际需求，注重基础设施建设、人力资源开发和政策制定，以及文化活动、产品与服务的交流。

第十六条　对发展中国家的优惠待遇

发达国家应通过适当的机构和法律框架，为发展中国家的艺术家和其他文化专业人员及从业人员，以及那里的文化产品和文化服务提供优惠待遇，促进与这些国家的文化交流。

第十七条　在文化表现形式受到严重威胁情况下的国际合作

在第八条所述情况下，缔约方应开展合作，相互提供援助，特别要援助发展中国家。

第十八条　文化多样性国际基金

一、兹建立"文化多样性国际基金"（以下简称基金）。

二、根据教科文组织《财务条例》，此项基金为信托基金。

三、基金的资金来源为：

（一）缔约方的自愿捐款；

（二）教科文组织大会为此划拨的资金；

（三）其他国家、联合国系统组织和计划署、其他地区和国际组织、公共和私人部门以及个人的捐款、赠款和遗赠；

（四）基金产生的利息；

（五）为基金组织募捐或其他活动的收入；

（六）基金条例许可的所有其他资金来源。

四、政府间委员会应根据缔约方大会确定的指导方针决定基金资金的使用。

五、对已获政府间委员会批准的具体项目，政府间委员会可以接受为实现这些项目的整体目标或具体目标而提供的捐款及其他形式的援助。

六、捐赠不得附带任何与本公约目标不相符的政治、经济或其他条件。

七、缔约方应努力定期为实施本公约提供自愿捐款。

第十九条　信息交流、分析和传播

一、缔约方同意，就有关文化表现形式多样性以及对其保护和促进方面的先进经验的数据收集和统计，开展信息交流和共享专业知识。

二、教科文组织应利用秘书处现有的机制，促进各种相关的信息、统计数据和先进经验的收集、分析和传播。

三、教科文组织还应建立一个文化表现形式领域内各类部门和政府组织、私人及非营利组织的数据库，并更新其内容。

四、为了便于收集数据，教科文组织应特别重视申请援助的缔约方的能力建设和专业知识积累。

五、本条涉及的信息搜集应作为第九条规定的信息搜集的补充。

第五章　与其他法律文书的关系

第二十条　与其他条约的关系：相互支持，互为补充和不隶属

一、缔约方承认，他们应善意履行其在本公约及其为缔约方的其他所有条约中的义务。因此，在本公约不隶属于其他条约的情况下：

（一）缔约方应促使本公约与其为缔约方的其他条约相互支持；

（二）缔约方解释和实施其为缔约方的其他条约或承担其他国际义务时应考虑到本公约的相关规定。

二、本公约的任何规定不得解释为变更缔约方在其为缔约方的其他条约中的权利和义务。

第二十一条　国际磋商与协调

缔约方承诺在其他国际场合倡导本公约的宗旨和原则。为此，缔约方在需要时应进行相互磋商，并牢记这些目标与原则。

第六章　公约的机构

第二十二条　缔约方大会

一、应设立一个缔约方大会。缔约方大会应为本公约的全会和最高权力机构。

二、缔约方大会全会每两年一次，尽可能与联合国教科文组织大会同期举行。缔约方大会作出决定，或政府间委员会收到至少三分之一缔约方的请求，缔约方大会可召开特别会议。

三、缔约方大会应通过自己的议事规则。

四、缔约方大会的职能应主要包括以下方面：

（一）选举政府间委员会的成员；

（二）接受并审议由政府间委员会转交的缔约方报告；

（三）核准政府间委员会根据缔约方大会的要求拟订的操作指南；

（四）采取其认为有必要的其他措施来推进本公约的目标。

第二十三条　政府间委员会

一、应在联合国教科文组织内设立"保护与促进文化表现形式多样性政府间委员会"（以下简称政府间委员会）。政府间委员会由缔约方大会在本公约根据其第二十九条规定生效后选出的18个本公约缔约国的代表组成，任期四年。

二、政府间委员会每年举行一次会议。

三、政府间委员会根据缔约方大会的授权和在其指导下运作并向其负责。

四、一旦公约缔约方数目达到50个，政府间委员会的成员应增至24名。

五、政府间委员会成员的选举应遵循公平的地理代表性以及轮换的原则。

六、在不影响本公约赋予它的其他职责的前提下，政府间委员会的职责如下：

（一）促进本公约目标，鼓励并监督公约的实施；

（二）应缔约方大会要求，起草并提交缔约方大会核准履行和实施公约条款的操作指南；

（三）向缔约方大会转交公约缔约方的报告，并随附评论及报告内容概要；

（四）根据公约的有关规定，特别是第八条规定，对公约缔约方提请关注的情况提出适当的建议；

（五）建立磋商程序和其他机制，以在其他国际场合倡导本公约的目标和原则；

（六）执行缔约方大会可能要求的其他任务。

七、政府间委员会根据其议事规则，可随时邀请公共或私人组织或个人参加就具体问题举行的磋商会议。

八、政府间委员会应制定并提交缔约方大会核准自己的议事规则。

第二十四条　联合国教科文组织秘书处

一、联合国教科文组织秘书处应为本公约的有关机构提供协助。

二、秘书处编制缔约方大会和政府间委员会的文件及其会议的议程，协助实施会议的决定，并报告缔约方大会决定的实施情况。

第七章　最后条款

第二十五条　争端的解决

一、公约缔约方之间关于本公约的解释或实施产生的争端，应通过谈判寻求解决。

二、如果有关各方不能通过谈判达成一致，可共同寻求第三方斡旋或要求第三方调停。

三、如果没有进行斡旋或调停，或者协商、斡旋或调停均未能解决争端，一方可根据本公约附件所列的程序要求调解。相关各方应善意考虑调解委员会为解决争端提出的建议。

四、任何缔约方均可在批准、接受、核准或加入本公约时，声明不承认上述调解程序。任何发表这一声明的缔约方，可随时通知教科文组织总干事，宣布撤回该声明。

第二十六条　会员国批准、接受、核准或加入

一、联合国教科文组织会员国依据各自的宪法程序批准、接受、核准或加入本公约。

二、批准书、接受书、核准书或加入书应交联合国教科文组织总干事保存。

第二十七条　加入

一、所有非联合国教科文组织会员国，但为联合国或其任何一个专门机构成员的国家，经联合国教科文组织大会邀请，均可加入本公约。

二、任何经联合国承认享有充分内部自治，并有权处理本公约范围内的事宜，包括有权就这些事宜签署协议，但按联合国大会第1514（XV）号决议没有完全独立的地区，也可以加入本公约。

三、对区域经济一体化组织适用如下规定：

（一）任何一个区域经济一体化组织均可加入本公约，除以下各项规定外，这类组织应以与缔约国相同的方式，完全受本公约规定的约束；

（二）如果这类组织的一个或数个成员国也是本公约的缔约国，该组织与这一或这些成员国应确定在履行公约规定的义务上各自承担的责任。责任的分担应在完成第（三）项规定的书面通知程序后生效，该组织与成员国无权同时行使公约规定的权利。此外，经济一体化组织在其权限范围内，行使与其参加本公约的成员国数目相同的表决权。如果其任何一个成员国行使其表决权，此类组织则不应行使表决权，反之亦然。

（三）同意按照第（二）项规定分担责任的区域经济一体化组织及其一个或数个成员国，应按以下方式将所建议的责任分担通知各缔约方：

1. 该组织在加入书内，应具体声明对本公约管辖事项责任的分担；

2. 在各自承担的责任变更时，该经济一体化组织应将拟议的责任变更通知保管人，保管人应将此变更通报各缔约方。

（四）已成为本公约缔约国的区域经济一体化组织的成员国在其没有明确声明或通知保管人将管辖权转给该组织的所有领域，应被推定为仍然享有管辖权。

（五）"区域经济一体化组织"，系指由作为联合国或其任何一个专门机构成

员国的主权国家组成的组织，这些国家已将其在本公约所辖领域的权限转移给该组织，并且该组织已按其内部程序获得适当授权成为本公约的缔约方。

四、加入书应交存联合国教科文组织总干事处。

第二十八条　联络点

在成为本公约缔约方时，每一缔约方应指定第九条所述的联络点。

第二十九条　生效

一、本公约在第三十份批准书、接受书、核准书或加入书交存之日起的三个月后生效，但只针对在该日或该日之前交存批准书、接受书、核准书或加入书的国家或区域经济一体化组织。对其他缔约方，本公约则在其批准书、接受书、核准书或加入书交存之日起的三个月之后生效。

二、就本条而言，一个区域经济一体化组织交存的任何文书不得在该组织成员国已交存文书之外另行计算。

第三十条　联邦制或非单一立宪制

鉴于国际协定对无论采取何种立宪制度的缔约方具有同等约束力，对实行联邦制或非单一立宪制的缔约方实行下述规定：

（一）对于在联邦或中央立法机构的法律管辖下实施的本公约各项条款，联邦或中央政府的义务与非联邦国家的缔约方的义务相同；

（二）对于在构成联邦，但按照联邦立宪制无须采取立法手段的单位，如州、成员国、省或行政区的法律管辖下实施的本公约各项条款，联邦政府须将这些条款连同其关于采用这些条款的建议一并通知各个州、成员国、省或行政区等单位的主管当局。

第三十一条　退约

一、本公约各缔约方均可宣布退出本公约。

二、退约决定须以书面形式通知，有关文件交存联合国教科文组织总干事处。

三、退约在收到退约书十二个月后开始生效。退约国在退约生效之前的财政义务不受任何影响。

第三十二条　保管职责

联合国教科文组织总干事作为本公约的保管人，应将第二十六条和第二十七条规定的所有批准书、接受书、核准书或加入书和第三十一条规定的退约书的交存情况通告本组织各会员国、第二十七条提到的非会员国和区域经济一体化组织以及联合国。

第三十三条　修正

一、本公约缔约方可通过给总干事的书面函件，提出对本公约的修正。总干事应将此类函件周知全体缔约方。如果通知发出的六个月内对上述要求做出积极反应的成员国不少于半数，总干事则可将公约修正建议提交下一届缔约方大会进行讨论或通过。

二、对公约的修正须经出席并参加表决的缔约方三分之二多数票通过。

三、对本公约的修正一旦获得通过，须交各缔约方批准、接受、核准或加入。

四、对于批准、接受、核准或加入修正案的缔约方来说，本公约修正案在三分之二的缔约方递交本条第三款所提及的文件之日起三个月后生效。此后，对任何批准、接受、核准或加入该公约修正案的缔约方来说，在其递交批准书、接受书、核准书或加入书之日起三个月之后，本公约修正案生效。

五、第三款及第四款所述程序不适用第二十三条所述政府间委员会成员国数目的修改。该类修改一经通过即生效。

六、在公约修正案按本条第四款生效之后加入本公约的那些第二十七条所指的国家或区域经济一体化组织，如未表示异议，则应：

（一）被视为经修正的本公约的缔约方；

（二）但在与不受修正案约束的任何缔约方的关系中，仍被视为未经修正的公约的缔约方。

第三十四条 有效文本

本公约用阿拉伯文、中文、英文、法文、俄文和西班牙文制定，六种文本具有同等效力。

第三十五条 登记

根据《联合国宪章》第一百零二条的规定，本公约将应联合国教科文组织总干事的要求交联合国秘书处登记。

附件：调解程序

第一条 调解委员会

应争议一方的请求成立调解委员会。除非各方另有约定，委员会应由 5 名成员组成，有关各方各指定其中 2 名，受指定的成员再共同选定 1 名主席。

第二条 委员会成员

如果争议当事方超过两方，利益一致的各方应共同协商指定代表自己的委员会成员。如果两方或更多方利益各不相同，或对是否拥有一致利益无法达成共识，则各方应分别指定代表自己的委员会成员。

第三条 成员的任命

在提出成立调解委员会请求之日起的两个月内，如果某一方未指定其委员会成员，联合国教科文组织总干事可在提出调解请求一方的要求下，在随后的两个月内做出任命。

第四条 委员会主席

如果调解委员会在最后一名成员获得任命后的两个月内未选定主席，联合国教科文组织总干事可在一方要求下，在随后的两个月内指定一位主席。

第五条 决定

调解委员会根据其成员的多数表决票做出决定。除非争议各方另有约定，委员会应确定自己的议事规则。委员会应就解决争议提出建议，争议各方应善意考虑委员会提出的建议。

第六条 分歧

对是否属于调解委员会的权限出现分歧时，由委员会作出决定。

中华人民共和国非物质文化遗产法

（2011年2月25日第十一届全国人民代表大会常务委员会第十九次会议通过）

第一章 总 则

第一条 为了继承和弘扬中华民族优秀传统文化，促进社会主义精神文明建设，加强非物质文化遗产保护、保存工作，制定本法。

第二条 本法所称非物质文化遗产，是指各族人民世代相传并视为其文化遗产组成部分的各种传统文化表现形式，以及与传统文化表现形式相关的实物和场所。

（一）传统口头文学以及作为其载体的语言；

（二）传统美术、书法、音乐、舞蹈、戏剧、曲艺和杂技；

（三）传统技艺、医药和历法；

（四）传统礼仪、节庆等民俗；

（五）传统体育和游艺；

（六）其他非物质文化遗产。

属于非物质文化遗产组成部分的实物和场所，凡属文物的，适用《中华人民共和国文物保护法》的有关规定。

第三条 国家对非物质文化遗产采取认定、记录、建档等措施予以保存，对体现中华民族优秀传统文化，具有历史、文学、艺术、科学价值的非物质文化遗产采取传承、传播等措施予以保护。

第四条 保护非物质文化遗产，应当注重其真实性、整体性和传承性，有利于增强中华民族的文化认同，有利于维护国家统一和民族团结，有利于促进社会和谐和可持续发展。

第五条　使用非物质文化遗产，应当尊重其形式和内涵。

禁止以歪曲、贬损等方式使用非物质文化遗产。

第六条　县级以上人民政府应当将非物质文化遗产保护、保存工作纳入本级国民经济和社会发展规划，并将保护、保存经费列入本级财政预算。

国家扶持民族地区、边远地区、贫困地区的非物质文化遗产保护、保存工作。

第七条　国务院文化主管部门负责全国非物质文化遗产的保护、保存工作；县级以上地方人民政府文化主管部门负责本行政区域内非物质文化遗产的保护、保存工作。

县级以上人民政府其他有关部门在各自职责范围内，负责有关非物质文化遗产的保护、保存工作。

第八条　县级以上人民政府应当加强对非物质文化遗产保护工作的宣传，提高全社会保护非物质文化遗产的意识。

第九条　国家鼓励和支持公民、法人和其他组织参与非物质文化遗产保护工作。

第十条　对在非物质文化遗产保护工作中做出显著贡献的组织和个人，按照国家有关规定予以表彰、奖励。

第二章　非物质文化遗产的调查

第十一条　县级以上人民政府根据非物质文化遗产保护、保存工作需要，组织非物质文化遗产调查。非物质文化遗产调查由文化主管部门负责进行。

县级以上人民政府其他有关部门可以对其工作领域内的非物质文化遗产进行调查。

第十二条　文化主管部门和其他有关部门进行非物质文化遗产调查，应当对非物质文化遗产予以认定、记录、建档，建立健全调查信息共享机制。

文化主管部门和其他有关部门进行非物质文化遗产调查，应当收集属于非物质文化遗产组成部分的代表性实物，整理调查工作中取得的资料，并妥善保存，防止损毁、流失。其他有关部门取得的实物图片、资料复制件，应当汇交给同级文化主管部门。

第十三条　文化主管部门应当全面了解非物质文化遗产有关情况，建立非物质文化遗产档案及相关数据库。除依法应当保密的外，非物质文化遗产档案及相关数据信息应当公开，便于公众查阅。

第十四条　公民、法人和其他组织可以依法进行非物质文化遗产调查。

第十五条　境外组织或者个人在中华人民共和国境内进行非物质文化遗产调查，应当报经省、自治区、直辖市人民政府文化主管部门批准；调查在两个以上省、自治区、直辖市行政区域进行的，应当报经国务院文化主管部门批准；

调查结束后,应当向批准调查的文化主管部门提交调查报告和调查中取得的实物图片、资料复制件。

境外组织在中华人民共和国境内进行非物质文化遗产调查,应当与境内非物质文化遗产学术研究机构合作进行。

第十六条 进行非物质文化遗产调查,应当征得调查对象的同意,尊重其风俗习惯,不得损害其合法权益。

第十七条 对通过调查或者其他途径发现的濒临消失的非物质文化遗产项目,县级人民政府文化主管部门应当立即予以记录并收集有关实物,或者采取其他抢救性保存措施;对需要传承的,应当采取有效措施支持传承。

第三章 非物质文化遗产代表性项目名录

第十八条 国务院建立国家级非物质文化遗产代表性项目名录,将体现中华民族优秀传统文化,具有重大历史、文学、艺术、科学价值的非物质文化遗产项目列入名录予以保护。

省、自治区、直辖市人民政府建立地方非物质文化遗产代表性项目名录,将本行政区域内体现中华民族优秀传统文化,具有历史、文学、艺术、科学价值的非物质文化遗产项目列入名录予以保护。

第十九条 省、自治区、直辖市人民政府可以从本省、自治区、直辖市非物质文化遗产代表性项目名录中向国务院文化主管部门推荐列入国家级非物质文化遗产代表性项目名录的项目。推荐时应当提交下列材料:

(一)项目介绍,包括项目的名称、历史、现状和价值;

(二)传承情况介绍,包括传承范围、传承谱系、传承人的技艺水平、传承活动的社会影响;

(三)保护要求,包括保护应当达到的目标和应当采取的措施、步骤、管理制度;

(四)有助于说明项目的视听资料等材料。

第二十条 公民、法人和其他组织认为某项非物质文化遗产体现中华民族优秀传统文化,具有重大历史、文学、艺术、科学价值的,可以向省、自治区、直辖市人民政府或者国务院文化主管部门提出列入国家级非物质文化遗产代表性项目名录的建议。

第二十一条 相同的非物质文化遗产项目,其形式和内涵在两个以上地区均保持完整的,可以同时列入国家级非物质文化遗产代表性项目名录。

第二十二条 国务院文化主管部门应当组织专家评审小组和专家评审委员会,对推荐或者建议列入国家级非物质文化遗产代表性项目名录的非物质文化遗产项目进行初评和审议。

初评意见应当经专家评审小组成员过半数通过。专家评审委员会对初评意见进行审议，提出审议意见。

评审工作应当遵循公开、公平、公正的原则。

第二十三条　国务院文化主管部门应当将拟列入国家级非物质文化遗产代表性项目名录的项目予以公示，征求公众意见。公示时间不得少于二十日。

第二十四条　国务院文化主管部门根据专家评审委员会的审议意见和公示结果，拟订国家级非物质文化遗产代表性项目名录，报国务院批准、公布。

第二十五条　国务院文化主管部门应当组织制定保护规划，对国家级非物质文化遗产代表性项目予以保护。

省、自治区、直辖市人民政府文化主管部门应当组织制定保护规划，对本级人民政府批准公布的地方非物质文化遗产代表性项目予以保护。

制定非物质文化遗产代表性项目保护规划，应当对濒临消失的非物质文化遗产代表性项目予以重点保护。

第二十六条　对非物质文化遗产代表性项目集中、特色鲜明、形式和内涵保持完整的特定区域，当地文化主管部门可以制定专项保护规划，报经本级人民政府批准后，实行区域性整体保护。确定对非物质文化遗产实行区域性整体保护，应当尊重当地居民的意愿，并保护属于非物质文化遗产组成部分的实物和场所，避免遭受破坏。

实行区域性整体保护涉及非物质文化遗产集中地村镇或者街区空间规划的，应当由当地城乡规划主管部门依据相关法规制定专项保护规划。

第二十七条　国务院文化主管部门和省、自治区、直辖市人民政府文化主管部门应当对非物质文化遗产代表性项目保护规划的实施情况进行监督检查；发现保护规划未能有效实施的，应当及时纠正、处理。

第四章　非物质文化遗产的传承与传播

第二十八条　国家鼓励和支持开展非物质文化遗产代表性项目的传承、传播。

第二十九条　国务院文化主管部门和省、自治区、直辖市人民政府文化主管部门对本级人民政府批准公布的非物质文化遗产代表性项目，可以认定代表性传承人。

非物质文化遗产代表性项目的代表性传承人应当符合下列条件：

（一）熟练掌握其传承的非物质文化遗产；

（二）在特定领域内具有代表性，并在一定区域内具有较大影响；

（三）积极开展传承活动。

认定非物质文化遗产代表性项目的代表性传承人，应当参照执行本法有关非物质文化遗产代表性项目评审的规定，并将所认定的代表性传承人名单予以公布。

第三十条 县级以上人民政府文化主管部门根据需要，采取下列措施，支持非物质文化遗产代表性项目的代表性传承人开展传承、传播活动：

（一）提供必要的传承场所；

（二）提供必要的经费资助其开展授徒、传艺、交流等活动；

（三）支持其参与社会公益性活动；

（四）支持其开展传承、传播活动的其他措施。

第三十一条 非物质文化遗产代表性项目的代表性传承人应当履行下列义务：

（一）开展传承活动，培养后继人才；

（二）妥善保存相关的实物、资料；

（三）配合文化主管部门和其他有关部门进行非物质文化遗产调查；

（四）参与非物质文化遗产公益性宣传。

非物质文化遗产代表性项目的代表性传承人无正当理由不履行前款规定义务的，文化主管部门可以取消其代表性传承人资格，重新认定该项目的代表性传承人；丧失传承能力的，文化主管部门可以重新认定该项目的代表性传承人。

第三十二条 县级以上人民政府应当结合实际情况，采取有效措施，组织文化主管部门和其他有关部门宣传、展示非物质文化遗产代表性项目。

第三十三条 国家鼓励开展与非物质文化遗产有关的科学技术研究和非物质文化遗产保护、保存方法研究，鼓励开展非物质文化遗产的记录和非物质文化遗产代表性项目的整理、出版等活动。

第三十四条 学校应当按照国务院教育主管部门的规定，开展相关的非物质文化遗产教育。

新闻媒体应当开展非物质文化遗产代表性项目的宣传，普及非物质文化遗产知识。

第三十五条 图书馆、文化馆、博物馆、科技馆等公共文化机构和非物质文化遗产学术研究机构、保护机构以及利用财政性资金举办的文艺表演团体、演出场所经营单位等，应当根据各自业务范围，开展非物质文化遗产的整理、研究、学术交流和非物质文化遗产代表性项目的宣传、展示。

第三十六条 国家鼓励和支持公民、法人和其他组织依法设立非物质文化遗产展示场所和传承场所，展示和传承非物质文化遗产代表性项目。

第三十七条 国家鼓励和支持发挥非物质文化遗产资源的特殊优势，在有效保护的基础上，合理利用非物质文化遗产代表性项目开发具有地方、民族特色和市场潜力的文化产品和文化服务。

开发利用非物质文化遗产代表性项目的，应当支持代表性传承人开展传承活动，保护属于该项目组成部分的实物和场所。

县级以上地方人民政府应当对合理利用非物质文化遗产代表性项目的单位予以扶持。单位合理利用非物质文化遗产代表性项目的，依法享受国家规定的税收优惠。

第五章 法律责任

第三十八条 文化主管部门和其他有关部门的工作人员在非物质文化遗产保护、保存工作中玩忽职守、滥用职权、徇私舞弊的，依法给予处分。

第三十九条 文化主管部门和其他有关部门的工作人员进行非物质文化遗产调查时侵犯调查对象风俗习惯，造成严重后果的，依法给予处分。

第四十条 违反本法规定，破坏属于非物质文化遗产组成部分的实物和场所的，依法承担民事责任；构成违反治安管理行为的，依法给予治安管理处罚。

第四十一条 境外组织违反本法第十五条规定的，由文化主管部门责令改正，给予警告，没收违法所得及调查中取得的实物、资料；情节严重的，并处十万元以上五十万元以下的罚款。

境外个人违反本法第十五条第一款规定的，由文化主管部门责令改正，给予警告，没收违法所得及调查中取得的实物、资料；情节严重的，并处一万元以上五万元以下的罚款。

第四十二条 违反本法规定，构成犯罪的，依法追究刑事责任。

第六章 附 则

第四十三条 建立地方非物质文化遗产代表性项目名录的办法，由省、自治区、直辖市参照本法有关规定制定。

第四十四条 使用非物质文化遗产涉及知识产权的，适用有关法律、行政法规的规定。

对传统医药、传统工艺美术等的保护，其他法律、行政法规另有规定的，依照其规定。

第四十五条 本法自2011年6月1日起施行。

云南省民族民间传统文化保护条例

（2000年5月26日云南省第九届人民代表大会常务委员会第十六次会议通过，2000年5月26日云南省第九届人民代表大会常务委员会公告第43号公布）

第一章 总 则

第一条 为了加强对民族民间传统文化的保护，继承、弘扬优秀的民族文化传统，依据宪法和有关法律法规，结合本省实际，制定本条例。

第二条　本条例所保护的民族民间传统文化是指：

（一）各少数民族的语言文字；

（二）具有代表性的民族民间文学、诗歌、戏剧、曲艺、音乐、舞蹈、绘画、雕塑等；

（三）具有民族民间特色的节日和庆典活动、传统的文化艺术、民族体育和民间游艺活动、文明健康或者具有研究价值的民俗活动；

（四）集中反映各民族生产、生活习俗的民居、服饰、器皿、用具等；

（五）具有民族民间传统文化特色的代表性建筑、设施、标识和特定的自然场所；

（六）具有学术、史料、艺术价值的手稿、经卷、典籍、文献、谱牒、碑碣、楹联以及口传文化等；

（七）民族民间传统文化传承人及其所掌握的知识和技艺；

（八）民族民间传统工艺制作技术和工艺美术珍品；

（九）其他需要保护的民族民间传统文化。

第三条　本条例列举的民族民间传统文化资料和实物，确定为文物的，受《中华人民共和国文物保护法》保护。

第四条　民族民间传统文化保护工作，实行"保护为主、抢救第一、政府主导、社会参与"的方针。

第五条　各级人民政府应当加强对本行政区域内民族民间传统文化保护工作的领导，并且将其纳入本地区国民经济和社会发展的中长期规划和年度计划。

第六条　县级以上人民政府的文化行政部门主管本行政区域内民族民间传统文化的保护工作，其职责是：

（一）宣传、贯彻国家有关保护民族民间传统文化的法律、法规和方针、政策；

（二）会同有关部门制定本行政区域内民族民间传统文化保护工作规划，并组织实施；

（三）对民族民间传统文化的保护工作进行指导和监督；

（四）管理民族民间传统文化保护经费；

（五）对违反本条例的行为进行处罚。

民族事务、教育、旅游、规划、建设、新闻及其他有关部门应当在各自的职责范围内，协助文化行政部门共同做好民族民间传统文化保护工作。

第七条　本省行政区域内的机关、团体、企业事业组织和公民，都有保护民族民间传统文化的责任和义务。

第八条　鼓励和支持各民族公民开展健康有益的民族民间传统文化活动。

开展民族民间传统文化活动必须遵守国家法律，不得扰乱公共秩序、侵犯公民合法权益和损害公民身心健康。

第二章 保护与抢救

第九条 县级以上人民政府的文化行政部门应当会同民族事务等部门组织对本地区的民族民间传统文化进行普查、收集、整理与研究。

鼓励民族和文化艺术研究机构，其他学术团体、单位和个人从事民族民间传统文化的考察、收集与研究。保护研究成果，提倡资源共享。鼓励开展民族民间传统文化的交流与合作。

第十条 对于即将消失的有重要价值的民族民间传统文化，县级以上人民政府的文化行政和其他有关部门应当及时组织抢救。

从事民族民间传统文化考察与研究，应当注重对原生形态民族民间传统文化项目的保护与抢救，并且做到准确、科学。

第十一条 各级人民政府应当重视对民族民间传统文化研究人才的培养，发挥各级文化艺术馆在征集、收藏、研究、展示本地区的民族民间传统文化中的作用。

第十二条 对于收集到的重要的民族民间传统文化资料，有关单位应当进行必要的整理、归档，根据需要选编出版。重要的民族民间传统文化资料、实物，应当采用电子音像等先进技术长期保存。

整理、出版民族民间传统文化资料，应当尊重民族风俗习惯，保持其原有风貌。

第十三条 私人和集体收藏的民族民间传统文化的资料、实物等，其所有权受法律保护。

征集属于私人或者集体所有的民族民间传统文化资料和实物时，应当以自愿为原则，合理作价，并且由征集部门发给证书。

鼓励拥有民族民间传统文化资料、实物的单位和个人将资料、实物捐赠给国家的收藏、研究机构，受赠单位应当根据具体情况给予奖励，并且发给证书。

第十四条 境外团体和公民到本省行政区域内进行民族民间传统文化的学术性考察与研究，必须报经省级文化行政或者民族事务等有关业务主管部门审核，由省级外事行政主管部门批准。

对于限制摄影、录音、录像的民族民间传统文化资料和实物，未经县级以上人民政府的文化行政部门批准和资料、实物所有者同意，不得摄影、录音、录像。

第三章 推荐与认定

第十五条 对于符合下列条件之一的公民，经过推荐批准，可以命名为云南省民族民间传统文化传承人：

（一）本地区、本民族群众公认为通晓民族民间传统文化活动内涵、形式、组织规程的代表人物；

（二）熟练掌握民族民间传统文化技艺的艺人；

（三）大量掌握和保存民族民间传统文化原始文献和其他实物、资料的公民。

第十六条 民族民间传统文化传承人经本人申请或者他人推荐，由县级文化行政部门会同民族事务部门初审，地、州、市文化行政部门会同民族事务部门审核，省文化行政部门会同民族事务部门批准命名。

第十七条 具有优秀民族民间文学艺术传统或者工艺美术品制作传统的地方，可以命名为云南省民族民间传统文化之乡。

云南省民族民间传统文化之乡应当以其有代表性的文艺形式或者传统工艺美术品冠名，其文艺形式或者工艺美术品应当符合下列条件：

（一）历史悠久，世代相传，技艺精湛，有较高艺术性、观赏性的；

（二）有鲜明的民族风格和地方特色，在国内外享有盛誉的；

（三）在当地有普遍群众基础或者有较高开发利用价值的。

第十八条 选择有代表性的少数民族聚居自然村寨，设立云南省民族传统文化保护区。

民族传统文化保护区必须符合下列条件：

（一）能够集中反映原生形态少数民族传统文化的；

（二）民居建筑民族风格特点突出并有一定规模的；

（三）民族生产生活习俗较有特色的。

第十九条 命名云南省民族民间传统文化之乡，设立云南省民族传统文化保护区，应当尊重当地各民族公民意愿，由所在地县级人民政府申报，州、市人民政府、地区行政公署审核，省人民政府批准。

第二十条 民族传统文化保护区的建设应当遵守批准的保护规划，保持原有的民族特色。

第二十一条 社会各界和公民个人可以向县级以上人民政府的文化行政部门就民族民间传统文化项目作出推荐或者提出要求保护的申请，经审核认定后，列入保护范围。

第四章 交易与出境

第二十二条 民族民间传统文化工艺美术珍品的经营按照国家有关规定执行，禁止经营珍贵的民族民间传统文化原始资料和实物。

第二十三条 经省级文化行政部门认定的具有重要历史、文化、艺术、科学价值的珍贵民族民间传统文化中的资料、实物，除经有关部门批准的以外，一律不得出境。

第二十四条 除第二十二条和第二十三条规定之外的其他民族民间传统文

化资料和实物，以及民族民间传统文化艺术新开发的产品，允许交易和出境。

第五章 保障措施

第二十五条 省人民政府设立民族民间传统文化保护专项经费，专项经费由省人民政府拨款、社会筹集和接受国内外捐赠等构成。

民族民间传统文化保护专项经费主要用于补助下列项目：

（一）民族民间传统文化重大项目的保护与研究；

（二）征集收购民间传统文化珍品、珍贵资料和实物；

（三）贫困地区民族民间传统文化的保护工作；

（四）民族民间传统文化传承人的命名表彰。

第二十六条 县级以上人民政府对于国家设立的民族民间传统文化研究、保护机构在研究、保护工作中必要的经费，应当予以保障。对于有重大历史、文化、艺术价值的民族民间传统文化的收集、整理、保护、研究项目，应当给予专项拨款。

第二十七条 民族民间传统文化的传承人可以按师承形式选择、培养新的传人，并按照第十六条规定批准命名。

民族民间传统文化传承人依法开展的传艺、讲学及艺术创作、学术研究等活动，受本条例保护。

对于被命名的民族民间传统文化的传承人，命名部门应当为他们建立档案，支持其传承活动。生活确有困难的，由当地人民政府适当给予生活补助。

第二十八条 对以文化艺术形式命名的云南省民族民间传统文化之乡，县级以上人民政府应当为其开展有关文化艺术活动提供必要的条件。

对有开发价值的、能够产生经济效益的民族民间传统文化的传统产品，按照国家有关规定，给予税收、信贷等方面的政策优惠。

对于需要保密的工艺美术品的工艺技术，职能部门应当确定密级，依法实施保密。

第二十九条 对批准设立的民族传统文化保护区，当地人民政府应给予政策上的优惠照顾和资金上的扶持，省文化行政、民族事务、旅游部门适当给予补助。

第三十条 企业事业组织和公民个人对民族民间传统文化保护、研究、整理等方面的经费投入，依照国家有关文化经济政策，享受税收减免优惠。

第三十一条 县级以上人民政府应当结合本地区实际，采取有效措施，有计划地开发民族民间传统文化项目。

（一）鼓励发展有民族特色的民族民间传统工艺品、服饰、器皿等旅游商品；

（二）对有民族民间传统文化特色的民居、场所等，应当妥善加以维护、修缮，有重点地对游人开放；

（三）有计划地组织集中展示民族民间优秀传统文化的展演及其他活动；

（四）有规划地建立和恢复能集中反映民族民间传统文化的设施；

（五）各地应当挖掘、提高本地健康的、有浓郁特色的民俗活动表演项目，增强其观赏性；

（六）鼓励以弘扬民族优秀传统文化为目的的文学艺术创作活动；

（七）设立云南省优秀民族民间传统文化网站，扩大对外宣传；

（八）应有重点、有选择地做好民族民间原始经文、典籍、文献的翻译、校阅、出版等工作。

第六章 奖励与处罚

第三十二条 有下列事迹的单位和个人，各级人民政府应当给予表彰和奖励：

（一）认真组织实施本条例成绩显著的；

（二）为保护民族民间传统文化与违法犯罪行为作坚决斗争的；

（三）将个人收藏的重要民族民间传统文化资料或实物捐赠给国家的；

（四）从事民族民间传统文化抢救、发掘、收集、整理、研究工作成绩显著的。

第三十三条 由于玩忽职守、保护不力致使国家和集体所有的民族民间传统文化珍贵资料和实物受到损坏、被窃和遗失的，视其情节轻重给予行政处分，构成犯罪的依法追究刑事责任。

第三十四条 违反本条例第八条第二款规定的，给予批评教育，并承担相应的民事责任，情节严重的给予治安处罚，构成犯罪的依法追究刑事责任。

第三十五条 违反本条例第十四条第二款规定的，给予批评教育，并且没收其摄录的资料。

第三十六条 违反本条例第二十二条规定的，由工商行政管理部门会同文化行政部门没收实物和违法所得，并处违法所得一倍以上三倍以下的罚款。

第三十七条 违反本条例第二十三条规定的，由海关会同文化行政部门没收其资料和实物，并依法给予经济处罚。

第三十八条 在进行民族民间传统文化考察、收集、采访、整理和研究过程中，违反民族政策，不尊重民族习惯，伤害民族感情和利益的，给予批评教育，责令其赔礼道歉，情节严重的，给予行政处分或者行政处罚，构成犯罪的依法追究刑事责任。

第七章 附 则

第三十九条 省人民政府应当根据本条例制定具体实施办法。

第四十条 本条例自 2000 年 9 月 1 日起施行。

云南省丽江纳西族自治县东巴文化保护条例

（2001年3月10日丽江纳西族自治县第十二届人民代表大会第四次会议通过，2001年6月1日云南省第九届人民代表大会常务委员会第二十二次会议批准）

第一条　为了加强对纳西族东巴文化的保护和管理，继承和弘扬优秀的东巴文化，根据《中华人民共和国民族区域自治法》、《中华人民共和国文物保护法》及有关法律法规，结合自治县实际，制定本条例。

第二条　本条例所保护的东巴文化是指：

（一）东巴文字、古籍、音乐、绘画、舞蹈、雕塑、服饰、代表性建筑物等；

（二）东巴文化传承人及其所掌握的知识和技艺；

（三）东巴文化特色的、文明健康的民俗活动。

第三条　自治县人民政府文化行政管理部门是东巴文化的主管部门，其职责是：

（一）宣传、贯彻有关法律法规和本条例；

（二）制定东巴文化的保护措施和开发利用规划，并组织实施；

（三）会同有关部门组织普查、收集、整理东巴文化资源；

（四）监督、检查东巴文化产品的开发利用；

（五）监督和管理东巴文字社会用字规范和东巴文化艺术展演；

（六）查处违反本条例的行为。

第四条　自治县人民政府的民族、宗教、旅游、工商、城建、公安及其他有关部门和海关应当在各自的职责范围内，协助文化行政主管部门做好东巴文化保护管理工作。

第五条　东巴文化保护和管理所需经费列入地方财政预算，由自治县文化行政主管部门统一管理使用。

第六条　自治县人民政府建立东巴文化保护区，对东巴文化采取特殊的保护措施，并鼓励公民开展健康有益的东巴民俗活动。

第七条　自治县文化行政主管部门对个人和单位收藏的东巴文物，应当登记造册，建立藏品档案和相应的管理制度。

东巴文物藏品的调拨、交换和复制品的转让、捐赠，必须报经自治县文化行政主管部门批准。

第八条　东巴文物由丽江东巴文化博物馆收购，其他任何个人和单位不得经营东巴文物收购业务。

鼓励公民将其收藏的东巴文物捐献给丽江东巴文化博物馆。

个人收藏的东巴文物,严禁倒卖或者私自出售、赠送给外国人。

第九条 公安、工商等行政管理部门和海关依法没收、追缴的东巴文物,必须移交自治县文化行政主管部门,由丽江东巴文化博物馆收藏。

第十条 在进行工程建设或者农业生产中,任何个人和单位发现东巴文物,应立即报告文化行政主管部门。建设施工单位和生产者在东巴文物发掘前应停止施工或者生产,并采取相应的保护措施,不得擅自发掘和非法侵占。

第十一条 利用东巴文化资源拍摄电影、电视的,必须报经自治县文化行政主管部门批准。

第十二条 自治县人民政府应当利用东巴文化学校和传习馆,培养东巴文化传承人,鼓励和支持东巴文化传承人收徒授艺。

第十三条 自治县人民政府支持东巴文化的开发利用工作,发展东巴文化产业。

从事东巴文化开发、经营等活动,不得违反有关法律法规的规定,不得损害公民的身心健康、扰乱公共秩序。

第十四条 利用东巴文化资源从事经营活动的个人或者单位,必须先向自治县文化行政主管部门申请办理文化经营许可证,再凭文化经营许可证向工商行政管理部门申请办理营业执照。

自治县文化行政主管部门在接到办理文化经营许可证申请后,应当在十五日内批复。

第十五条 对收藏、抢救、研究、保护、开发东巴文化成绩显著的个人和单位,由自治县人民政府给予表彰和奖励。

第十六条 有下列行为之一的个人和单位,由自治县有关部门给予行政处罚;构成犯罪的,依法追究刑事责任。

(一)违反本条例第八条第一款、第三款规定的,由海关或者工商行政管理部门会同文化行政主管部门没收实物和非法所得,并处二万元以下的罚款。

(二)违反本条例第十条规定的,由文化行政主管部门责令其停止施工或者生产,并处二百元以上一千元以下的罚款;对擅自发掘的,处五百元以上二千元以下的罚款,并追回其非法侵占的东巴文物。

(三)违反本条例第十一条规定的,由文化行政主管部门处五百元以上二千元以下的罚款。

第十七条 文化行政主管部门和其他有关部门的工作人员滥用职权、玩忽职守,造成珍贵的东巴文物损坏或者流失的,东巴文物管理人员监守自盗的,由有关部门给予行政处分,造成损失的,依法赔偿;构成犯罪的,依法追究刑事责任。

第十八条 本条例报经云南省人民代表大会常务委员会批准后公布施行。

后 记

  本书只是对"土著知识旅游"进行了初步的研究,"土著知识旅游"作为一种重要的休闲活动和学术研究的领域,作为文化旅游地理研究的新方向,尚未引起学界的关注。为此,明庆忠教授提出了"土著知识旅游"这一研究论题与研究思路,并与陈颖副教授讨论并提出了主要研究内容;熊剑峰对此作了大量的分析与研究,并作为主笔进行撰写;陈颖副教授和高大帅撰写了部分内容;王峰、苏章全等参与了部分讨论,经共同努力撰写出本书初稿,最后明庆忠教授对本书进行了统稿,期冀能够对未来土著知识旅游研究起到抛砖引玉的作用。但本书尚有许多需要进一步研究的问题。

  土著知识旅游的客体不仅超越了任何特定的旅游活动类型,而且与其他的旅游形式之间在很大程度上存在着交叉重叠的现象。土著知识在特定族群的生产与生活中具有十分重要的价值,但是土著知识的重要性和价值并非在于人们作出什么样的相关定义,而是在于宣传土著知识保护价值的同时如何利用土著知识为旅游者创造具有实际意义的畅爽体验。

  土著知识存在不同的类型,且存在于各类不同的环境之中,不同种类的土著知识旅游产品或是旅游景点将可以借助土著知识内部的差异性被开发出来。但是,这样的开发,其意义究竟有多大,是任何人都无法准确、客观地预料的。土著知识自身的差异性决定了其可作为旅游资源进行开发和利用,形成土著知识旅游景点,但无法保证土著知识旅游需求在未来会持续多长时间。另外,还需要考虑开发景点应该与配套的服务设施结合,否则可能导致供应的闲置与浪费,或对具有较高知名度的景点来说会造成供应的短缺。

  就需求而言,土著知识确实可以吸引游客,但对于客源市场特征、旅游者的人口统计特征以及动机等方面我们还没有系统的认知。由此,可能对土著知识旅游景点开发造成不利的影响。因此,关于土著知识旅游的需求,重点应该是发现潜在的需求,并将其转化为现实。此外,消除人们前往土著知识旅游景点的障碍,诸如文化差异、交通等,也是非常紧迫的任务。

  尽管土著知识旅游是最古老的旅游形式之一,保护土著知识的呼吁也越发

后 记

强烈，但关于土著知识保护的绩效仍不容乐观。世界上很多地方都面临着失去土著知识的危险。由于土著知识是由特定的族群自己控制的，外来者要求对土著知识进行保护是很困难的事。从某种角度说，这样的行径甚至是不对的，特别是土著族群需要改善物质生活条件，而外来者觊觎土著知识的价值要求其维护时，情况将变得更加的棘手。土著知识是土著知识旅游得以开展的前提与基础，土著知识旅游作为一种保护的途径与方式虽能够在一定程度上对土著知识保护起到作用，但同样不能否认旅游对土著知识所形成的冲击。如何在土著知识旅游过程中确保土著知识价值的稳定性是我们不得不面对的问题。

土著知识管理从来就不是容易的事。土著知识的管理涉及方方面面的内容，而且问题会因为所有权、产品类型、景点类型、景点所在的环境特征的差异而变得更加的复杂。如何制定既可以维护土著知识景点稳定性，又不扰乱利益相关者的实际的管理模式是我们要进一步研究的问题。

作为一种非物质的存在形态，对土著知识的解说在游客获得有关土著知识信息的过程中发挥着不可或缺的作用。解说不仅要蕴涵教育与娱乐的成分，而且还是一种宣传土著知识保护和可持续发展原则的方式。土著知识旅游者大多是求知型的，他们希望通过土著知识旅游体验并学习到新的东西。因此，为有着不同理解能力和不同意愿的土著知识旅游者设计开发不同类型的土著知识旅游产品和景点，并且运用最佳的媒介传递正确的信息，是极具挑战的。土著知识旅游管理者面临的最为严峻的挑战之一是维护土著知识旅游景点环境的原真性，为游客创建真实的土著知识旅游环境。